ものと人間の文化史

163

柱

森郁夫

法政大学出版局

はじめに

「柱」ということでは、子供の時によく歌った「背くらべ」の歌詞が思い出される。「柱のきずはおととしの　五月五日の背くらべ」は大正八年（一九一九）に作られた童謡であるが、この歌には多くの人が思い出をもち、郷愁を感じるだろう。柱は日常生活に密着した身近なものである。二番は「柱に凭《もた》れりゃすぐみえる　遠いお山も背くらべ」とある。まさに生活に密着している。読者の中には、実際にこの通りのことを経験された方もおられるのではなかろうか。

一戸建ちの家では必ず柱がある。子供の背くらべは、今も昔も変わらない。核家族といわれる今、それぞれの家では訪ねてくる孫たちの背丈をはかり、柱に「キズ」をつけているのではなかろうか。

人々の住む家とは限らない。建物には柱が必要である。柱が建物のあらゆる部分を支えている。周囲を見回せば、あらゆる所に柱がある。それは建物だけではない。道路標識も柱に取りつけられている。学校や役所の旗竿にも高い柱が使われている。高架を支えているのも頑丈な柱である。鉄道の架線を支えているのも柱である。電柱や門柱は、文字通り柱である。神社の鳥居も二本の柱が基本である。勇壮なことで知られる諏訪の御柱《おんばしら》は、特殊な柱である。

柱は人間の生活に密着しているのであり、はるか昔の旧石器時代の人たちも家を建てる時には屋根を支えるために柱を立てた。縄文時代の人も、弥生時代の人も同じように柱を立てて家を建ててきた。時代が降るにつれて建物構造が複雑になり、柱にもいろいろな工夫が加えられるようになる。

本書では建物の柱を中心にして、それに関わることを、主として古代の遺跡の発掘調査に基づいて述べていく。遺跡の発掘調査は多岐にわたる。人々の住居だけではない。寺院、役所、宮殿などをはじめとして東北地方の城柵、九州から山陽地方にかけて築かれた朝鮮式山城などの遺跡もある。それらの遺跡では必ず「柱穴」が見つけられる。発掘現場で一つの建物すべての柱穴が見つかるとは限らないが、いくつか欠けていても建物の規模はおおむね分かる。そして柱穴の配置によって屋根の形を復元することもできるのである。

このように言っても、柱穴を見つけながら何の遺構なのか見当もつかないという場合もある。その時には現実に存在するものと対照しながら推定していく。古代からさほど形が変わらずに伝えられたものが見られるからである。

発掘調査では、柱の根元が腐らずに残っていることがある。そうした柱根《ちゅうこん》にも建物をしっかりしたものにするための工夫が加えられたものを見ることができる。あるいは柱そのものが埋もれたまま残っているということもある。また、柱を支えるために柱の下に置かれる礎石も遺跡に数多く残っている。それらの礎石にもいろいろな種類があり、その上に立つ柱を考えるための有効な手段となっている。

『日本書紀』や『続日本紀』、あるいは正倉院文書をはじめとした古代の史料にも寺や貴族の館に関わるものが見られる。また木簡にも「柱」の文字が見られる。その実体がよく分からないものもあるが、そのような史料に見られる柱も取りあげていこうと思う。

本書では、柱というものがいかに大切なものであるか、そして柱が人間の生活にいかに密着してきたかを念頭におきながら柱に付随する事柄のいくつかを、さきにもふれたように主として考古資料、すなわち発掘調査によって得られた資料から述べていきたい。

目次

第一章　柱の効用

一　柱の種類と効用

柱を定義付けすれば、建物の上部の荷重を支えるための垂直の材ということになるのであるが、「はじめに」でふれた諏訪の御柱《おんばしら》や門柱のような、また電柱や標柱のように上部の荷重とは関係のないものにも柱と呼ぶものがある。また、日常生活の中で「たとえ」として「柱」の語を入れて用いることがしばしばある。

「柱」にかかわるもの

現代社会でも、柱に関わるものは数多く見られる。ひるがえって古代ということでは、『古事記』(1)の神話や『延喜式』(2)の「祝詞《のりと》」に見える「底つ石根に宮柱《みやばしら》太知り《ふとしり》」の語や大勢の男たちが加わる、諏訪大社の勇壮な「御柱《おんばしら》」の祭りのことが浮かんでくる。そこには、太い柱に祭りや呪術に関する意味合いが含まれていることが強く感じられるのであり、柱にそれだけ強いものが備わっていることを示している。『日本書紀』(3)（以下『書紀』と略す）の国譲りでは、大国主命に「又、汝《いまし》は天日隅宮《あめのひすみのみや》に住むべし。今供造《つく》りまつらん。即ち千尋の栲縄《たくなわ》を以って結《ゆ》いて百八十紐《ももむすびあまりやそむすび》にせん。其の宮を造る制《のり》は、柱は高く太く、板は則ち広く厚くせん。」と言っている。この様子は古代における高殿の状況をあらわすものであり、高く太い柱を使うことが強調されている。古代においても、人々の意識の中に太い柱に支えられた建物の存在が常にあったのである。このことについては、『古事記』の記事を引用して第二章でもふれる。

神や霊、そして高貴な人を数える時に「柱」の語を使う。『古事記』や『書紀』に見える神の記事には「二柱の神」、「三柱の神」というように表現されている。戦死した英霊も「柱」として数える。三神を祀る「三柱神社」の名をもつ神社も各地にある。

建物にかかわりがないにもかかわらず、「柱」に関する用語、言葉にはいろいろなものが身近にある。さきにそのあたりのことを述べておきたい。

たとえば、頼りになる人物、中心になる人に対して「一家の大黒柱として」あるいは「この分野の柱として」というように言う。平成二十四年（二〇一二）十二月に亡くなった歌舞伎俳優の中村勘三郎氏への、ある新聞に載せられた追悼の文に「これからの歌舞伎の一層大きな柱になる時期に入っていたのに残念だ」とあった。

　重要なことを決めていく際には、「何々を柱として進めていかねばならない」のように用いられることもある。特に政治に関する新聞記事にはそうした表現がよく使われている。それは、柱が建物全体を支える機能をもつということから、そのことを中心にしていこうとの意味合いなのであろう。

　人の性格を表す場合にも「柱」が使われることがある。それは「鼻柱」で、向う気の強い性格の人を「鼻柱《はなっぱしら》が強い」という。またそういう人の「鼻柱を折ってやろう」などということがある。鼻柱は、鼻の左右の孔を分ける隔壁のことである。日常生活の中で、朝食の際に湯呑み茶碗の中に茶柱が立つと、「今日は縁起が良い」などとも言う。縁起といえば、一年の健康をねがって正月七日に食べる七草粥や、十五日の小正月の小豆粥に餅を入れて食べること、あるいはその餅のことを「粥柱《かゆばしら》」という。また、小正月の粥を煮る時に用いた薪《たきぎ》の燃えさしを粥柱と呼ぶこともあり、その燃えさしの薪で女性の尻を叩けば男児を授かるとか、果樹を叩いて果実の豊かな実りを願うという風習もある。李山の号をもつ平賀源内の句に「したゝかに　挟み上げたり　粥柱」というものがある。粥ということでは、家屋を新築した時に「粥を食わせる」と言って、柱の根元に粥を供えることが行われる。それを「すすり粥」と言う。秋田地方では酒宴の締めの段階で焼酎を飲む地域があるという。それを「柱焼酎」と称するそうである。飲食のついでにいうと、

粥　柱

「貝柱」がある。また、夏に涼しさを感じさせるために立てられるのが「氷柱」である。趣向をこらした氷柱が各所で立てられる。

書物でも「柱」の文言が使われる。和本で、各丁《ちょう》の中央の折り目に当たる所に刷り込んだ書名や丁数を柱という。一般の書籍では版面の外の余白部に示された見出しや、表《ひょう》の要目を示した見出しなども柱という。また映画や演劇の脚本で最初に書かれ、その場所と時間を示すものを柱と言っている。

これらの他にも、柱の語のつくものがあり、柱の表に掛けて飾りとするものを、柱隠れという。これを柱掛けともいう。そうした飾りの中には幅一二センチ、長さ七〇センチほどの錦絵を飾ることもあり、それを柱絵という。また、柱に掛ける飾りの一種で薬などを入れておくものを、柱飾りという。

柱は根元があって、そこから立ち上がっている。寒い日に見られる「霜柱」も、そうしたところからの表現であろう。密教では護摩壇を設けて護摩木を焚いて国家安穏、敵国降伏、無病息災、増益、敬愛などを寺の本尊に祈る。密教であるから、本尊は大日如来である。堂内で行われる場合もあるが、大規模な護摩供は堂の外、屋外で行われることもある。火は次第に燃えあがり、高い火柱となって祈願成就間違いなしという状況になる。同じ火柱でも、太陽の光が上空に向かって伸びる現象があり、それを「太陽柱」と呼ぶ。滅多に見られない現象であるが、気温が下がった日の出や日没時に太陽の光が大気中の氷晶に反射して柱状に見えるのであり、太陽が炎を吐き出しているような神秘的な情景である。

火ということでは松明《たいまつ》がある。下部を地中に埋め立てた松明を柱松《はしらまつ》という。それは「一遍上人絵伝」(4)にも見える。念仏踊りで貴賤上下の区別なく人々を救おうと編み出した「念仏踊り」で名高い一遍上人が、弘安三年（一二八〇）に陸奥へ出かけ、その後常陸や武蔵を巡って弘安五年に鎌倉へ入ろうとしたところ、それを拒絶され、やむなく野宿をするという場面があり、そこへ上人を慕って鎌倉の人々が食物を運んできた様子が絵に描かれており、そこに大松明、「柱松」が描かれている。

火とは逆に水柱が上がることもある。水面に何か大きなものが落ちると水柱が上がる。戦争画では砲弾が海面に落下した状況が、高い水柱で表現される。あまりいただけないものに「蚊柱」がある。近年あまり見かけることはないが、夏の夕方に蚊が軒先などに群がり、渦を巻くように飛んで、柱のように見える。

気が進まないのだが、取り上げざるを得ないものに「人柱」がある。このことに関しては、各地に伝説があり、中には史実として伝えられているものもある。人柱は築城、河川改修、あるいは広い川幅に橋を架けるというような、何か大規模な工事の際にそのようなことが行われたと伝えられている。このような行為は、人柱に立てられた人の霊によってその事業が成就するとの考えがあってのことである。まさに「人柱」によってその事業の進捗が支えられると考えられたのである。いずれにせよ、人柱の伝説は方々にあり、関西では「長柄の人柱」がよく知られている。これは推古朝のこととも伝えられる古い時期の、橋を架ける際のことである。摂津の長柄江付近が始終氾濫し、交通不便なため淀川に橋を架けることにかかわる伝説であり、人々に「ものいわじ　父は長柄の人柱（橋柱とも）鳴かずば雉子《きじ》も射られざらまし」の歌が伝えられている。その人柱となった「巌氏」なる人物を弔う碑が昭和十一年（一九三六）に建てられた。

建物を建てる際にはまず柱を立てる。おおむねその時には、これから建てていく建物の未来永劫の安穏を祈願した立柱祭が執り行われる。柱には呪術性や神聖性が伴っていると考えられるからなのである。掘立柱を立てる際に地鎮のために銭を添えることも行われている。土地の神の怒りを避けるために、その土地を贖《あがな》うのである。掘立柱建物と言えども、古代のそれには随分太い材が使われ、広くて高い豪壮な建物も建てられている。掘立柱の根元に根巻石《ねまきいし》を置くことによって、一見礎石建ち建物に見えるという特殊なものもある。これは一種の装飾である。柱に丹《に》（赤土の塗料）を塗ることは防腐の役割もあるが、装飾を兼ねているのであり、呪術でもある。また天井やその付近の部材に彩色や彩画が施されることもある。

建物の柱は、基本的には樹皮を剝いた白木《しらき》（素木）であるが、建物によっては樹皮がついたままの材、黒木《くろき》が使われることもある。

特殊な柱ということでは、建物の梁間《はりま》中央の外側近くに立てられる棟持柱《むなもちばしら》を伴う建物がある。屋根の大棟を支えるための柱であり、伊勢神宮のそれは梁間中央の柱の外側に立てられており、独立棟持柱と呼ばれている。このように、棟持柱は伊勢神宮の社殿に代表されるのであるが、弥生時代前期の遺構にすでにそのような建物が見られ、いくつかの遺跡の発掘調査で確認されている。その姿は銅鐸や土器にあらわされた絵画にも見られるのであり、後に神社建築に発展していく特殊な性格をもった建物と考えられている。神社の柱に関することでは、出雲大社の「心御柱《しんおはしら》」が話題にのぼったことが記憶に新しい。また実態はなかなか分からないのであるが、『続日本紀《しょくにほんぎ》』(以下『続紀』と略す)[5]に「体骨柱《たいこっちゅう》」という語がみえる。聖武天皇悲願の盧舎那仏《るしゃなぶつ》造像時の骨組である。これなどはまさに特殊な柱ということができよう。

古代に建立された三重塔、五重塔などの心柱、そしてそれを支える心礎にも注意が惹かれる。古代の塔がそれほど多く現在にまで伝えられているわけではないが、『書紀』などの文献史料にだけ伝えられている塔を含めて、心柱の据え方や舎利納置についても当時の人々の思想、考え方があらわれており、いくつかの興味惹かれる問題がある。

柱の材質と名称

柱の材質は建物や構造物によって多岐にわたる。木造建築であれば一般的には木の柱、木柱であるが、建物の一部には竹が用いられることもある。木柱もその樹種としてはヒノキ、コウヤマキ、ケヤキ、スギ、マツなど多くのものが用いられる。その他、建物の種類によってコンクリート柱、鉄柱、石柱などもある。建物ではないが、電柱も以前は木柱であったが、最近ではほとんどコンクリート製で、木柱を見かけることは少ない。

コンクリートの柱でよく見かけるのは、道路や鉄道の高架である。間断なく自動車が通る道路を支える柱、電車や汽車が走る鉄路を支える柱であるから、ずいぶん太く造られている。当然のことながら鉄骨を入れて重量に耐えられるように造られている。鉄柱も見かけることが多い。鉄道の架線を支える柱の多くが鉄柱である。線路に沿ってどこまでも続いて立てられている。駅によっては、ホームの屋根を支えるために、レール形の柱を使っている。軽量鉄骨で建てられる建物は大小を問わず、当然のことながら鉄柱である。

橋桁《はしげた》を支える橋脚も柱である。簡単な木の橋であれば木柱であるが、頑丈な大きな橋であれば、鉄柱やコンクリートの橋脚である。京都国立博物館の前庭には屋外展示として、三条大橋と五条大橋の石柱が置かれている。手前の三条大橋の石柱には「天正十七年七月」の銘がある。他の二本は五条大橋の石柱である。

石柱を用いたものは、明治や大正といった古い時期の建物に見ることができる。例えば国会議事堂、いわゆる洋風建築である京都国立博物館の旧館、奈良国立博物館の本館、旧国鉄奈良駅などの正面には石柱が使われている。このような洋風の建物は各地に残っているだろう。

木柱は基本的に、白木の柱が用いられるが、簡単な小屋などでは黒木の柱が用いられる。また、臨時の建物では黒木が使われる。これは儀式としての建物であるが、天皇即位の翌年に行われる大嘗祭に備えて建てられる大嘗宮《だいじょうきゅう》の諸殿や、春日若宮御祭《おんまつ》りの際に御神体を安置するために、仮の社殿として建てられる御旅所《おたびしょ》は、黒木造りである。春日若宮の御祭りで建てられる御旅所と、平城宮跡で見つけられた大嘗宮の遺構はいずれも掘立柱建物である。

若宮御祭りは平安時代の末に近い保延二年（一一三六）に関白藤原忠通《ただみち》が五穀豊穣を祈って始められたものであり、若宮の社殿から真夜中に御神体を仮の社殿、すなわち御旅所に移すのである。御旅

京の三条・五条大橋の石柱

鉄道の架線を支える鉄柱

旧国鉄奈良駅の石柱

高架を支えるコンクリートの柱列

春日若宮御旅所の黒木の柱

所は二の鳥居のあった近くの、春日社の参道の北側に一つの区画を設けて建てられる。十二月十一日に釿《ちょうな》始めがあり、松の黒木で建てられ屋根は松の青葉で覆われる。正面の二本の柱の前には、白砂を盛って松の枝が立てられる。

以前はかなりの日数をかけて建てられたようであり、宝永六年（一七〇九）の『春日祭礼興福行《ぎょう》事《じ》』[6]には御旅所を造営している状況が描かれている。建物を組み立てている者、材を運び上げている者、手斧《ちょうな》で材を削っている者、墨差しで墨線を引いている者など、作業の状況が手に取るように分かる。そしてその絵の傍らには「御旅所毎年九月朔日御棟上　霜月廿一日ヨリ御普請始リ　同廿六日酉刻出来　毎年御材木　大和十四郡ノ内一郡ヨリ千七百　二十五本出ス」とある。

実際の宮殿でも黒木で造営されることがあった。例えば、斉明天皇が出兵のために朝倉の地に赴いた際に造営された朝倉広庭宮は、黒木であったと伝えられている。また、元弘元年（一三三一）に隠岐に配流された後醍醐天皇の行在所《あんざいしょ》は黒木造りであり、黒木御所と呼ばれた。今、そこには黒木神社がある。

黒木ということでは、公園の藤棚によく見かけたものだが、やはり傷みやすいということからなのであろう、現在ではコンクリート製で、黒木風に作った擬木を使ったものを見かけるようになった。

木柱にはその形から大きく分けて円柱と角柱との二種がある。その断面から区別した用語である。角柱には方柱の言い方もある。

柱といえば、何といっても建物の柱である。ここで建物の柱の名称について説明しておこう。

古代の木造建築で、最も外回りに立つ柱を側柱《がわばしら》といい、内側に立つ柱を入側柱《いりがわばしら》という。入側柱に囲まれた中を母屋《おもや》(身舎)、入側柱と側柱の間を廂《ひさし》(庇)というが、寺院建築では内陣《ないじん》、外陣《げじん》という。側柱と入側柱が各種の柱の中心である。むしろ、建物のあらゆる部材の中で重要な役割をもっている。すなわち柱は桁《けた》や梁《はり》を受け、その上の小屋組を受け、何百枚、時には千枚を超す数の瓦を載せた重量のある屋根を支えるのである。そして、側柱や入側柱のような本柱の間に立つやや細い柱を間柱《まばしら》といい、これは壁を支える役割をもっている。

古代寺院の側柱も入側柱も堂々としている。入側柱は内陣の中で間近にしか見ることはできないが、側柱は少し離れて眺めると、建物を支えている状況を感じ取ることができる。とくに吹き放ちの建物ではその感が強い。吹き放ちというのは、建物の柱間に壁や扉などの建具がなく、外部に開放されている構造をいう。奈良時代の寺院建築には吹き放ちのものが見られ、それが一つの特徴となっている。唐招提寺の金堂の前面、側柱と入側柱の間が吹き放ちになっている。唐招提寺といえば、この寺の講堂は平城宮朝集殿を移したものであり、朝集殿だった時には、前面が吹き放ちであった。興福寺東金堂は室町時代に復興されたものであるが、前面が吹き放ちであるし、行基が入寂した喜光寺本堂も前面吹き放ちの構造であり、山の辺の道沿いの平等寺本堂も吹き放ちで復元されている。建物全体が吹き放ちに造られたものを見たこともある。それらの柱列からは力強さを実感することができる。

三重塔・五重塔などの塔で中心に立つ柱が心柱であり、太くて長い材が使われる。心柱は刹《せつ》、あるいは擦《さつ》ということもある。塔で入側柱に相当する柱は四本なので四天柱と呼んでいる。

藤棚のコンクリート製擬木

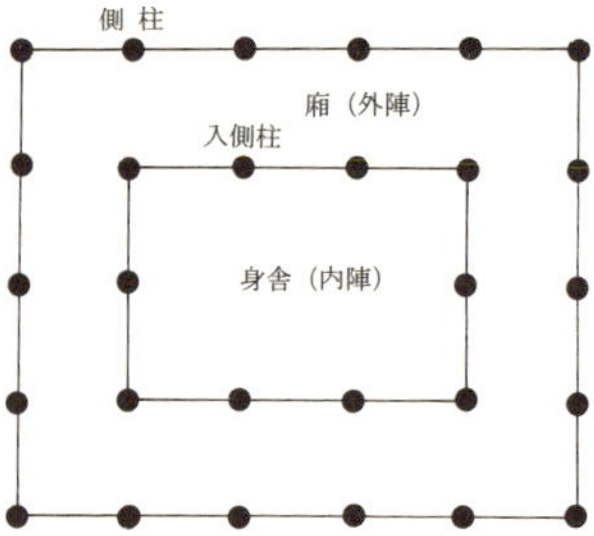

建物の基本的な平面図

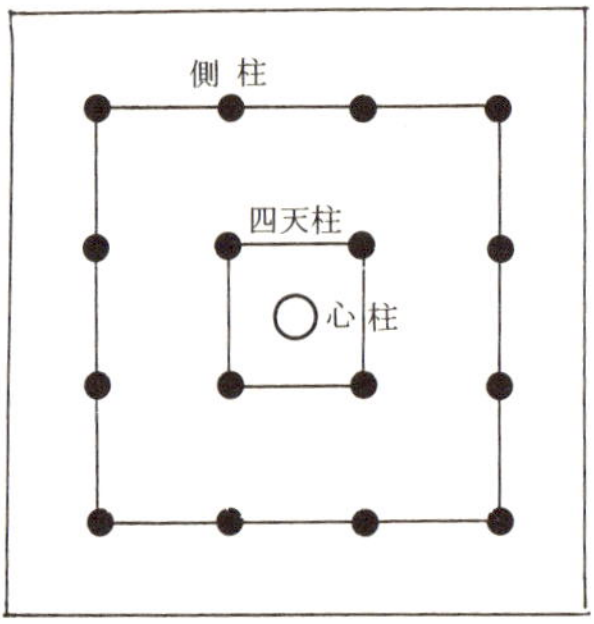

塔の平面図

奈良公園浮見堂の円柱と角柱

前面吹き放ちの堂（平等寺）

また、建物の棟方向を基準として表現することもある。おおむね建物の柱数の多い方が桁行で、少ない方が梁間であり、桁行方向の中央に大棟がある。その桁行方向、すなわち大棟の方向が東西であれば東西棟、南北であれば南北棟という。棟方向が東西・南北に一致しない場合には、たとえば南北棟に近いが約何度東に振っているとか、西に振っているというように表現する。

さきに間柱にふれた。壁を支える役割をもっており、いわば地震対策でもある。近年「壁柱」ということを耳にする。幅九センチほどの角材を完全に密着させずに何本かを並べ、これをボルトなどで連結してパネル状の壁として、部屋の四隅に取り付けるのだという。すると、地震の衝撃をわずかな隙間で吸収して、建物の倒壊を最小限に食い止めることができるという考案である。一般にみられる筋交いよりも効果的だという。これも建物を支える立派な柱である。

標柱

建物の柱ではないが、標柱がある。これは簡単にいえば「目印になる柱」なのであるが、周囲を見回せば、いろいろな標柱がある。よく目につくものは道標である。現代のものはもちろんであるが、古く江戸時代に立てられた石製のものが随所に残っている。現代のものは交通事情もあって、背が高く立てられており、まさに標柱である。江戸時代の、例えば「左　岡寺　右スグ元伊勢」と文字の刻まれた石の道標は高さ数十センチの低いものなので、何となく標柱とは呼びにくい感じもするが、中には背の高いものも見られるので、仲間入りさせてもよかろう。最近の道標でも、例えば「山辺道」

のような道標が道筋の要所に立てられている。

ＪＲ奈良駅前に立てられている平城宮への道標は、まさに石柱であり、二メートルをこえる高さである。これには「平城宮大極殿是ヨリ二十丁」「明治四十三年三月建之　棚田嘉十郎」と記されている。明治四十年（一九〇七）に建築史学者の関野貞氏が平城宮の所在地を確認した『平城京及び大内《だいだい》裏《り》考』[7]をあらわし、そのことがすでに新聞記事となっていた。当時おおむね水田であったその地が「宮城」の跡地であることを知った奈良市在住の植木職人棚田嘉十郎氏が奔走し、朝堂院地域が保存され、氏が旧国鉄奈良駅前に平城宮跡への石製の道標、標柱を立てたのである。現在奈良駅前は整備され、その標柱は当初の位置から若干移動しているが、駅前に立っている。棚田氏は保存活動の最中、ある団体に欺かれ、それまで保存活動に協力してきた人たちへの謝罪として割腹自殺を遂げた。誠に痛ましい限りである。その標柱によって平城宮跡へ徒歩で訪れる人は少ないが、まさに記念碑的な存在である。復元された平城宮朱雀門の前に、棚田嘉十郎翁の像が建てられ、その功績を顕彰している。

神社の入り口には、おおむね神社の名を入れた標柱が立てられている。戦前に立てられたものには「官幣大社」「村社」「郷社」などの文字が入っていたが、その部分は戦後セメントで塗りつぶされたままになっている。しかし、読み取ることができる。その他に「式内」「式内社」「延喜式内社」の文字が入れられているものもある。式内社というのは、『延喜式』の「神祇式」に掲載されている神社のことである。『延喜式』は延喜五年（九〇五）に編さんが始められ、延長五年（九二七）に撰進された。したがって、それ以前に存在した神社の名が記されているので、式内社は千年以上も前に鎮座し

道標　右：山辺道　左：岡寺

神社の標柱　白山神社の標柱では「村社」の文字が塗りつぶされている

たことになるから、かなり古い。

岐阜県関市の白山神社境内に、行幸啓の標柱が立てられている。平成二十二年（二〇一〇）に立てられたもので、その内容は両陛下による長良川への稚鮎放流を記念するものであった。行幸啓があったのは平成二十二年六月十三日であり、それは第三〇回全国豊かな海づくり大会の当日であった。岐阜県には海がない。しかし、水産資源の保全を願って稚魚を放流することも行われる。鵜飼でよく知られている長良川での稚鮎の放流が、関市池尻の長良川河畔でその大会当日に行われたのである。その標柱の側面には経緯を記した説明がある。これは記念碑的な標柱である。かつて立てられた、行在《あんざい》所《しょ》を示すものも同様である。

その他、寺や遺跡を示した標柱は随所に見られる。

帆柱

建物に関係のない柱をもう一つ述べよう。帆に風をいっぱいにうけて走る船、帆船には大小いろいろなものがあるが、いずれも帆は帆柱に取り付けられている。帆柱のことを檣《しょう》、マストとも表現する。帆柱が一本の「帆掛け船」から三本檣、四本檣の大形帆船まである。一本マストに一枚の帆という船は、ヨーロッパで十五世紀に至って商工業中心の都市経済の発達、遠隔地経済の発展とともに造船技術が向上し、次第に船体が大形化し、マストの数が増えていった。帆船が最も盛んだったときには排水量千トンを超えるものも建造されたという。

わが国での帆船は古代にも造られていた。伊豆や安芸（広島県西部）で造船した記事も見える。遣唐使は当時としては大形の帆船に乗って、唐の国に渡って行ったのである。平城遷都千三百年記念の年、平成二十二年（二〇一〇）に復元された遣唐使船が平城宮跡で展示された。帆柱は二本であった。その帆柱に竹で編んだ網代《あじろ》帆を掛けるのである。

現在では、帆船は航海練習船にみられる程度であり、日本丸や海王丸は帆柱が四本、四本マストである。大阪市の練習船「きぼう」は三本マストである。それぞれのマストは高く、「きぼう」のメインマストは三〇メートルもある。帆を張ったマストに練習生が、それぞれに登る登檣礼が報道されることもある。

帆船の図

復元された遣唐使船

帆柱を備えた帆船が航海練習船として使われるのは、機械力によらず自然の力を利用して船を進めるので、将来航海に関わる者として、気象、海流、潮流などの知識を深めることができるということがある。そして、帆船では高い帆柱に帆を張っているので、僅かな油断から船を転覆させる危険がある。そのため常に緊張感を必要とし、機敏で適当な判断をくだし敏速に行動する訓練ができるという面がある。

帆船には機関を併用した機帆船がある。一般的には補助の目的で発動機を備えた帆船をいう。風がない時でも航行ができるという便利さがある。幕末に諸外国から来航した黒船のなかには、舷側に外輪を備えたものもあり、帆を降ろした船が自由に動くことに当時の人々が驚嘆したということである。

遺跡整備での柱

これも実際の柱ではないが、それによって遺跡を理解できるように工夫された「柱」もある。建物の範囲を示して、柱の位置を円形表示で示しているものも見られるが、立体的な表示もある。例えば飛鳥では水時計の遺構が見つけられたことで注目された水落《みずおち》遺跡や、飛鳥宮殿跡などが整備されており、どのような遺跡であるのか、その解説板も設けられている。そして、建物の柱位置に高さ数十センチの柱を立てている。そのことによって、当時どのような大きさの規模の建物があったのかということが分かるように工夫されている。その柱は木柱であったり、コンクリートの疑似柱であったりするが、建物の範囲だけを表示するよりははるかに分かりやすく効果的である。また、掘立柱の表

藤原宮朝堂院南門跡　擬石の礎石で
柱の下部を表現している

水落遺跡の整備　下は見つけられた遺構と
復元された柱の基部

保存された後展示されている掘立柱
掘形（平城宮）

イヌツゲで表示されている柱（平城宮）

短い柱で表示されている（平城宮）

現と、礎石の上に柱を立てた表現があり、いずれもそれぞれ苦心している様子がうかがえる。

平城宮では広大な面積を占めていることもあり、いろいろな形で遺構の表現がなされている。覆《おお》い屋《や》を設けて実際の遺構の展示もしている。飛鳥の事例と同じように短い柱を立てて示したものもある。後にふれるが、第二次大極殿の前面で見つけられた幢竿《とうかん》の遺構では、中央の柱とそれよりやや低い両脇の支柱とを木柱であらわしている。内裏地域では、柱位置に植えたイヌツゲを柱状に剪定《せんてい》している。この整備は昭和三十年代から始められたものであり、イヌツゲは長い年月を経てまさに柱状に成長している。このように樹木で整備する際には、根のうち主根を取除くことによって支根だけが横に張るので、地下遺構を傷めることがないということである。

遺跡によっては柱だけではなく、柱と柱の間にイヌツゲやツバキなどを植えて、壁を表現したものも見られる。

築地の表現では、壁体の部分を築地の幅で低い壇を造り、須柱《すばしら》の位置を窪ませて表現するような工夫がなされている。

そのような整備が行われる一方で、実物大の建物の復元もいくつか行われている。平城宮では遷都千三百年を記念して、第一次大極殿の復元が行われた。それ以前には、平城宮正門である朱雀門の復元が行われている。それらの柱は、礎石の上に立てられた何本もの堂々たる丹《に》塗りの柱である。また第二次内裏東方で、官衙の建物も復元されている。これは白木であり、掘立柱建物を復元している。

実物の建物の復元は各地でも行われており、さきにふれた平城宮大極殿や朱雀門、さらに各地では、

復元された平城宮朱雀門

復元された三河国分尼寺中門

築地須柱の表示

三河国分尼寺中門、能登国分寺中門、下野薬師寺回廊などをはじめとしてずいぶん多くの建物復元事例がある。こうしたものに接することによって、古代の遺跡に親しみが湧くことであろう。

このような遺跡の整備が多くの地域で行われ、古い文化の理解に役立っている。児童生徒が学習のために訪れることも多い。子供の成長は早い。将来、彼等の多くがその重要性を伝えていくことになろう。保存された文化財を、いかに活用するかということを常に考えねばならない。

古代の建造物では寺院建築や、宮城の大極殿、朝堂院、門などは柱が礎石の上に立てられるが、その他の多く建物では柱の根元を地下に埋め込んで立てられる。これは掘立柱といい、いわば伝統的なものである。発掘調査では柱の痕跡を見つけることによって、建物の規模を復原することができる。時には柱の下部が完全に腐らずに残っていることがあり、柱根《ちゅうこん》と呼んでいる。

柱には、先にふれたような掘立柱の他に礎石立ちのものがある。掘立柱は柱の根元を地中に埋めこむもので、礎石立ちは礎石の上に柱を据えるものである。掘立柱は旧石器時代以来の柱の立て方であり、発掘調査では奈良時代、平安時代の遺跡でもそうした掘立柱建物の遺構が数多く見つけられる。礎石の上に柱を立てる技術は、寺院建築の技術として伝えられたものと考えられる。それは『書紀』の崇峻天皇元年（五八八）に百済から伝えられたと記されている。そして建立されたのが飛鳥寺である。当時の建築に関わる技術者たちは、柱の根元が地中に埋めこまれなくても立っている構造に驚いたことであろうし、柱の上の上部構造の複雑さと柱との関係に新たな感慨を覚えたことであろう。

ふくらみをもつ柱

古代寺院の柱のほとんどが円柱であるが、上端から根元まで真っ直ぐなものと、途中の一部にふくらみをもつものとがある。法隆寺の中門や金堂の柱がその代表例としてよく取り上げられ、ギリシャのパルテノン神殿の柱との比較からエンタシスと呼ばれることもあるが、ギリシャのそれとの関係は分からない。エンタシスに関しては、ふくらみのない円柱は上の方が細く見えるから、それを避けるためであると古くから考えられている。わが国ではふくらみの具合から、徳利柱と俗称されることがある。

法隆寺金堂初重の柱は側柱が一八本、入側柱が一〇本で合せて二八本である。(8) 昭和二十四年（一九四九）一月の火災で焼損を受けたが、幸い蒸し焼き状態であったため柱の状況がわかる。(9)

この堂内が蒸し焼き状態の金堂は、収蔵庫にきちんと移築され保存されている。文化財の保存としては稀有な事例であり、年に一度は必ず公開されている。平成九年（一九九七）十二月十日、午前零時三〇分に文化庁から、法隆寺の世界文化遺産条約の登録が決定したとの連絡があった。その時のユネスコ「世界遺産委員会」はコロンビアのカルタヘナで開かれていた。地球の裏側であったことから深夜の連絡となったのであったが、わが国での第一号であり、文化庁も法隆寺もじっとその時を待っていた様子をうかがうことができる。ユネスコ委員会による事前視察では、現在の金堂が新しい建物であるということから、世界文化遺産登録に値しないとの見解もあったようであるが、収蔵庫での保存状況を見てユネスコ委員会の委員たちは感嘆したと伝えられている。

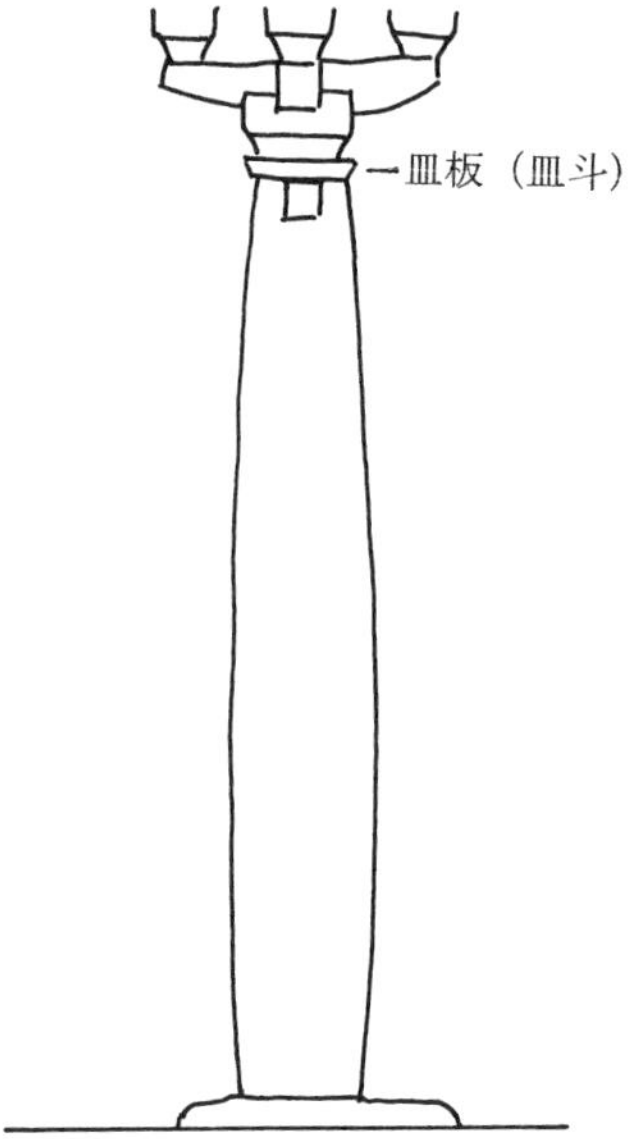

ふくらみをもつ柱

それはさておき、金堂の柱はすべて強いふくらみをもつ円柱である。ただし、ふくらみの曲線はそれぞれの柱によって違いがある。どの柱も最も細い部分は例外なく柱の頂部にあり、その直径は最小約四五センチで、最大は約四九センチである。ふくらみの最も大きい部分の位置は一定ではなく、柱全体の長さの半ばから上にあるものから、下から五分の一あたりのものまである。多いものは、下から三分の一あたりに最大のふくらみをもつものである。ふくらみの直径も一定ではなく、六〇センチに満たないものから六六センチまでのものがある。柱の根元はやや細くなって、直径はおおむね約五八センチである。昭和二十年代に始められた解体修理工事の調査で明らかになったことに、柱に腐った部分の見られるものが多かったことがあげられる。特に南面の東から二番目の柱では、柱の底部から九〇センチ以上も心《しん》が腐蝕して空洞になっていた。

上重の柱は一四本の側柱だけであり、内陣には柱はない。すべて当初の材であり、胴部にふくらみをもっている。それは初重ほど顕著ではないが、おおむね下から三分の一のところが最も太く作られている。

中門の柱もふくらみをもっている。中門に関してはきわめて特殊な状況が認められる。柱の数、すなわち中門の平面規模である。(10) 一般的には、門の正面の柱の数は四本あるいは六本というように偶数である。そして奥行は三本という奇数である。ところが法隆寺西院伽藍の中門の柱数は正面が五本、奥行が四本なのである。古代の建物は柱と柱の間の数で表現するので、それに従うと、桁行四間《けん》、梁間三間の規模ということになる。桁行四間の事例は、他にわが国古代の寺では管見の限り見られない。

法隆寺中門の扉口は南から一間目の柱筋にあり、その北の二間分はいわば堂内ということになる。そして桁行四間ということでは、法会の際に中心の柱を境に同数の僧侶が居並んで法要を執り行うことができるという見解がある。要するに中門は、東西に配置された金堂と塔に対面して法要を営むことができる、礼堂《らいどう》としての機能があったのではないかというのである。東院伽藍の中門が、後に礼堂に改造されたことを見れば、その見解は妥当なものではなかろうか。

梁間が三間の門は飛鳥寺《あすかでら》(11)と大官大寺《たいかんだいじ》跡(12)で見つけられている。飛鳥寺の中門は、桁行三間で、中央間が一四尺（約四・二メートル）、端間一〇尺（約三メートル）で総長一〇・二メートル、梁間は八尺（約二・四メートル）等間で総長七・二メートルである。大官大寺の中門は桁行総長が約二三・八メートル、梁間総長が一二・六メートルという巨大なものであった。柱間寸法は桁行中央の三間が一七尺（約五・一メートル）で、両端間と梁間方向が一四尺（約四・二メートル）である。なお、山田寺の中門については門の遺構そのものが残っていなかったため、足場穴からの復元であり、梁間二間と三間の両者が考えられるという。発掘調査報告書では三間の可能性で復元されている。(13)

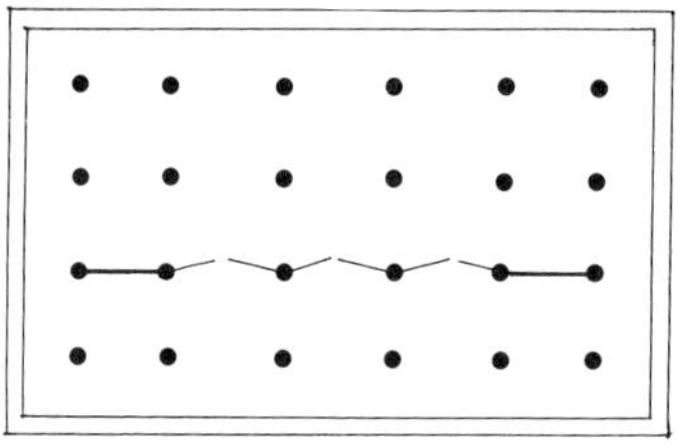

大官大寺中門復元図

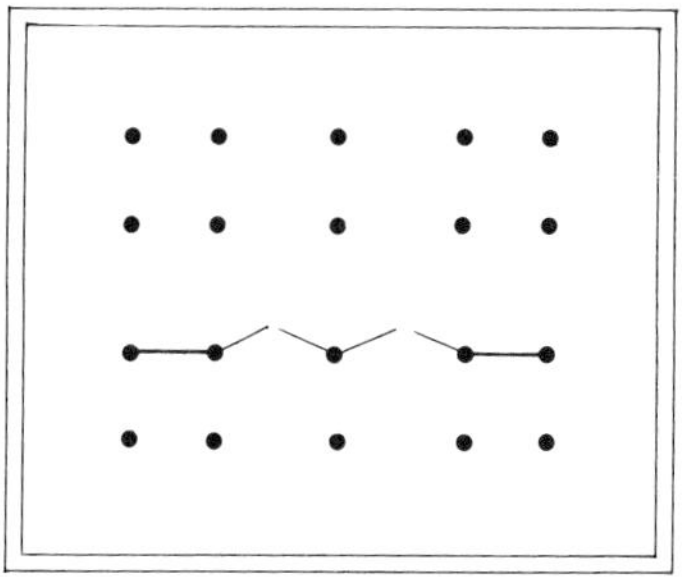

法隆寺中門復元図

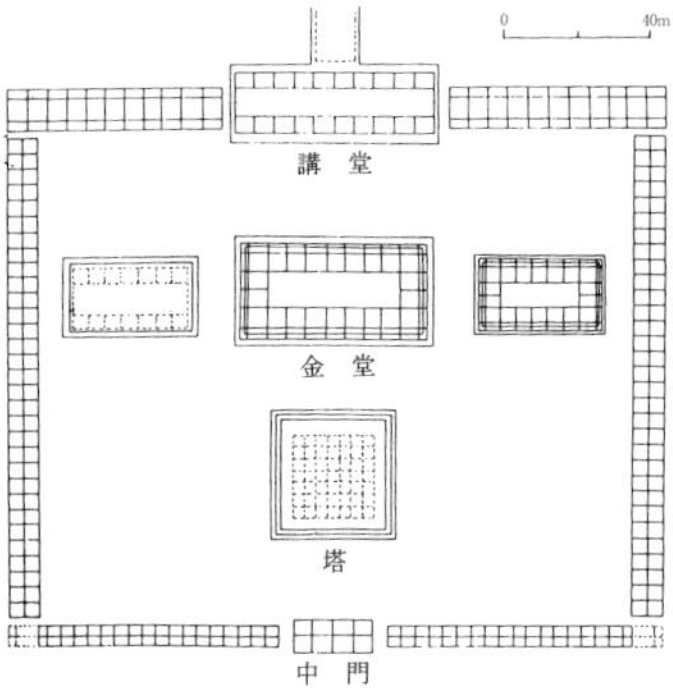

新羅皇龍寺第二次伽藍配置図

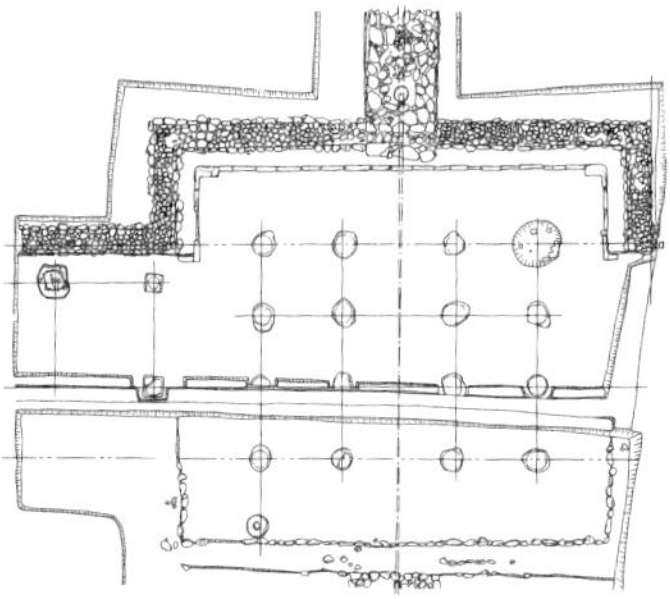

飛鳥寺中門基壇平面図

中門の桁行が四間の事例としては、新羅皇龍寺にそれがある(14)。第一次改築の中門が桁行四間、梁間二間で、少し南へずらして建てられた第二次改築の中門も桁行四間、梁間二間として建てられている。皇龍寺の創建伽藍は五六六年に完成し、第一次伽藍の改築が五八四年、そして第二次伽藍の改築は六四五年とされている。

法隆寺西院伽藍中門は上下二層の構造であり、下層の柱は強いふくらみ、すなわち強い胴張りが目立つ。ふくらみの最大径は下から約一・五メートルのところにあり、直径六〇センチ弱である。金堂と違って裳階《もこし》を伴っていないので、胴部のふくらみを離れた位置からでも直接見ることができる。金堂の柱のふくらみが六〇センチ弱から六六センチまでの範囲なので、中門の柱はそれより若干細いことになる。

法隆寺西院伽藍の金堂や中門・回廊の柱でのもう一つの特徴は、柱と大斗との間に厚い板が置かれることであり、これを皿板《さらいた》あるいは皿斗《さらと》と呼んでいる。

本来の東の僧坊、東室《ひがしむろ》の柱もふくらみをもっている。下方約三分の一を同じ太さにして、それより上方をほぼ直線状に細めている。経蔵と鐘楼の柱にもふくらみが見られるが、さほど強いものではない。

柱の各種

古代建築では主要な柱の多くが円柱であるが、角柱も建物の一部によく見られる。法隆寺の金堂と五重塔の裳階《もこし》の柱は角柱であり、薬師寺東塔の裳階の柱も角柱である。角柱の中には、それぞれの角を面取りしたものがある。その面取りの幅にも狭いものと広く取られたものとがあり、さらにその部分に彫刻で装飾を施したものも見られ、唐戸面《からとめん》などとも呼ばれている。

寺々の堂の前面には礼拝の場が設けられており、それを向拝《ごはい》と呼んでいる。向拝は間口一間の場合には二本柱の場合と、奥行きのある四本柱の場合とがあるが、この向拝柱には角柱が用いられる事例が多い。法隆寺聖霊院《しょうりょういん》と三経院《さんぎょういん》の向拝は二本柱、同じく法隆寺西円《さいえん》堂の向拝は四本柱であり、いずれも角柱であるが、それぞれの角を面取りしている。向拝には、建物によって間口三間で設けられ

八角柱と柱根と「根がらみ」

間口一間の向拝（上）と三間の向拝（下）

復元された八角柱の建物（平城宮）

ている場合があり、そのような向拝では柱が堂の前に何本も出ている感じを受ける。

断面多角形の柱が用いられることもある。それは八角円堂という多角形の堂に見られるものである。法隆寺西院伽藍の西円堂と東院伽藍の夢殿、興福寺の南円堂、栄山寺八角円堂などの柱は八角形である。堂の平面形から必然的にその形に加工されているのであり、当然のことながら内陣の柱も八角形に作られている。八角円堂であっても、興福寺北円堂では内陣・外陣ともに円柱によって建てられている。また、安楽寺の八角三重塔も円柱である。奈良時代に西大寺で八角の塔の建立が計画されたが、途中で四角に改められたので、八角の塔で現存するのは安楽寺の塔だけである。

これらの八角円堂は特定の氏族、あるいは特定の個人の追善のための施設であり、いわば仏舎利をまつり、釈迦を追善するための施設である塔と同じ機能をもったものである。法隆寺夢殿は上宮王家追善のための、興福寺北円堂は藤原不比等追善のため、栄山寺八角円堂は藤原武智麻呂の菩提を弔うために息の仲麻呂によって建立されたというような建物なのである。

西大寺では塔建立の工事に際して八角形の基壇を築こうとしたのは確かなことであり、発掘調査で八角形の掘込地業の存在が確認されている[15]。また、東塔基壇上に残る塔心礎は八角形に造られている。八角形の心柱が立てられようとしたのである。実際に立てられた心柱が八角形であったのか、円形であったのかということは分からない。しかし、心礎の形からも、西大寺で八角形の塔の建立が計画されたことが分かる。

西大寺で建てられようとした八角形の塔について少し触れておこう。恵美押勝の乱の後重祚した称徳天皇の希望により、西大寺では八角塔の建立が計画された。そのことは「延暦僧録」に見え、鑑真が渡日を決意した時から従っていた弟子の思託が、神護景雲年間に勅によって西大寺の八角の「塔《とう》様《よう》」を造ったとある[16]。これは『元興寺《がんごうじ》伽藍縁起幷流記《るき》資財帳』(以下『元興寺資財帳』と略す)に「金堂ノ本様《ほんよう》」とあるもの[17]と同じく、建物の模型である。まず、模型で本物と同じように部材を組んで十分の一程度のものを造るのである。思託は、そのような技術をもっていたのである。西大寺で八角の塔を建てようとしたことは『日本霊異記《りょういき》』にも見えるところであり、それが果たせなかったことが説話として伝えられている。(18)

六角の建物としては永正七年（一五一〇）建立の長光寺六角円堂が唯一のものであるが、柱は円柱である。

柱にはその使用場所による名称もある。よく耳にするのは大黒柱である。大極柱の字を当てる場合もある。家の中央にあって、最初に立てる柱をそのように呼ぶこともあるが、一般的には家の土間と、板敷きや畳敷きの床上部との境で、人目につく正面にある柱をそのように呼んでいる。田の字形の間取りでは、中央の交点に立つ柱を大黒柱と呼ぶ場合もある。その柱は他よりも太いものが用いられる。樹種としては、その神聖性から雑木は使われない。針葉樹以外ではケヤキ、ナラ、サクラなどが使われる。地域によっては大黒柱に大黒や夷神《えびすかみ》を祭ることもあり、正月に餅を供える地域もある。大黒柱をその家の中心の柱、そして家を守ってくれる柱というように神聖視することは、各地域とも共通している。このようなことから、家族や何かのグループで中心になる人に「大黒柱として働いてもらう」というようにたとえることがある。

床の間で左右の柱のうち棚との間にある化粧柱を床柱という。ヒノキの真っ直ぐな角柱が正式なものとして用いられるが、その建物の種類によっては磨き丸太と呼ぶ円柱が用いられるし、あるいはことさらに曲がったものを使って目立ったものにすることもある。また木柱ではなく竹が使われることもある。

神社建築のうち、神明造りの両側面（梁間）の中央で、壁面から若干離れている柱が棟持柱《むなもちばしら》である。これは文字通り大棟を支える役割を負っている。

幢竿《とうかん》支柱

柱には支柱が伴うことがある。ここで、古代の支柱の一部について述べる。

宮殿や寺院では、儀式・法会の際には宝幢《ほうとう》を立てる。それを立てる柱を幢竿《とうかん》と呼ぶ。わが国では、現代のものを見ることはできるが、古代の幢竿支柱は地下遺構としてしか見られない。朝鮮半島では統一新羅時代のものが数多く残っている。おおむね花崗岩製で、長さ二・五〜三・五メートルであり、幢竿を立てるために五〇センチから一メートル隔てて二本立てている。そして幢竿を止める横木を通すために、支柱には孔をあけている[19]。

わが国古代のものでは、幢竿を立てる施設が平城宮跡で見つけられている。そこは第二次大極殿基壇の前面二四メートルの位置であり、七ヶ所で東西三・二〜三・六メートル、南北一・五メートルの掘形があり、その中に三本の柱を立てた遺構が見つけられた。それは史料に見える幢《はた》や幡《ばん》を建てる遺構であった。中央の柱穴が幢や幡を立てた柱穴で、左右のものはそれを支える支柱の遺構なのであった[20]。

元旦の朝賀や即位式の際に宝幢を立てることは『延喜式』「兵庫寮」に規定されているところであり、中央には烏形の幢を立て、東に日像・朱雀・青龍を、西に月像・白虎・玄武の幡を並び立てるこ

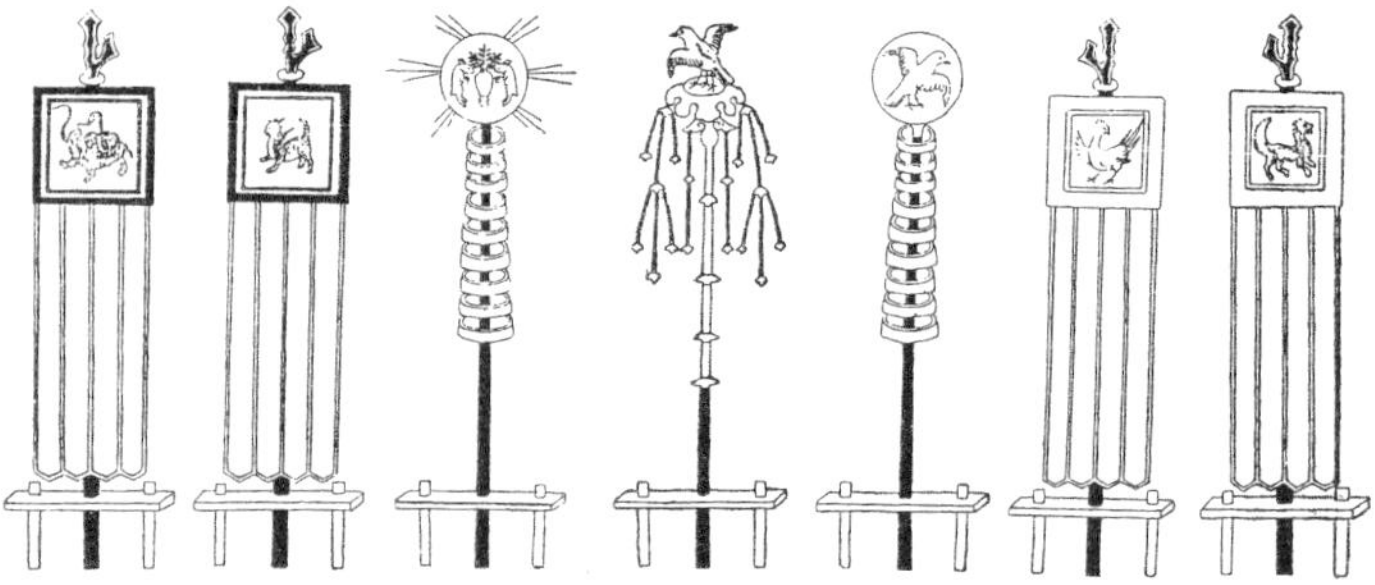

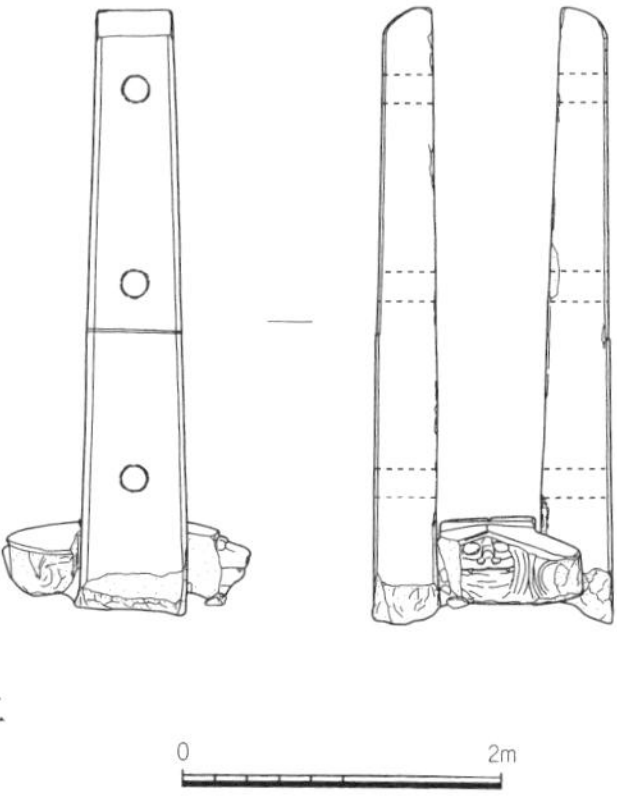

（上）　宝幢・幡の復元図
（右）　新羅弥勒寺の幢竿支柱
（左）　復元された宝幢の柱と支柱（背景は第二次大極殿基壇と復元された第一次大極殿）

とになっている。烏形の幢は、太陽に棲む三本足の烏の像を飾った旗の一種である。『続紀』大宝元年（七〇一）元旦の記事には「天皇大極殿に御《ぎょ》して朝を受く。その儀、正門において烏《う》形の幢を樹《た》つ。左は日像・青龍・朱雀の幡、右は月像・玄武・白虎の幡なり。蕃夷の使者、左右に陳列す。文物の儀是に備《そなわ》れり」とある。この時には新羅などの外国の使者も儀式に参列したことが誇らしげに記されている。これは大宝元年のことであるから、藤原宮での元旦朝賀の状況である。したがって、平城宮で幢竿を立てた遺構が見つけられたということは、『続紀』に記されたような儀式が、平城宮でも行われたことが遺構の上から確認されたのであった。平城宮では、第二次大極殿基壇の前面に宝幢と支柱を低い柱で表示されている。宝幢《ほうとう》や幡が立てられた朝堂院で、大勢の官人が居並んでいる情景が浮かんでくる。

他所では、長岡宮跡でも同様の遺構が見つけられている。(21) 寺院では、山田寺で南面を区画する掘立柱柵の南約三〇メートルの位置に一・二メートルを隔てて一対の掘立柱穴を見つけており、これに対して幢幡の遺構の可能性が示されている。(22) また、新堂廃寺の塔跡の南面と西面で見つけられた掘立柱穴と考えられた遺構を、幢《はた》または幡《ばん》を立てた柱の遺構との見解が示されている。(23) 幡を立てた柱の頂部には竜の頭を飾ることが行われる。ここでは柱痕跡などは見つけられていない。

下野薬師寺の発掘調査では、塔の西方で回廊の東南隅の推定地とのちょうど中間の位置で、東西四・九メートル、南北三・五メートル、深さ二メートル以上ある隅丸長方形の遺構があった。この遺構のほぼ中央で南に寄った位置で、二つで対をなす柱痕跡が見つけられた。(24) 柱痕跡の直径は約六〇センチで、約一メートルの長さが確認されている。両者の間隔は約二・四メートルであった。掘形は何度も掘り返された状況を示しており、その状況から柱が何度も立て替えられたものであると判断された。したがって、確認された柱痕跡は最終段階のものである。

この時期には、下野薬師寺は官寺化されている。元旦や天長節などの際には、国衙《こくが》や郡衙《ぐんが》の官人も招かれ、幢あるいは幡で飾られた境内で祝賀の行事が行われたことであろう。寺の僧侶たちは、儀式を寿《ことほ》ぐ経典を声高らかに唱えた。

下野薬師寺ではこの柱痕跡が、塔の南側柱筋に揃うことと、さきに述べた回廊東南隅と塔のちょうど中間に位置することから、幢竿支柱の遺構と判断された。幢竿支柱は、塔との配置関係から、南からの寺の景観を意識して設置されたと考えられている。

二　柱の調達

柱は、建築用木材の中でも最も重要な地位を占めている。木材とは樹木から作りだされる木を意味するが、樹木には高木と低木がある。低木は建築用資材としては劣るので、柱材としてはほとんど高木だけがその対象となる。そして高木の根、幹、枝葉のうち幹の部分が用材として用いられる。

柱　材

樹木には大きく分けて針葉樹と広葉樹とがある。建築部材の目的によって使い分けられているが、針葉樹が量的には圧倒的に多く使われている。中でも柱材としてはヒノキやスギが広く使われる。伐り出された用材は枝落し、皮剝ぎ、乾燥の工程を経て木材とするのだが、原木を乾燥させないとひずみによる狂いが生じやすい。そのためか、建築部材の伐採は秋が良いとされている。秋には樹木が水分をあまり吸わなくなるからである。樹木の水分が少ないので伐採した材が腐りにくいということがある。

現代では、生木に含まれている水分を一二パーセント程度まで下げるように乾燥させて使われている。一般的には、簡単な屋根をかけて地上から二〇センチほど上げてねかせて乾燥させている。また、貯木場で流水に漬けておくことも行われている。一見、水に漬けて乾燥させるのは逆ではないかと考えてしまうが、そのようにしておくと樹液が流失して水から揚げた後の乾燥が早くなるのである。筏に組んで運送するのには、そのような効果も期待されたものと思われる。

柱には直接関係はないが、板は製材によって柾目と板目の違いが生じる。樹木は、成長するにしたがって年輪を形成する。年輪は樹木の心を中心とした同心円となるので、その心を含んだ半円形に切り下げていくと年輪は平行線となる。これを柾目《まさめ》と呼んでいる。それに対して年輪の中心によらず任意に切り下げた面の年輪は平行線にならず、これを板目《いため》と呼んでいる。

わが国で初めて本格的な仏教寺院が建立されたのは、崇峻《すしゅん》朝のことである。百済から四種八人の工人集団が渡来したと『書紀』や『元興寺資財帳』に記されている。それは崇峻天皇元年（五八八）のことであった。そして同天皇の三年十月に「山に入りて寺の材を取る」（『書紀』）とある。本格的な造営工事が始められたのである。具体的にどこの山であるかは分からないが、飛鳥近辺であろう。古くから宮殿の建築も行われていた。しかし、飛鳥近辺の山には、まだ柱材をはじめとした建築用材が伐採できる樹木が生い茂っていたのではなかろうか。山に入って寺の建築用材を調達するのであるから、柱をはじめとした桁《けた》、梁《はり》、斗《ます》、垂木《たるき》等々の材である。

今ふれたように、飛鳥寺造営以前にも宮殿や豪族の邸宅等の造営工事が行われていたのであるから、山での用材調達の作業はしばしば行われていたことであろう。遅くとも藤原宮造営の頃には、そうした目的の杣《そま》が存在していたことが知られており、その地に山作所と呼ぶ管理機関も置かれていたが、六世紀代のことは分からない。しかし、現地である程度の加工は行われたものと考えられる。

柱にふさわしい材を伐採し、樹皮を剥ぎ、断面八角形ほどにして建築現場に運ぶのである。山から下ろすには、後にいう木馬《きんま》のような道具を使ったのであろう。用材伐採の地が建築の場所に近いとは限らない。遠方からの運搬では、『万葉集』「藤原宮の役民《えだちのたみ》の作る歌」に「(前略)田上山《たなかみやま》の　真木《まき》さく　檜《ひ》のつまでを　もののふの　八十《やそ》宇治川に　玉藻《たまも》なす　浮かべ流せれ(中略)泉の河に　持ち越せる　真木のつまでを　百《もも》足らず　筏《いかだ》に作り　のぼすらむ　勤《いそ》はく見れば　神ながらならし」(五〇)と歌われた、筏に組んで木材を運んだ情景が浮かんでくる。(25)

ここに見える田上山には杣すなわち「山作所《さんさくじょ》」があったことが、正倉院文書によって知られる。(26)それは近江栗太郡に置かれたものであり、遅くとも藤原宮造営の際には存在していた。ここには山作所があり、きちんとした組織をもって運営されていたものと考えられる。田上山から下ろされた材は琵琶湖から瀬田川、宇治川、木津川等の水運を利用して運ばれたものであろう。『万葉集』にある「泉の河」は木津川のことであり、木材を陸揚げする「津」であるところから木津川と呼ばれるようになった。

奈良時代半ばには、東大寺の造営という大事業が進められ、さらに造東大寺司で新薬師寺や石山寺などの工事も行われたことから、山作所は増えていき、甲賀山作所、高島山作所などが設けられた。その山作所でどの程度まで木材を加工していたのかは定かではないが、柱などはある程度、八角形ぐらいには加工したのではなかろうか。

柱の運搬

正倉院文書には、造東大寺司関係の中に、柱を調達した史料がいくつか見られる。天平宝字六年（七六二）のものとされる「造石山院所用度帳[27]」に金堂の柱調達のことが見える。ただ、この史料に関しては紙背が再利用された際に切断されたために編纂の段階でここに置かれたのであり、本来は法華寺阿弥陀浄土院に関わる文書とされている。[28]それはともかくとして、この文書にはその金堂の規模が「長七間、広四間」とある。桁行が七間、梁間が四間の金堂に供するための柱なのであり、総数「柱卅六根」とある。そしてそのうちの一四本が「長二丈二尺」で二二本が「長一丈九尺」と記されている。柱の直径はいずれも二尺五寸（約七五センチ）である。この柱の数からすれば、一四本は桁行方向に各六本ずつ、梁間に各一本ずつ立てる内陣用の柱で、二二本は桁行方向に各八本ずつ、梁間に各三本ずつ立てる外陣のための柱である。

この堂の内陣用に長さ約六メートル六〇センチの柱が一四本、外陣用に長さ約五メートル七〇センチの柱が二二本、直径がいずれも約七五センチのものが調達されたのである。堂内の構造がどうあれ、内陣は外陣よりも高い。

石山寺へ柱を供給した史料に、天平宝字六年三月二十五日付の「山作所告朔解《こうさくのげ》[29]」がある。この山作所は田上山の山作所であり、田上山の杣からの用材の供給を記した史料である。各種の木材が記されており、柱については長さ一丈六尺、約四メートル八〇センチの寸法が記されている。また、その年の四月の告朔解《こうさくのげ》と考えられている史料には、長さ一丈一尺（約三メートル三〇センチ）の柱が三〇本、長さ九尺（約二メートル七〇センチ）の小柱が二二本供給されたことが記されている。この長さはまさに小柱であり、さきの柱の長さから比べたら一段と短い。小規模な建物なのであろう。どちらも「河を運ぶ」とあるので、筏に組んで運ばれたものである。

柱を含めた木材を運搬するのに、陸路によった場合もあった。天平宝字六年二月五日付の史料には、甲賀山作所から「道を運ぶ」とあり、また「道より車で運ぶ」という記事も見える。どの程度の距離を運んだのか、またどのような車なのかは分からないが、山から下すのであるから運搬手段には苦労したにちがいない。

柱に関する史料の中には黒木に関するものも見える。すでにふれているように、黒木は樹皮を剝がしていない材のことである。いくつか挙げてみると、天平宝字六年（七五四）正月十五日の「造石山院所雑材納帳」(30)には「黒木柱六根」「黒木柱八根」などとあり、これには割書きで「作殿料」とある。長さに関する記載がないが、「作殿料」の割書きからすれば、金堂、講堂、食堂というような「堂」のつく建物だったと考えられるが、黒木をそれらの堂に使うことはないだろう。黒木で運ばれた材を造営工房で白木に加工するのであろうか。また「黒木柱四根」「黒木柱八根」とあり、多くの黒木材が運ばれていることが分かる。同日の別史料にも「黒木柱二根」「黒木柱十二根」とある。黒木の材は桁《けた》、古麻比《こまい》（木舞）、佐須《さす》（扠首）などにも見える。それぞれの寸法についての記載は一部を除いては見られない。（十五の二五八・二六〇）

ここで注目したいのは、「造石山院所雑材納帳」に資材を収納した日が記されている中に「廿五日収納黒木桁八枝　黒木古麻比十九枝已上経堂料」「廿六日収納黒木柱八根　桁四枝已上経堂料」「廿七日収納黒木桁四枝　柱八根已上経堂料」などと見えることである。経堂、すなわち写経所の建物に使う柱をはじめとした各種の材が挙げられているのであり、その建物が確実に黒木造りだということである。黒木造りの建物に関しては、この章の最初の方で少しふれたが、石山寺の写経所のどのような建物か定かではないものの、黒木造りのものがあったのである。古代寺院の建物でも、中心伽藍以外の建物ではそうしたものがかなりあったのだろう。仮に、ここに記された「柱八根」がその建物の柱の数を示すとしたならば、桁行・梁間ともに二間という小さな建物になる。

天平宝字六年三月七日の「造石山院所告朔[31]」に「板葺黒木作殿二宇」とあるものが、さきの材で建てられた写経所の建物の可能性がある。ただし「各長五丈　広一丈八尺」の割書きがあり、この数では桁行五間、梁間二間の建物二棟分なので、さきの史料に記された柱の数には合わない。廿一日に収納された黒木柱の割書きには「作殿料」とあるのでこれも写経所用と思われる。また、「已上経堂料」の割書きのない黒木の材も用いられたのかもしれない。

方広寺大仏殿の柱を締めていた鉄の輪

大仏殿の柱

東大寺大仏殿の柱に関する史料が、正倉院に残されている。それは天平勝宝五年（七五三）六月十五日の日付をもつ丹《に》裏《つつみ》古文書で、「催令作仏殿大柱五十根」[32]とある。大仏殿、すなわち東大寺金堂で必要とする柱の総数は九二本であるから、この数では約半分である。史料に「催令」とあるので、残りの柱の調達はかなり急がれたことであろう。いずれにせよ、大仏の鍍金作業も進み、この時から柱が準備されたのであり、大仏殿造営の工事が始められたのであろう。そして残りの柱材の準備も進められたのである。

丹裏文書というのはいわゆる反故として、廃棄する文書を、丹を包むために転用したものである。包まれた丹は、柱や桁などの建築部材に塗るために用いられたり、釉を作る原料として用いられる。

大仏殿の柱の直径は一メートルから一・五メートルもある。そのように太い柱は一木ではとても調達できない。現在の大仏殿に入れば分かるように、何本かの柱材を合わせて鉄釘で留め、鉄の輪で締めて太い一本の柱として作られている。奈良時代においても、同じような状況ではなかったろうか。さきの五十根は、太く作った柱としての計算なのであろうか。ずっと後に建立された、豊臣秀吉による京都方広寺の柱も何本かの材を合わせ、鉄の輪で締められていた。

大仏殿は盧舎那《るしゃな》大仏の、いわば覆屋《おおいや》である。その大仏は、近江紫香楽《しがらき》の地で造り始められた。天平十五年（七四三）十月十五日の『続紀』の記事には「十月十五日を以って菩薩の大願を発して、盧舎那仏の金銅像一躯を造り奉る。国の銅を尽くして象を鋳、大山を削りて堂を構え、広く法界に及ぼして朕が智識とす。（中略）夫れ、天下の富を有つは朕なり。天下の勢いを有つは朕なり。（以下略）」とある。河内智識寺で礼拝した盧舎那仏によほど心を惹かれたのであろう。聖武天皇の意気込みが知られるのであり、工事は早速に始められた。この時、それまで虐《しいた》げられていた行基集団が参画するのである。工事は急がれたのであろう。翌十六年十一月十三日の記事には「甲賀寺に始めて盧舎那仏体骨柱を建つ。天皇親《みずか》ら臨みて手《てずか》らその縄を引きたまう。（中略）四大寺の衆の法師会い集う。」とある。

この「体骨柱」に注目したい。

「体骨柱《たいこっちゅう》」に関しては次章の「特殊な柱」で改めて述べるが、その表現からすれば、単に骨組みが出来上がっただけのように受け取られる。しかし平城京四官寺から僧侶を請じているような法要の状況からすれば、さらに進んだ段階に至ったように思われる。宮町遺跡の発掘調査では、鋳造に関する遺構が随分多く見つけられている。このことからすれば、ある程度大仏本体にまで作業が進んでいたのではなかろうか。

ところが翌年天平十七年五月に、都は平城京に戻った。平城還都である。当然のことながら、盧舎那仏造像の工事は平城の地で進めねばならなくなった。『東大寺要録』（以下『要録』と略す）「巻第一　本願章第一　聖武天皇御宇年表」には「大和国添上郡山金里」で工事が再開されることになったと記されている。[33] その後、造像の地が他に移ったような史料は見られないので、その地は現在東大寺大仏殿の建っている場所である。大仏師国公麿等の指導によって、その事業は進められたが、工事は難渋したようである。鋳造には何回か失敗したとあるが盧舎那大仏は完成し、開眼供養も行われた。そして大仏殿建立の工事が始められた。しかし、かつて建てられたことのない規模雄大な建造物である。桁行十一間、梁間七間、柱の総数は九二本である。そして平面規模は正面が約八七メートル、側面が約五一メートルという巨大な建物であった。

現在の大仏殿は永禄十年（一五六七）の松永久秀による兵火で焼失後、江戸時代の元禄年間に再建されたものである。東大寺の僧公慶の尽力によって大仏が補修され、大仏殿の再興工事が進められたのであったが、莫大な費用と高度な技術を要する工事のために、その計画が実施に移された後にもいろいろな支障が生じ、実際に工事が進み始めたのは元禄九年（一六九六）七月の大工始めの儀式が行われた時からであった。

同十年に柱を立て始め、予定された九二本のうち三二本が立てられた段階で、費用の面から当初の計画通りにはいかないことが分かった。時の将軍徳川綱吉としては、鎌倉復興時には奈良時代創建時と同じ規模で再建されたことから、是非同じ規模で建てたいとの強い希望をもっていたが、それが不可能だということが分かり規模の縮小を認めたのである。[34] 梁間方向は、大仏の大きさの関係で減らすことはできないので、桁行方向の柱間を四間分減らして七間にすることになった。柱の数は六〇本である。

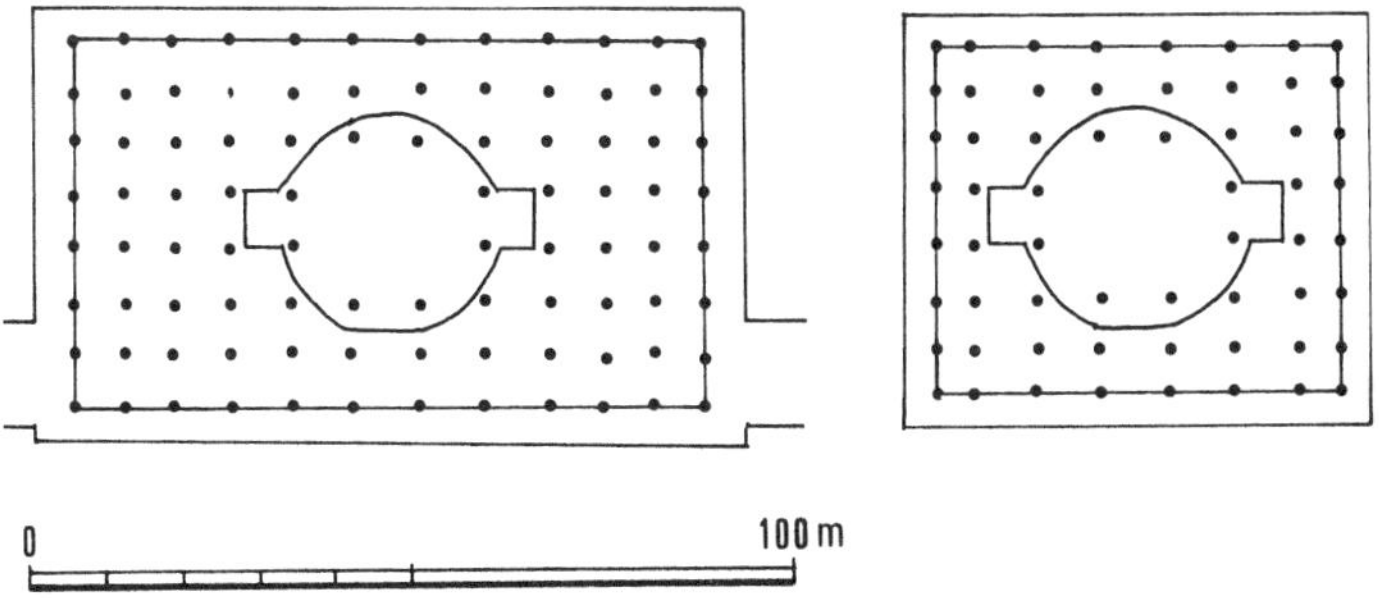

奈良時代の大仏殿（左）と現在の大仏殿（右）の平面図

『要録』には天平勝宝三年（七五一）に「大仏殿を建造し畢《おわ》んぬ」の記事がある。[35] それに近い頃に造営工事が一応終わったのであろうが、さきに大仏殿の柱五十根を調達したとする史料が天平勝宝五年であるから、これは少々早すぎる。しかし、いずれにせよ、突貫工事であったために、軒先が下がったのであろうか。実忠による副柱を立てることが『要録』の「東大寺権別当実忠二十九介条事」に見える。[36] それには「大仏殿の副柱を造り建て奉る事」として、宝亀二年（七七一）に四〇本の副柱を大仏殿に建てたことを述べている。この時使った柱の長さは七丈四尺とあるから、約二二メートルである。このことから、この副柱は主屋の軒先を支えたものと考えられている。大仏殿完成を記す天平勝宝三年頃からこの時まで、約二〇年を経過している。かなり急がれた工事のために、すでに随所で修理の必要な箇所が出てきたのであろう。特に重量のある屋根の軒先が下がってきたものと思われる。昭和大修理では、瓦をすべて下した際に軒先が約一〇センチ上がったという。宝亀二年のこの時も、軒先が下がってきたために副柱を建てて軒先を補強することになったのであろう。この時の工事を、実忠は八ヶ月でやり遂げたと述べ、このことを記した弘仁六年（八一五）までの三〇年間「動き損ずること無し」と誇らしげに記している。

実忠に関しては後にも登場することになるが、自己顕示欲がかなり強い性格だったようで、事ごとに自分の業績を誇示している。高僧ではあるが、人間性は豊かだったのであろうか。

第二章　柱を立てる

建物を建てるには基礎工事の後、まず柱を立てることから始まる。柱が立てば、本格的に工事が始まるという気持ちが高まる。そのために立柱祭が行われ、工事の無事とこれから建てられる建物の未来永劫の安穏を祈るのである。現代社会でもそうした儀式は行われており、これを柱立てという。

一　立柱祭

推古天皇元年（五九三）正月十六日、飛鳥寺で立柱祭が行われと考えられる記事が『書紀』にある。記事には「刹の柱を建つ」としか記されていないが、当然のことながら立柱祭は行われたことであろう。この時の立柱祭は「刹の柱を建つ」とあるから、塔心柱のものである。おそらく中金堂建立、東西金堂建立の際にも立柱祭は行われたものと思われる。想像をたくましくするならば、わが国で最初の本格的な寺院の塔、五重塔の立柱祭であるから、天皇臨御があったかどうか分からないが、皇族たちや檀越《だんおつ》（施主）である蘇我馬子をはじめとする高位高官たちがこの儀式に参列したことであろう。

実は、その前日の十五日には舎利が塔心礎に納められた。おそらく、この時にも盛大な法会が営まれたことであろう。そのわが国初めての法会は、百済から渡来した僧侶の助言によって行われたにちがいない。その時心礎上面に納められた大量の荘厳《しょうごん》具が、昭和三十一年（一九五六）に行われた飛鳥寺塔跡の発掘調査の際に見つけられている。(1) もっとも、塔の心柱は太く、長大である。したがって心柱を立てる作業は尋常なものではなかったはずである。実際にどのようにして建てたのか分からないのであるが、中宮寺塔跡や法隆寺若草伽藍の塔跡で見つけられた穴にそれを解く鍵があるようだ。いずれにせよ、心礎の上面に荘厳具を置いたままの作業は無理であろうから、心柱を立ててからそれらの荘厳具を安置したものと考えられよう。

山田寺

塔の心柱を立てたことに関する史料としては、山田寺造営のことを記した『上宮聖徳法王帝説』（以下『法王帝説』と略す）の「裏書《うらがき》」がある。(2) これには山田寺造営の過程が記されており、癸亥の年、天智天皇二年（六六三）に「塔を構える」とあるが、癸酉の年、すなわち天武天皇二年（六七三）に「塔の心柱を建てたり」とある。天智天皇二年は塔の基礎工事が始められたことを示すものと思われる。そして天武天皇二年に立柱祭が行われたのである。この時に舎利と共に多くの荘厳具が納められたことも記されている。おそらく盛大な立柱祭が執り行われたことであろう。

ところで、山田寺は舒明天皇十三年（六四一）に蘇我倉山田石川麻呂が発願して造営工事が始められた寺である。金堂は翌々年、皇極天皇二年（六四三）に建立された。そして塔の立柱が天武天皇二年（六七三）なのである。実に三〇年を経ている。ずいぶん長い年月を経ている。これには不幸な事情があったのである。

山田寺の発願者石川麻呂は、大化五年（六四九）三月に海辺に遊ぶ皇太子を害せんとしたとの疑いを受けた。これは異母弟にあたる蘇我日向による讒言《ざんげん》であった。古代においては、一旦謀反の疑いを受けるとどのような抗弁も受け入れられない。そのことを承知していた石川麻呂は茅淳の道を通って山田の家に戻り、長子興志が攻めてくる軍勢を迎え撃ちたいと申し出たがこれを許さず、一族は自ら首をくくって果てた。後に石川麻呂の邸宅を捜索したところ、石川麻呂には二心なく全くの冤罪《えんざい》であることが明らかになった。讒言した蘇我日向は大宰府に遷された。

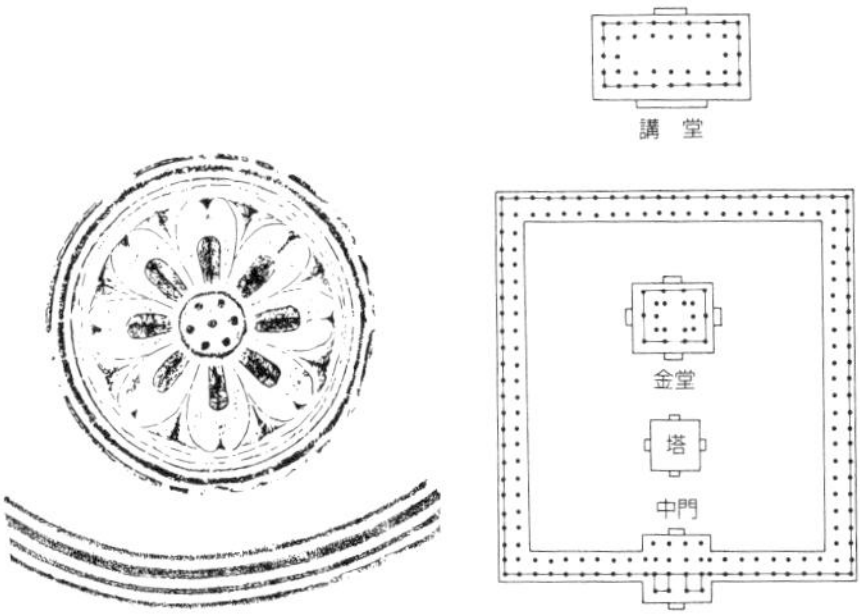

山田寺の伽藍配置と創建時の軒瓦

皇太子中大兄皇子には蘇我造媛、またの名を遠智媛という妃がいた。彼女は石川麻呂の娘であった。父の非業の最期を知り、憔悴のあまり亡くなってしまったという。その妃の生んだ皇女が鸕《う》野讃良《ののさらら》皇女、後の持統天皇である。その皇女の強い要望によって祖父の寺の造営工事が再開されたに違いない。それが天智天皇二年のことで『法王帝説』に「塔を構える」と記されているのである。ところが間もなく大津遷都があり、山田寺の工事も一時中断されたのであろう。そして壬申の乱に勝利した大海人皇子が飛鳥に戻り、絶対的な権力を握った。大海人皇子が即位して天武天皇となり、皇后の請いによって再び山田寺の塔の工事が始められたのである。それが天武天皇即位の年、二年のことで、すでに十年を経過していた。時の皇后の願いによる塔の立柱式である。天皇、皇后をはじめ皇族、高官たちが大勢参列し、数百人の僧侶による読経の中で式が進められたことであろう。盛大な儀式が行われた情景が浮かんでくる。

塔の心礎には直径三〇センチの柱座が穿たれている(3)。柱座と同じ太さの心柱としたならば、根元の直径三〇センチの心柱が立てられたことになる。しかし、塔の心柱としては細すぎる感がある。おそらくこれは、心柱の底を落とし込むための枘《ほぞ》の穴であろう。心柱そのものは他の寺々と同様、八〇センチ以上の太さがあっただろう。

平城京の邸宅

建物を新たに建てたり、建て替えをする際には、その建物が今後永く平安であるようにと願い、地鎮・鎮壇の供養が行われる。現代でもよく行われるのが、神官が注連縄《しめなわ》をめぐらせた中を浄める儀式である。こうしたことは古代からすでに行われており、発掘調査でいくつも確認されている。その多くは建物全体を対象としたものであるが、立柱に際して地鎮めの供養が行われた可能性を示すものも見られる。

立柱の際に供養が行われたことを示す遺構が、平城京内からも見つけられている。平城京左京三条二坊十五坪での発掘調査の際に貴族の邸宅跡の存在が確認され、その中の一つの大形掘立柱建物の西北隅の柱掘形から和同開珎《わどうかいちん》が出土した。(4) その建物は東西棟で桁行五間、梁間二間で、その身舎の南北に廂《ひさし》が付く。この廂の西北隅の柱掘形の底には柱の不等沈下を防ぐために礎板が置かれており、礎板の下面に和同開珎二枚が付着していたのである。その銭は明らかに意図的に置かれたものであり、柱を立てる際に、この建物が末永く安穏であることを祈願した地鎮供養が行われたのである。和同開珎を伴ったその柱が最初に立てられたためなのか、西南隅の柱だったためなのか定かではないが、和同開珎が伴っていたということは、その建物を建てることについて、地の神の了解を得ることを目的として納められたものであろう。

その地鎮供養は、陰陽《おんみょうじ》師によって行われたと考えられる。土地の神に銭を供えてその土地を贖《あがな》う許しを得ることは、土地を掘削する際にはしばしば行われる。その神は土公神《どくじん》であり、陰陽道で土を司る神である。『養老職員令《しきいんりょう》』の陰陽寮の規定を見ると、陰陽師が六人配属されており、陰陽師の職掌として「占い筮《うかが》いて地を相《み》る」(5) こととある。『延喜式』「神祇」条にも鎮土公祭が行われることが見えるので、国家としてもこの神を重視していたことが分かる。

『正倉院文書』の、法華寺阿弥陀浄土院に関わる史料には「院中を鎮め祭る陰陽師の浄衣単衣袴の料」とあり、また石山寺関係の史料にも「地を鎮め祀る陰陽師の布施料」とある。陰陽師が地鎮供養に関わっていたことが知られる。(6)

また「長屋親王宮」木簡が出土したことでよく知られている長屋王家木簡に、

「柱立所祭米半□

八月九日嶋」

と記されたものがある。(7) 明らかに、建築工事に伴って立柱祭が行われたことを示すものである。米を供えての立柱祭であり、神式の可能性がある。広大な長屋王邸のどの建物での地鎮祭かは分からない。何か特別な機能をもった建物だったのかもしれない。また何年の八月九日かも分からないが、藤原氏の勢力が次第に大きくなる中で、長屋王自らが自己の立場が不利になることを感じており、新たな建物の永久の安穏を願うとともに、自らの立場の安穏をも願ったのかもしれない。いずれにせよ、平城京内で建物を建てる際に、立柱祭が行われることがあったことが確実に知られる資料である。

二　柱の呪術性

第一章でふれたように、祝詞《のりと》に見える「底つ石根に宮柱太知り」の文言は、若干表現が異なるところがあるものの、祈年祭《としごいのまつり》、春日祭、龍田風神祭、平野祭、六月月次《つきなみのまつり》祭などに常套句として用いられていることが『延喜式』によって知られる。柱が重んぜられるということからすれば、柱に呪術性があると考えられていたのであろう。

神話と遺跡

柱の呪術性ということでは、『古事記』や『書紀』に見える国生みの神話にもそのことが記されているので、そのような考えが古くからあったことが知られる。『古事記』では伊邪那岐命《いざなぎのみこと》と伊邪那美《いざなみの》命《みこと》が、天つ神から賜った天の沼矛《ぬぼこ》によって造った淤能碁呂島《おのころじま》に天降《あも》りして「天の御柱《あめみはしら》を見立て、八尋《やひろ》殿を見立てたまひ」て、その天の御柱のまわりを二神がめぐることによって、国土が生まれるのである。『書紀』では若干表現が異なっているが、磤馭盧嶋《おのころじま》に天降りして国土を生むという筋書きはほとんど同じであり、「磤馭盧嶋を以って国中《くになか》の柱と為し（中略）国の柱を分ち巡りて」とある。いずれにせよ、「天の御柱」という柱をめぐることによって国土が生まれるというのであるから、その「天の御柱」にはきわめて強力な呪術性が存在すると考えられていたのであろう。

弥生時代の遺跡、池上曽根遺跡では大形の掘立柱建物と、それに南接する井戸に伴うと考えられている独立柱の遺構が二ヶ所見つけられており、その柱によって「特別な空間」が形成されていたのではないかとの見解が示されている[8]。その理由として、四十数個のイイダコ壺を紐通ししたままの状態で埋納した土坑、頸部以上と底部を水平に打ち欠いた土器を設置した遺構、石器を埋納した遺構が存在することなどが挙げられている。「モノ」を埋納するという行為は意図的なことであり、ここで行われた祭り、祈りは豊穣を願い、生産の安定を願うものであったと考えられている。独立柱は、「特別な空間」を区画する、いわば結界だったのである。独立柱の一本は、残っていた柱根からケヤキであることが明らかにされた。すでにふれたように、ケヤキには呪術性があると考えられている。

大柱直《おおはしらのあたい》

推古天皇二十八年（六二〇）十月の『書紀』の記事に、欽明天皇陵の葺き石の一部を整備した際に「氏毎に科《おう》せて、大柱を土の山の上に建てしむ。時に倭漢坂上直《やまとのあやのさかのうえのあたい》が樹てたる柱、勝《すぐ》れて太《はな》だ高《は》し。故、時の人号《なづ》けて大柱直《おおばしらのあたい》と曰《い》ふ」と見える。これは推古天皇の母、堅塩媛《きたしひめ》を欽明陵に改葬した時のことである。

欽明天皇の皇后は、宣化天皇皇女の石姫《いしひめ》であり、堅塩媛は蘇我稲目の娘で天皇の五人の妃のうちの一人にしか過ぎないのである。堅塩媛を欽明陵に改葬したということ、これは明らかに合葬である。皇后でない堅塩媛を合葬したのは、推古天皇の、母を想う心からのことなのであろう。陵に柱を立てさせた目的に関することは述べられていないが、天に向かって高く立つ柱に呪術性があると考えられていたことを示している。「氏毎に」ということは、多くの氏に立てさせたのであるから、柱が林立した状況を伺うことができる。これは日本人の数の理念かも知れないのだが、多ければ多いほど良いと考えられたのであろう。その中で、倭漢坂上直が立てた柱が最も高かったことで賞賛されたところに、その柱の呪術性が強調されている。高ければ高いほど良いということであろう。柱は依代《よりしろ》として立てられたのであろうが、推古天皇は勝れて高い柱によって、母堅塩媛の霊が天に昇っていくと考えられていたのであろうか。

土俵場の四本柱

略して土俵と呼んでいる大相撲の土俵場には、現在国技館の天井から吊るされた土俵場の屋根の四隅から四色の房が垂れ下がっている。これは力士の怪我を防ぐために柱を外して房を垂らす形に変えられてしまったからなのであるが、もともと四本柱で四隅を決めていた。土俵場は天地・四季の縮図であるから、大相撲開始の前に天神地祇をはじめ、四季の神々や八百万《やおよろず》の神々を祭る。その祭りによって天長地久、五穀豊穣と合せて大相撲興行中に事故のないよう祈るのである。したがって、四本柱は土俵場内外の結界の意味がある。そして四本柱には、それぞれ青、白、赤、黒の色布を巻いていた。現在の房も同じような青、白、赤、黒の四色である。これは四神すなわち青竜、白虎、朱雀、玄武をあらわし、合わせて方位を示している。青は東、白は西、赤は南、黒は北である。そして四季もあらわす。青は春、白は秋、赤は夏、黒は冬である。土俵場は天地四方、各季節が集約された世界なのである。土俵場の四本柱にはそのような呪術性が籠められていたのである。そして力士は、取り組みを前にして柏手《かしわで》を打って邪気を払い、四股《しこ》を踏んで地下にいる邪悪なものを退けるのである(9)。

シーサー

沖縄では民家の屋根に屋根獅子、シーサーが載せられている。それは魔除け、辟邪《へきじゃ》招福のために載せられているのである。赤い瓦屋根に載ったシーサーはまことに風情溢れるものがある。もともとシーサーは、家を建てた時に瓦職人が余った瓦を細工して、自分が瓦を葺いたその家に邪悪なものを近づけさせないように願い、獅子形を作って屋根に載せたものである。次第にそれ専用のシーサーが作られるようになったのであり、現在では商品として販売されている。

沖縄では毎年必ず何回か台風に襲われるので、近年は鉄筋コンクリート造りの家が増えてきた。家によってはシーサーを載せられない屋根もあり、そのため門柱に載せている。興味深いことには門柱は二本なので、二頭のシーサーが載せられているのである。そしてそれが阿吽《あうん》二頭一対で載せられている。高麗《こま》犬からの発想なのであろうが、魔除けの意味に変わりはない。新しい習俗が生まれていく一つの事例と言えよう。

三　神社の柱

神社の柱では、伊勢神宮の神田《かんだ》に立つ柱や諏訪大社の御柱《おんばしら》がある。柱そのものに霊力があると信じられているのである。また、どの神社にも見られるものに鳥居があり、おおむね二本の柱によって立っている。

出雲大社の柱

平成十二年（二〇〇〇）四月に、出雲大社境内から巨大な柱根が出土した。直径一・三メートルという。しかも三本出土した。その三本をまとめて一本の柱としたものであった。大社に伝えられている「金輪《かなわ》御造営指図《さしず》」には、東西南北に井桁に組んだ大引のそれぞれの交点に三本を束ねて一本の柱

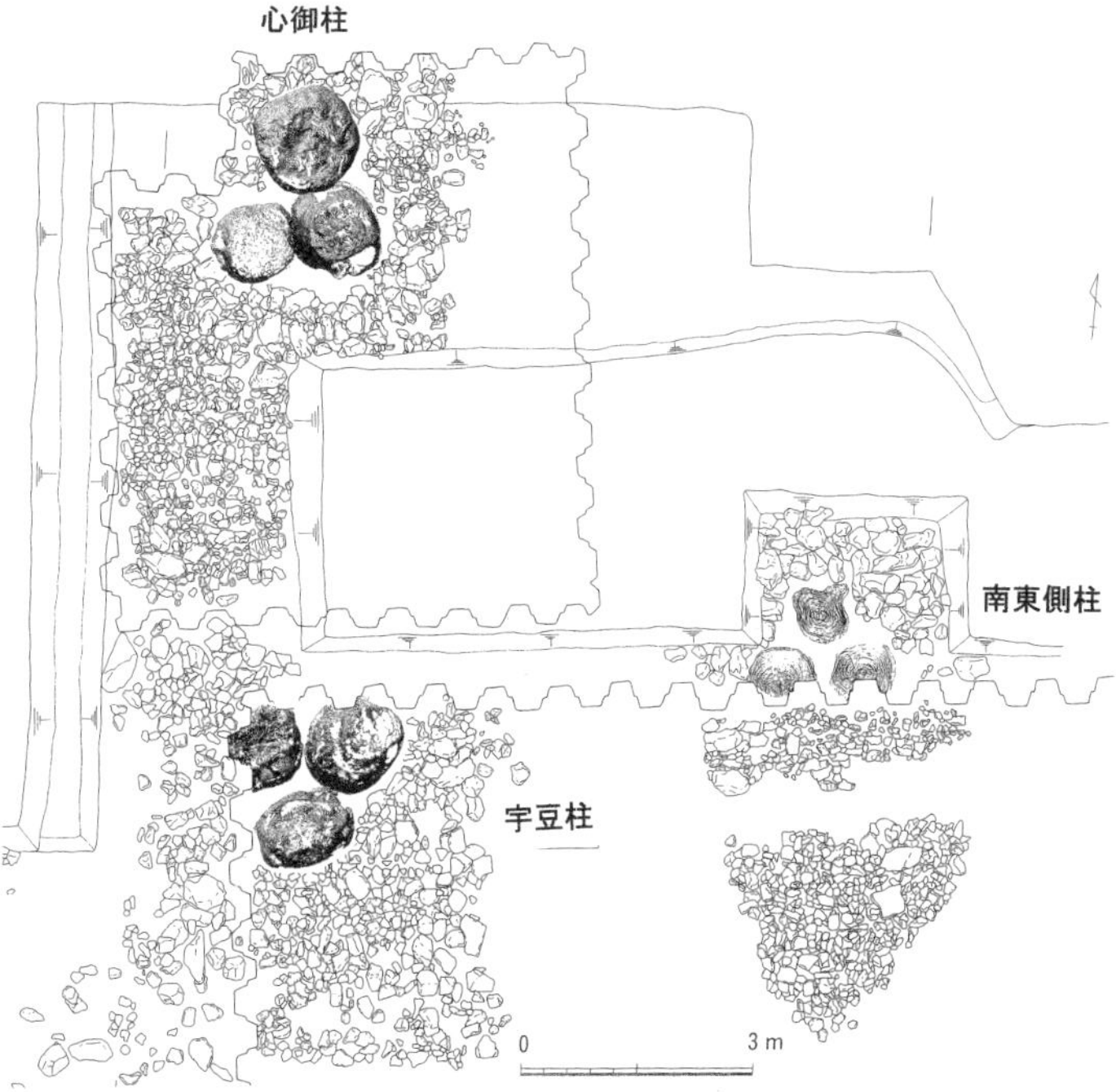

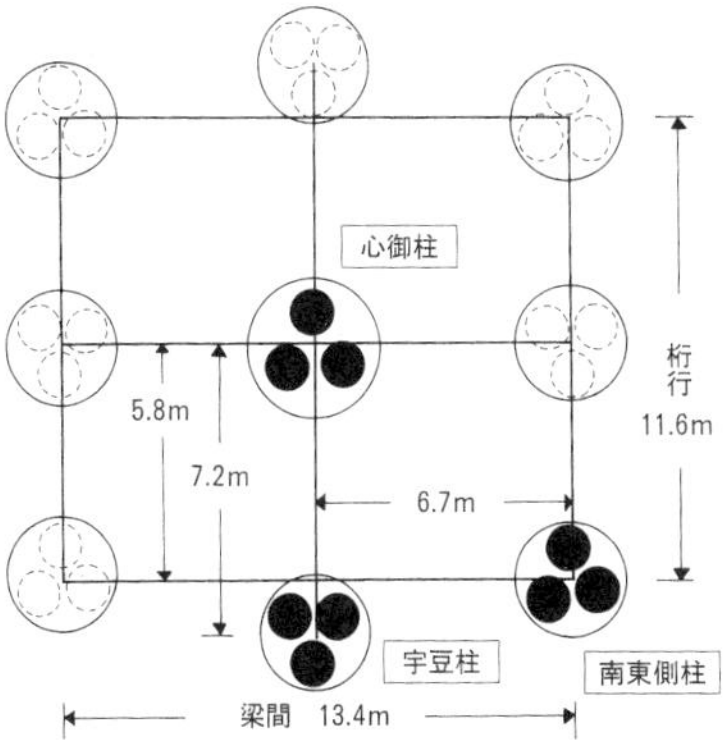

(上) 出雲大社境内遺跡
(下) 出雲大社本殿柱間

としたものが九本分示されている。(10) その中心の柱が「岩根御柱」、すなわち「心御柱《しんのみはしら》」であり、妻側中央の少し外側に「宇豆柱《うず》」がある。出土した柱がまさにそれであった。(11)「金輪御造営指図」をもと、出雲大社御本殿は巨大な建物であり、高さ四八メートルもあったとの見解も示されている。この翌年には「心御柱」も出土している。宇豆柱は井桁が交わる点から少し外に出ている。この柱は棟持柱であるが、伊勢神宮の社殿に見られる棟持柱とは異なり、独立棟持柱ではない。梁間の中央で、梁間筋の少し外に出た所で棟を支える柱なのである。いずれにせよ、古代における出雲大社の姿の復元が楽しみである。

心御柱は現在、元興寺《がんごうじ》文化財研究所保存科学センターで、ポリエチレングリコールによる保存処理が施されている。

鳥　居

神社の入り口には必ず鳥居が立っている。いわば神社への門である。特殊な鳥居以外、扉は設けられない。伊勢神宮では門扉のついた形のものがあり、鳥居は宮殿の門が発祥であるという面も示しているかのようである。このような特殊なもの以外は、それが置かれることによって直接神域の境界を表現するのである。鳥居は向かって左が本で、本の方が太いので不均衡にみえるというが、今までそのようなものを見かけたことがない。

鳥居の基本的な形は二本の柱を立てて、その上に笠木《かさぎ》を渡し、その下に貫《ぬき》を通している。足元は台石によって安定させている。神社に二基以上の鳥居がある場合には外側から「一の鳥居」「二の鳥居」と呼んでいる。

きわめて簡単な構造の鳥居ではあるが、その形態によって十種以上のものがある。しかし、基本的には神明鳥居と明神鳥居の二種である。最も簡素なものが神明鳥居で、伊勢神宮の鳥居を代表とする。大嘗宮に立てられる神明鳥居は黒木のままで、それぞれの部材が黒葛によってくくられる。明神鳥居は中世に現われて広く普及するようになった。笠木の両端が反り上がっている。これを「反増《そりまし》」と呼んでいる。足元には台石を用いている。柱は下方に行くにしたがってやや広がっている。これを「ころび」という。鹿島鳥居は貫《ぬき》の両端が柱の外に突き抜けており、くさびを打ち込んで留められている。八幡鳥居は笠木の下に接して島木を渡しており、貫との間に額束を付けている。春日鳥居は八幡鳥居に似ているが、多くの場合丹彩が施される。

複雑な形をしたものが三輪鳥居で、左右にそれぞれ鳥居の半分をつけたような形をしている。いわゆる三つ鳥居である。大神《おおみわ》神社と、大神神社の摂社檜原《ひばら》神社の鳥居が三つ鳥居である。檜原神社は山辺の道沿いに鎮座しており、大神神社の真北に当たる位置にある。この神社には大神神社と同様、神殿はなく三輪山が御神体として礼拝されている。三つ鳥居では中央を扉口、両脇を瑞垣《みずがき》で塞ぎ、さらに両脇に瑞垣を付けている。神社のあるこの近辺は、もともと伊勢に鎮座される前に天照大神を祭っていた笠縫邑《かさぬいむら》とされ、元伊勢とも呼ばれている。

四天王寺の鳥居は阿字門と呼ばれ、阿弥陀浄土への表門とされている。また金峯《きんぷ》山寺《せんじ》の銅製の鳥居

神明鳥居（伊勢神宮）

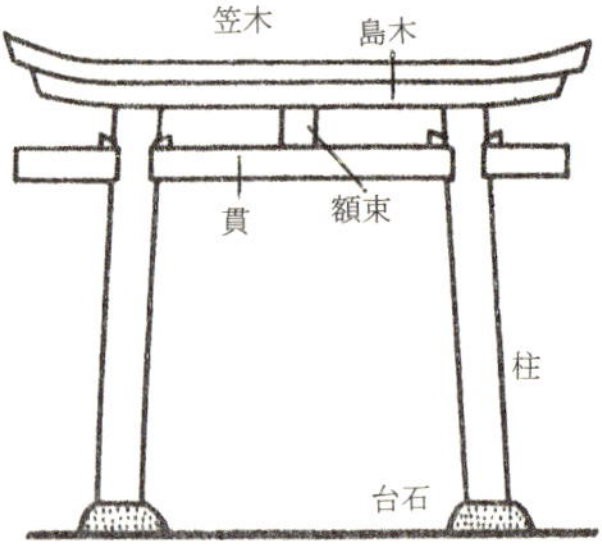

鳥居の部分名称

明神鳥居（関市白山神社）

春日鳥居（春日大社）

三輪鳥居（檜原神社）

は金峯山や大峯山の修験霊場への第一門として、発心門《ほっしん》と呼ばれている。このように、神仏融合の神社では門号がつけられた。

また二本の柱を立て、上部に注連縄を張った簡素な鳥居も見られる。江戸時代の末に制作された「春日若宮祭礼図屏風」(12)には、大宿所の前に二本の黒木の柱に注連縄を張った鳥居が描かれている。向かって左の柱の上部には松の枝が括り付けられている。

鳥居の材質はもともと木材であったが、石、銅、鉄なども使われ、現代では鉄筋コンクリートの鳥居も立てられている。木材の鳥居は一般的には白木であるが、さきに大嘗宮でふれた黒木の鳥居、つまり樹皮のついたままのものも見られる。これは鳥居の形式としては古いものとの見解もある。京都野宮《ののみや》神社の鳥居は、樹皮のついたままのクヌギである。野宮神社は式内社であり、祭神は天照大神である。鳥居は三年ごとに建て替えられるとのことであるが、鳥居に使えるようなクヌギの入手が難しいようである。

伊勢神宮に附属する施設という表現が適当なのかどうか疑問なのであるが、神宮の御塩づくりの地が伊勢の二見《ふたみ》にあり、その入り口に黒木の鳥居が立っている。志摩市磯部町には神宮の神田があり、そこにも黒木の鳥居がある。鳥羽市国崎《くざき》には神宮に奉納する熨斗《のし》鰒《あわび》を作る施設があり、その干場の入り口には黒木の鳥居が立っている。高さ約二メートル半、幅約二メートル程度の小さな鳥居である。材質は杉のようである。現在の鳥居がいつ立てられたのか、定かではない。二本の柱の足元はしっかりしているが、笠木の一部が朽ちはじめていた。

二本の柱に注連縄を張った鳥居（大神神社）

野宮神社の黒木の鳥居　一部に傷みが見える（写真右）

黒木の神明鳥居（鳥羽市国崎）

京都府福知山市大江町には元伊勢内宮皇大神社と外宮豊受大神社が鎮座しており、それらの神社の鳥居も黒木造りである。皇大神宮そのものではないことから、黒木造りなのであろうか。また、いずれも伊勢神宮に関わりのある神社や施設のために、黒木造りなのであろう。形は神明鳥居である。

四　特殊な柱

柱とはいうものの、その実態がよく分からないものもある。その一つが体骨柱《たいこっちゅう》である。柱を何本も立てて組み合わせたものなのだろうが、よく分からない。また、長い柱を組み立てて建物を支えたものが舞台建築である。

体骨柱《たいこっちゅう》

柱と表現された特殊な「体骨柱《たいこっちゅう》」は、盧舎那《るしゃな》仏造像に関わる『続紀』天平十六年（七四四）十一月十三日の記事に見えるものである。

東大寺の盧舎那仏は聖武天皇が情熱を傾けて造った大仏であり、それは現在の東大寺大仏殿の建つ位置で完成した。そもそも天皇が盧舎那仏の造像を思い立ったのは天平十二年（七四〇）二月七日に、河内大縣郡の智識寺へ行幸した折に、その寺で拝んだ盧舎那仏に心を惹かれたことによるのであった。そのことに関しては『続紀』のその日の記事に「難波宮に行幸云々」とだけあり、智識寺へ立ち寄っ

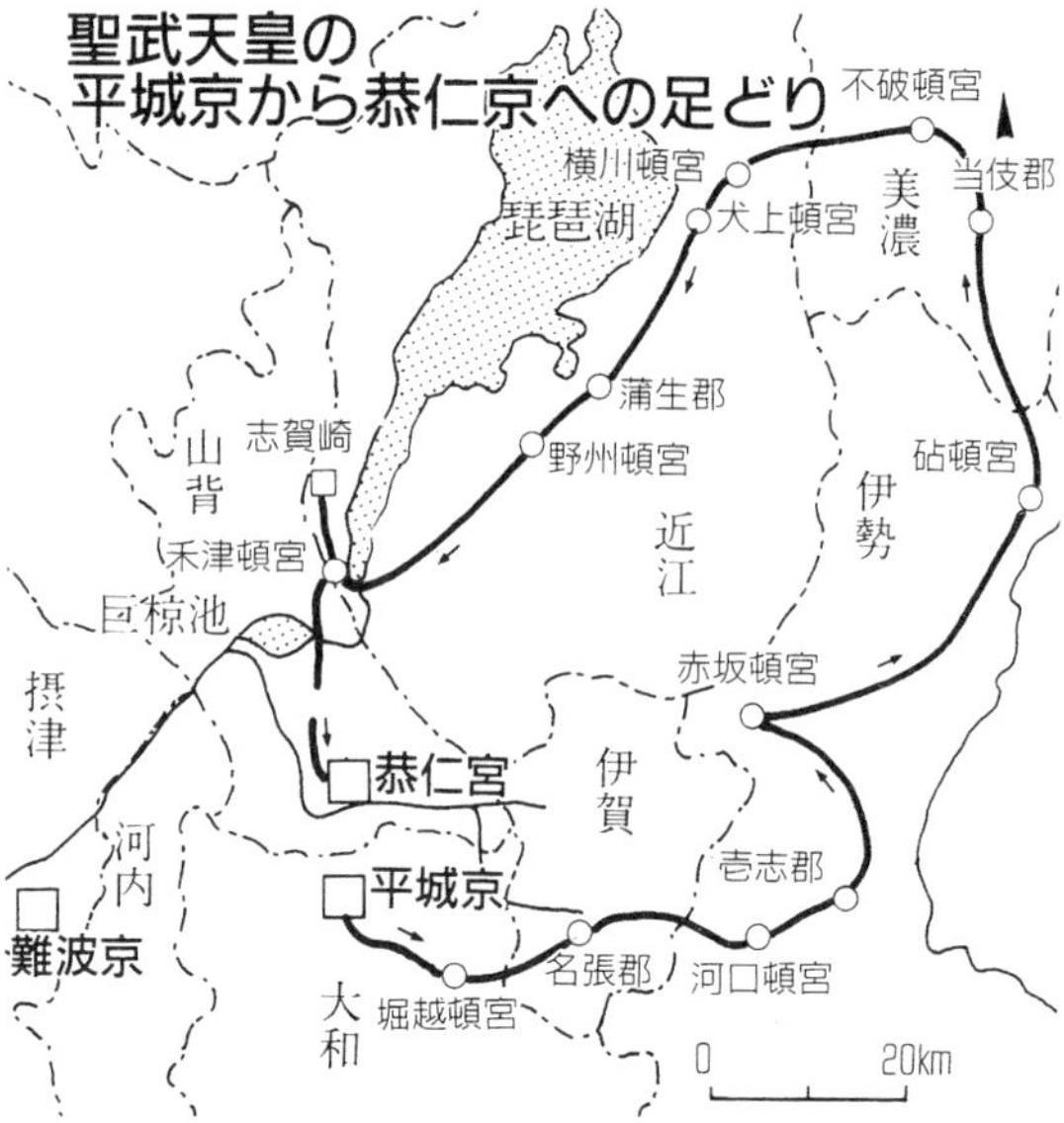

たことや、盧舎那仏を拝んだことについて記されているわけではない。盧舎那仏造像の契機に関することについては、聖武天皇が孝謙天皇に譲位した後の天平勝宝元年（七四九）十二月二十七日の、東大寺へ行幸した記事に「去る辰の年に河内の智識寺へ赴いた折に、その寺に祭られていた盧舎那仏を拝んで、是非自分もこのような御仏を造りたいと願った」という意味のことが詔として見えるのである。ここに言う辰の年が天平十二年にあたるので、さきの難波宮行幸の折のことと考えられているのである。

　聖武天皇が盧舎那仏造像の事業を考えていた最中、天平十二年九月に突如九州で藤原広嗣の乱が起き、天皇としてはやりきれない気持ちだったことであろう。広嗣軍鎮圧のための軍勢を九州へ派遣しているその時に、天皇は平城京を出て伊賀・伊勢・近江を経て山背《やましろ》恭仁《くに》宮に入り、そこを国都と定めた。橘諸兄《たちばなのもろえ》の勧めがあったにせよ、天皇の気持ちにかなりの動揺があったものと思われる。そして天平十五年（七四三）十月十五日盧舎那大仏を造る詔を発したのである。

ここにはよく知られている「それ天下の富をもつ者は朕なり。天下の勢いをもつ者も朕なり」という文言があり、智識の結集によって像を造りたいと述べている。この時行基集団が造像事業支援のために参加することになった。ここに言う「智識」とは、仏教に帰依した人たちの集まりのことであり、まさに行基集団がそれであった。

こうして紫香楽《しがらき》の地で盧舎那大仏の造像事業が始められたのである。そして翌天平十六年（七四四）十一月十三日の記事に「甲賀寺に初めて盧舎那仏像の体骨柱を建つ」とあるように盧舎那仏像の骨組が完成したのである。そして「天皇親《みず》から臨みて手ずからその縄を引く」とある。体骨柱全体に掛けられていた覆いを外す綱の一本を、聖武天皇自らが握っていたのであろう。この儀式に平城京四大寺の僧侶もその儀式に加わっていることからすると、盛大な儀式が執り行われた様子をうかがうことができよう。

体骨柱という表現をどのように理解するのか難しい面がある。大仏造像の骨組みであるが、単なる骨組ではなかろう。大仏本体のための骨組とともにそれを支える巨大な柱が、何本も林立している情景が浮かんでくる。大仏はその高さが一五メートルを超えるのであり、その骨組を支える柱も太くて長大なものであったろうし、複雑な組み方もなされていたことであろう。

このようにして体骨柱完成の盛大な法要が行われたのであるが、翌天平十七年（七四五）四月、都

舞台を支える高い柱（三仏寺投入堂）

が再び平城京に還ることになった。そのため、大仏造像事業も平城の地で再開されることになった。さきにふれたように、『要録』には「大和国添上郡山金里」で再開されたとある。そこは、すでにふれた現在東大寺盧舎那大仏が鎮座しているその場所である。

舞台建築

三仏寺奥院は投入堂の名でよく知られている。その堂は険しい崖に建てられており、小さな建物であることからか、いかにもその所へ投げ入れたようだということからの別名であろう。この建物は桁行三間、梁間二間の檜皮葺《ひわだぶき》で、懸造《かけづくり》という特殊な様式である。床下が長い柱によって支えられている。特別な地形に建てられているので、柱や床束を長く伸ばして崖に寄せかける形であり、清水寺の本堂に似ている。

清水の舞台としてよく知られている清水寺は、坂上田村麻呂が延暦二十四年（八〇五）に建立した寺である。その五年後の弘仁元年（八一〇）に鎮護国家の道場となった。舞台のある本堂は寛永六年（一六二九）に焼失した後、同十年（一六三三）に再建されたものである。その本堂は前面が崖にのぞんでおり、床が長い束柱で高く支えられている、いわゆる懸造《かけづくり》である。堂の主要部は桁行九間、梁間四間であるが、前面に二間の礼堂と一間の廂《ひさし》を設けている。さらにその前面に翼廊が突き出ており、そこが広い舞台となっているという、複雑な平面である(13)。

東大寺二月堂は、創建時のものは現在の堂よりも小さかったようであるが、その状況ははっきりしない。その後に何度か火災にあっており、現在の堂は江戸時代、寛文九年（一六六九）五月に建てられたものであり、懸造である。この二月堂は西に向かう崖に寄っており、前半部の床下がきわめて高くなっている(14)。

五　柱の装飾

柱には限らないのであるが、堂塔内は仏画や各種の文様で飾られる。代表的なものは壁画であり、法隆寺西院伽藍のものがよく知られているが、創建法隆寺、すなわち若草伽藍でも壁画が描かれていたことが南大門を出た少し東側の発掘調査によって、壁画の断片が数多く出土したことによって明らかにされている(15)。また、伯耆《ほうき》上淀廃寺でも発掘調査の際に壁画の断片が多数出土し、堂内が壁画で荘《しょう》厳《ごん》されていたことが明らかにされた(16)。唐招提寺では、後述するように、柱や天井、支輪などに奈良時代に描かれた彩色がかなりの部分で残っている。

根《ね》巻《まき》石《いし》を伴う柱

根《ね》巻《まき》石《いし》とは、柱の根元に添わせて置き、いかにもその石の上、すなわち礎石の上に柱が載っているように見せるものであり、いわば飾り物である。根巻石にはいくつかに分割されているものと、柱の太さに刳り抜かれているものがある。さほど多く見られるものではないが、大和法華寺《ほっけじ》のものと上野山王廃寺のものが良く知られている。

法華寺の地は平城宮の東に隣接していた、藤原不比等の邸宅が光明皇后に献じられ皇后宮となり、恭仁宮から平城への還都後に宮寺となり、東大寺建立とともに法華寺になったという経緯がある。要するに、宮殿建築が寺院建築に改変されたものであり、もともと多くの建物が掘立柱建ちであった。

法華寺の現在の南門の少し南で発掘調査が行われ、掘立柱建ちの建物を後に礎石建ちに改造した遺構が見つけられた。その発掘調査の際に見つけられた根石群の中に凝灰岩製の根巻石の破片が含まれていた(17)。このことにより、掘立柱建ちの金堂の時に、柱の根本に根巻石を添わせていたことが分かる。この建物が法華寺金堂の可能性が高いとの見解が示されている。寺院建築のほとんどが礎石建ちであるから、法華寺金堂も礎石建ちでなければならなかったはずである。しかし、宮殿建築からの転用であるから、そのような姿に見えるように、柱の根元に根巻石を置いたのである。

宮寺の時の伽藍配置などは分かっていない。あるいは宮寺から大きな変化もなく法華寺になったものとも思われる。したがって、宮寺の段階で根巻石を置いたのかもしれない。

山王廃寺の根巻石は七弁の蓮弁を造り出している。その山王廃寺の根巻石は、国の重要文化財に指定されている。塔心礎の根元を装飾するために置かれたものである。材質は安山岩で、七片で構成されており、それを組み合わせて七弁の単弁蓮華文となるように造っている。中央の円形の空間が直径

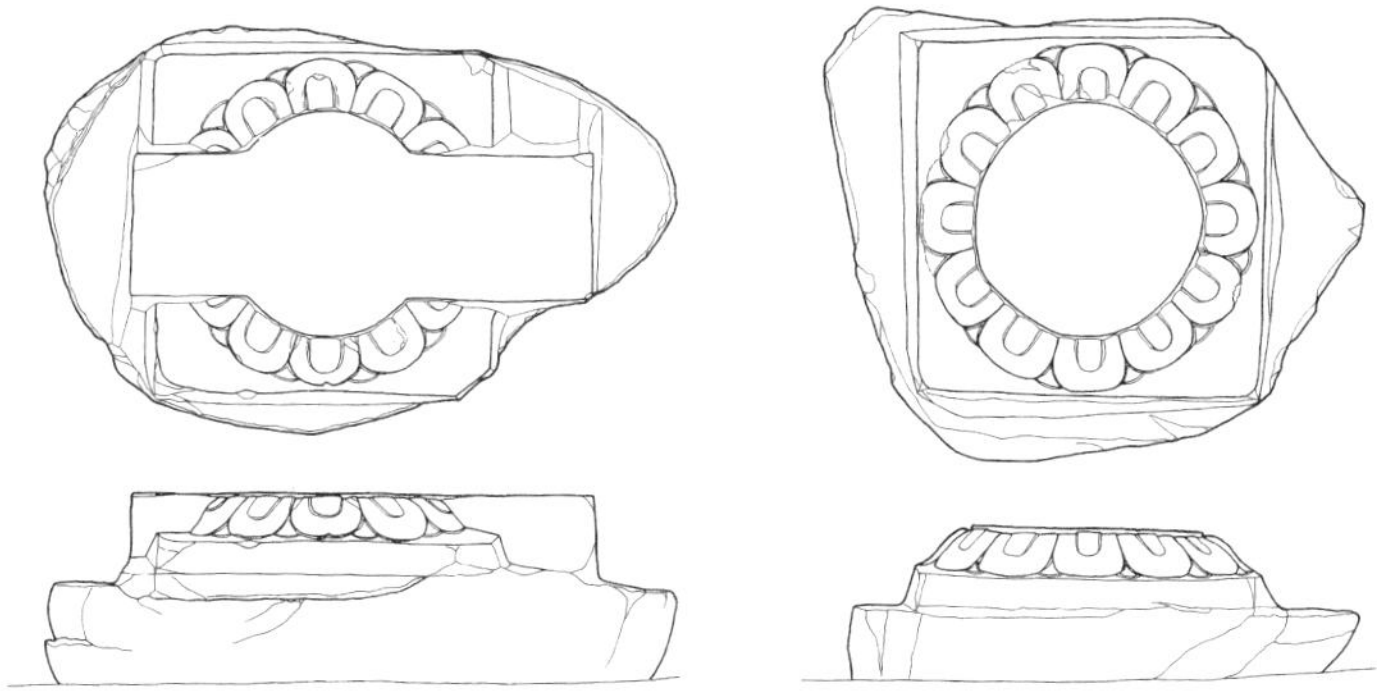

蓮弁を彫刻した礎石（山田寺東回廊）

九六センチあり、これは心礎に彫り込まれた柱座の寸法に一致する。蓮弁を彫刻した七片の根巻石を心柱の根元に添わせたのである(18)。山王廃寺では一メートル近い巨大な心柱が用いられていたことが分かる。

このような、柱の根元を蓮弁で飾った事例は少ないが、礎石に蓮弁を彫刻したものとしては大和山田寺のものがよく知られている。山田寺では、少なくとも金堂と単廊の回廊の両側の礎石に蓮弁が彫刻されていることが明らかになった(19)。塔の礎石にも蓮弁が彫られていたのであろうが、残念ながら一個も残っていないのでそれは分からない。講堂の礎石にはそれが見られないので、まさに回廊で囲まれた中が仏の世界、蓮華蔵世界として荘厳されたのである。

柱を彩る

古代、とりわけ奈良時代の建物は柱や斗《ます》（枡形。柱などの上に設けた方形または矩形の木）・肘木《ひじき》（斗と組み合わせて組物を形成し、上からの荷重を支える横木）・桁《けた》（柱の上方にあって垂木を受ける材）などは丹で塗り、連子《れんじ》は緑青を塗るというイメージである。まさに「青丹《あおに》よし」なのであった。そして、堂塔内部は仏教関係を主題とした装飾が施される。古代寺院の、復興された堂塔にはそうしたものが見られる。現在残っている古代の建物にはほとんどその面影は見られないが、実際には色鮮やかだったのである。その一部が唐招提寺金堂に見られる。

現在では、ほとんど剝落して彩色をとどめていないが、内陣の柱には、仏・菩薩が描かれていたようである。内陣の南の柱二本と、後壁西端の一本に円光背を負う姿が認められるという。また正面の柱四本と東北の柱などに、その頭部に蓮弁形を巻いた装飾があったことが知られる(20)。

柱以外では、天井付近に彩色文様や仏画が剝落しながらも残されている。また、軒下の支輪板には宝相華文が二種、菩薩立像、同坐像、飛天を合せて五種が描かれていたようである。

第三章　遺跡にみる掘立柱建物

遺跡の発掘調査では、縄文時代から中世まで掘立柱建物を見つける機会が多い。たとえば奈良時代、平城宮跡で言えば宮城の周囲をめぐる築地に開かれた門、朱雀門や王手門というような宮城門は礎石建ち、大極殿を初めとする朝堂院の殿堂も礎石建ちである。その他の建物で一部に礎石建ちの建物が見られるが、ほとんどの建物は掘立柱建ちである。後期難波宮、長岡宮、平安宮などの宮殿も同じような状況で、多くの建物が掘立柱建ちなのである。都の中の寺院でも中心伽藍以外の建物、経営地域の建物の一部、一般庶民の住居はもちろんであるが、貴族の邸宅も掘立柱建ちである。

一　掘立柱建物

古代の建物の柱には、掘立柱と礎石上に立てるものとがある。掘立柱はそれ一本でも立っているので、その後の仕事がやりやすい。ただ、後述するように地面に穴を掘って根元を埋めるので腐朽しやすい。礎石上に立てる柱の場合には、複数の柱を立てて上部に横材を組まないと倒れてしまう。基本的にはそうした違いがある。

旧石器時代以来、住居の柱は掘立柱である。しかし、掘立柱建物という場合は平地に掘形を掘って柱の根元を地中に埋め込んだものを言い、旧石器時代や縄文時代、また弥生時代の住居を竪穴住居と呼んでいる。柱の根元を埋め立てた竪穴住居について、少し触れておきたい。

竪穴住居

竪穴住居の遺構は縄文時代以前の遺跡、旧石器時代の遺跡でも確認されている。たとえば鹿児島県の上場《うわば》遺跡では、直径四メートル、深さ五〇センチほどの竪穴が掘られ、竪穴の内側周囲に、赤土に掘り込まれた柱穴がある。(1) その柱穴の大きさからすると、柱は細い材のようである。上屋《うわや》の構造に関しては分からないが、何らかの形で屋根を葺いていたにちがいない。

縄文時代の竪穴住居は、早期から前期のもののほとんどが長方形という。中期から後期初頭には円形のものが多くなり、そして後期後半から晩期には再び長方形のものが多くなるという。ただし、この状況は関東地方の特徴である。柱は竪穴の壁際にそって立てられるものが多い。その場合は主柱がどれなのか分からないが、四本柱の場合にはそれが主柱で、その周囲に支え柱が立てられたのである。青森県の山崎遺跡の二号住居跡は縄文時代中期の遺構で、直径七メートル強の円形住居である。(2) 四個見つけられた柱穴は上端の直径が三四センチから四五センチというようにまばらである。これは掘形

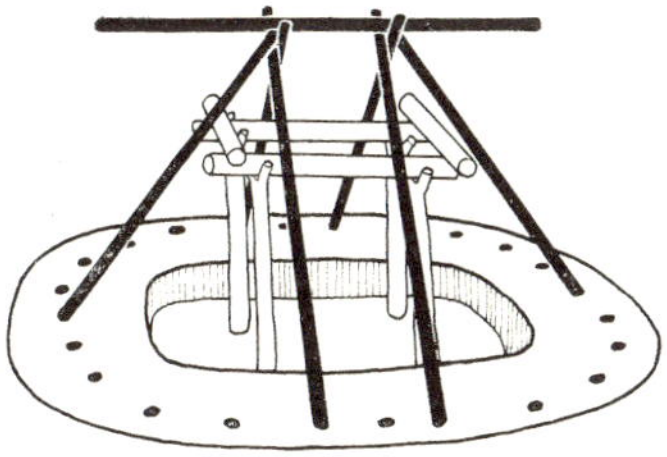

四本柱の竪穴住居

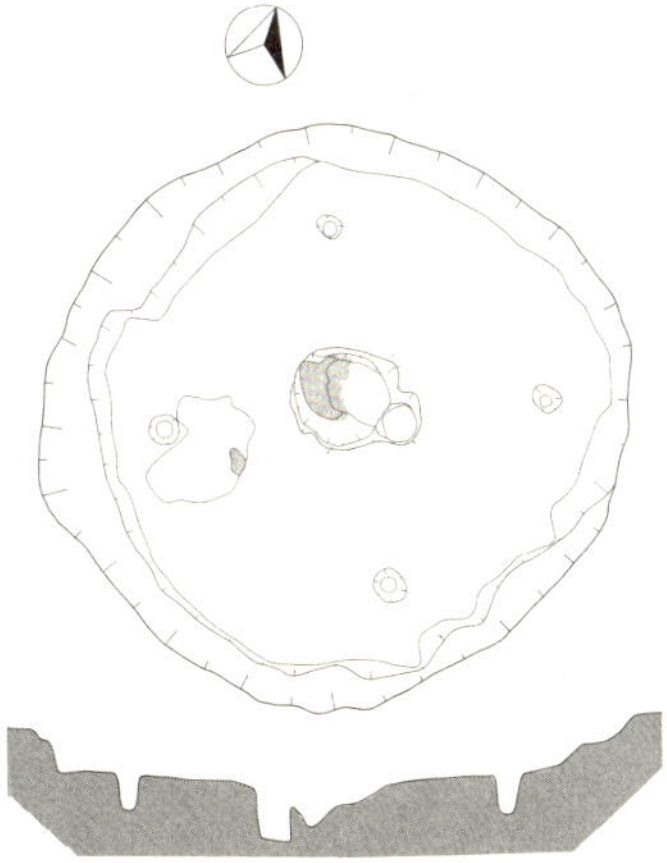

山崎遺跡の円形住居の柱穴

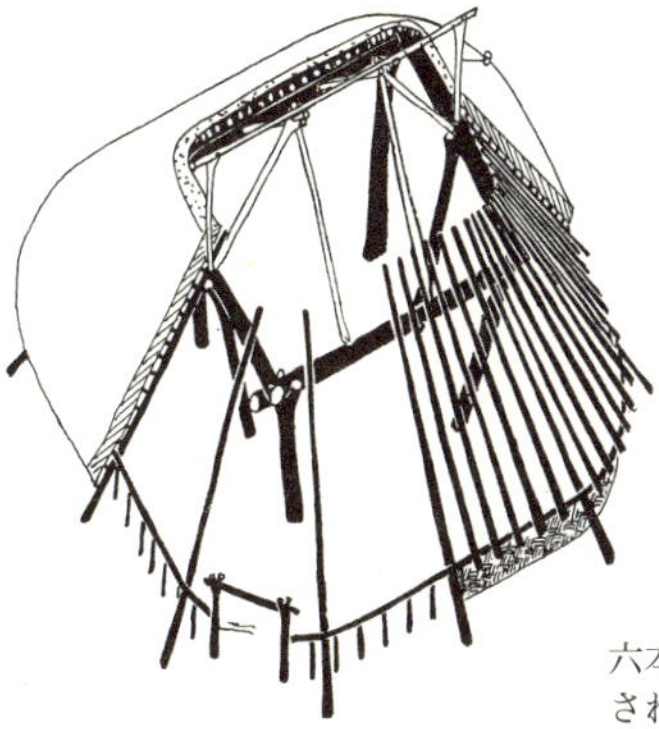

六本の柱と、垂木が地上まで葺き下ろされた竪穴住居の屋根

であり、柱そのものの太さは分からない。柱間寸法は約三・六メートルである。

　発掘調査の後、保存され公園化された縄文時代の遺跡で、竪穴住居が復元されたものがよく見かけられる。おおむね茅葺きで屋根は地上まで葺き下ろされているが、その辺りのことはよく分からない。多くの竪穴住居は茅葺きではなく草葺きで、その上を土で覆っていたのではなかろうかとの見解もある。柱を立て、屋根を載せて雨や雪をしのぐことができる。このことは先史時代の人々の生活に、精神的な喜びをももたらしたに違いない。

　弥生時代の住居も、基本的には縄文時代と同じであるが、いくつかの遺跡から建築部材が出土しており、それによってある程度の構造が明らかにされている。住居の上屋は、主柱の上に桁《けた》と梁《はり》を組み合わせた軸組みと、垂木を組み合わせた又首《さす》構造の小屋組みとに分かれる。主柱の頂部には枘《ほぞ》穴を穿った梁と桁を組み合わせて建てていくのである(3)。

柱根の残っていた事例もあり、中には直径三〇センチの柱が厚い礎板の上に置かれたものも見られる。材の樹皮は削りとられていても、下端が伐採したままで鉛筆状に尖ったものもある。また、筏を組んだり運搬の時に縄を通すための「エツリ穴」があけられているものも見られる。

さきの礎板は不等沈下を防ぐためであるが、中には柱の下端を二股に作り出し、凹みのある横木にまたがらせたり、貫《ぬき》のように横材を通したもの、さらにその下に材をH形に置いたものなど、柱のずれを防ぐためにいろいろな工夫がなされている。

柱を作る

奈良時代の平城京左京四条二坊一坪では、特殊な配置の建物が見つけられた。回廊に囲まれた中に約四メートル隔てて、正殿と前殿が置かれているのである。正殿は東西棟で桁行七間、梁間三間、南を除く三面に廂《ひさし》が付くものである。柱間寸法は、桁行と廂の出が十尺(約三メートル)で、身舎の梁間が十二尺(約三・六メートル)である。ここは地盤が悪いためか、一部で特殊な地業を行なっている。たとえば、柱掘形を深さ八〇センチまで掘り下げ、版築状に突き固めながらある程度埋め戻してから柱を立てている。地盤が弱いとみたのであろうか。前殿は東西棟で桁行七間、梁間二間である。

柱間寸法はいずれも十尺等間である。柱はすべて抜き取られていた。

これらの建物を囲んでいる回廊は単廊であり、四〇ヶ所近くの柱掘形が見つけられ、そのうちの一三ヶ所に柱根が残っていた。直径は腐食の程度によって若干異なるが、三六センチと報告されている。この回廊の柱根に関しては、興味深いことが記されている。それは、年輪年代法による年代測定が行われ、測定が行われた四本の柱根の伐採の年が著しく遡ることが明らかにされたことである。それらの伐採の年代は、五三五年、五六〇年、六三六年、五七二年であった。三番目の六三六年を示す柱根は、もっとも深く埋められていたために遺存状態が良い。他の柱根がこれより古い年代を示したのは、加工の程度や、腐食の状態によって材の外側に近い部分が残っていなかったことによるものと考えら

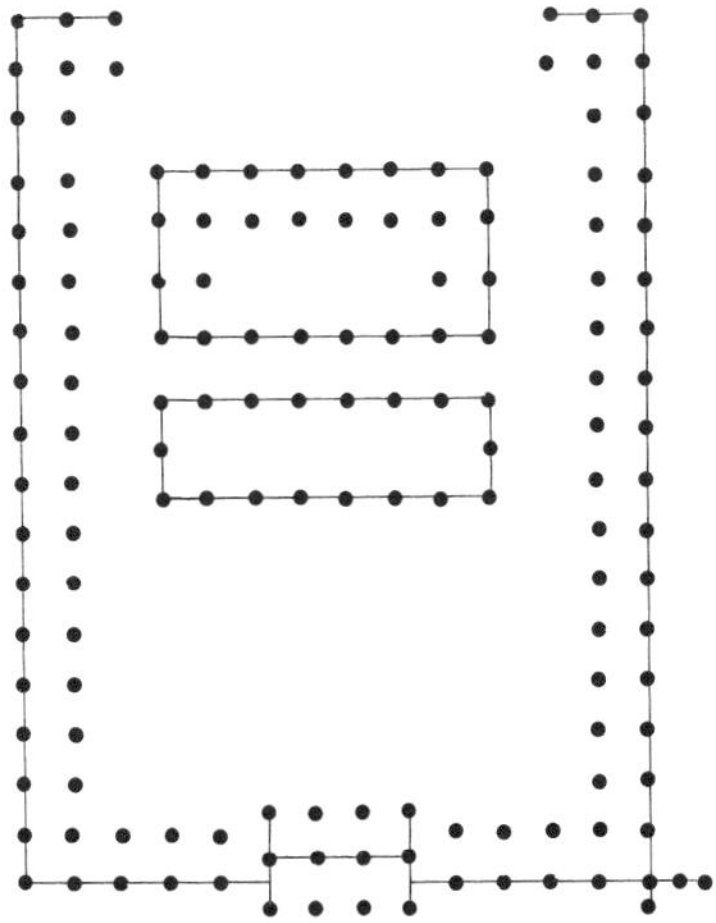

平城京左京四条二坊一坪の建物配置図

柱根と各種の「根がらみ」

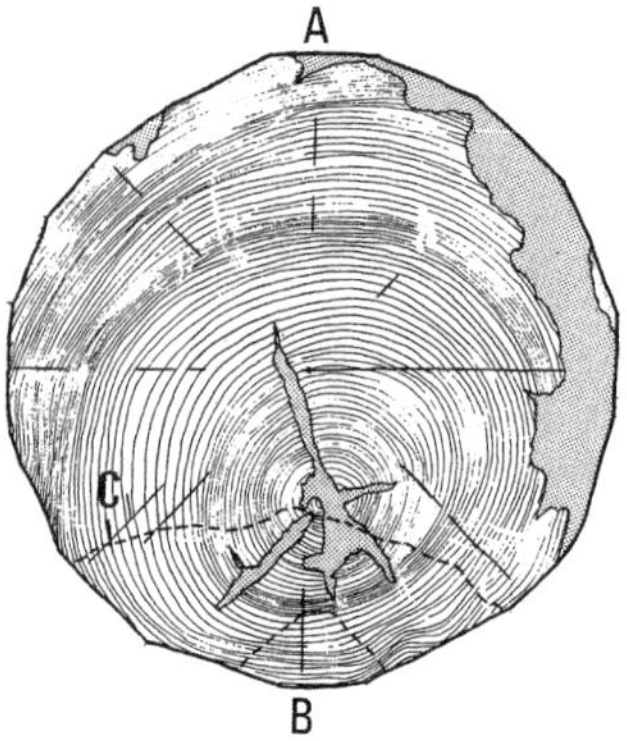

下底木口面（1：8）

墨付け復原

柱根底面墨線の復元図

れており、回廊に使われた柱が六三六年に近い時の伐採と考えられている。しかし、それにしても示された年代は、奈良時代をかなり遡る。そのため、どこかの建物の柱を転用したものであろうと考えられている。おそらく、その通りであろう。

六三六年を示す柱根には下底の面に墨線の跡や、加工痕が残っており、柱として仕上げていく状況を知る手掛かりとなっている。理解を違えないよう、とりあえず報告をそのまま引用する。

「材質はヒノキ。偏心成長して樹心が一方に片寄った心持材で、樹心よりA側は肥大成長して年輪幅が広く、B側は年輪幅が緻密になっている。下端から一〇センチの部位に、いかだ穴があく。手斧ではつって平坦に仕上げた柱の下底木口面に、放射状にほどこされた心墨、すなわち、柱の中心を決める墨線が残る。この墨線は、はつり面のわずかな凹凸のために断続的な線になっている。これをつなぐと、四五度の角度で交わる四本の直線に復原され、その交点には直径二ミリほどの針穴がある。針穴と樹心は七・五センチ離れている。こうした状況にもとづいて、この柱の木作りの手順を考えてみると、まず手斧で平たくはつった下面の、樹心にほぼ重なる位置に、一本墨線をつける。次に、これと直交する墨線を、樹心を避けたA側につける。さらに、この十文字と四五度ずらして、二本の墨線をつけるが、この時、一本の墨線をつけ損じたとみえ、短い墨線を斜めにひいて訂正している。次に、四本の墨線の交点を中心にして、ぶんまわし（コンパス）で半径六寸の墨円をえがく。次に、墨線が墨円と交わる点を目安にして、柱材の側面を、幅五〜七センチの面を取るように削り、十六角形に整形して、最終的に円柱に仕上げたものとみられる。[4]」

要点は以下のようである。

「この柱は檜材であり、年輪の中心が一方に偏している。したがって一方（A側）の年輪幅は広く、他方（B側）の年輪幅は緻密である。柱の下端から一〇センチの位置に筏に組んだ際の孔（エツリ孔）がある。底面は手斧ではつって平坦に仕上げられており、柱の中心を決めるための墨線が放射状に残っている。この墨線は四五度の角度で交わる四本の直線に復元できる。その交点には直径二ミリほどの針穴がある。このような状況から、柱として仕上げていく手順が考えられる。さきの四五度に交わる墨線の交点を中心にしてコンパスで半径六寸（約一八センチ）の墨円をえがく。次に墨線が墨円と交わる点を目安にして柱材の側面を、幅五〜七センチの面を取るように削る。順次同じ作業を繰り返し、十六角形に整形して最終的に円柱に仕上げたとみられる。」当時の建築技術の高さと言おうか、今風に言えば幾何学を心得ていた、そうした専門家がいたのである。

平城遷都を控えた和銅元年（七〇八）九月、造平城京司長官に阿部朝臣宿奈麻呂が任命された。阿部朝臣宿奈麻呂に関しては、恵美押勝の乱、すなわち藤原仲麻呂の乱が終息した際の記事、天平宝字八年（七六四）九月十八日の記事に押勝は「大納言阿部少麻呂に従いて筭《さん》を学びて尤も其の術に精《くわ》し」とある。造平城京司は平城京の設計、実施工事が任務である。発掘調査では、当時の計測がきわめて精緻であったことが確認されている。阿部宿奈麻呂はそうした測量技術に長けていた官人なのである。そのような高い技術をもっていた専門家が、奈良朝政府には何人もいたのであり、彼等の指導で技術者が養成されていた。

平城京左京四条二坊一坪のこの地での発掘調査で、東西棟の掘立柱建物が二棟南北に置かれ、これを掘立柱回廊が囲んでいる遺構が見つけられた(5)。この遺構はさきにふれたように北側の建物は桁行七間、梁間三間、北廂付きであり、桁行の総長が二〇・七二メートル、梁間の総長は一〇・〇六メートルに復原され、南の建物は桁行は同じ七間、総長も同じで梁間は二間で、その総長は五・九二メートルに復原されている。回廊は単廊で幅は三・一二メートルである。南面回廊の中央に桁行三間の門が開かれている。柱間寸法は二・九メートル等間である。

このような配置のものは、官衙《かんが》に見られるものであり、宮外官衙の一つと考えられている。北側の建物が正殿で、南の建物が前殿である。この地で注目すべきは、回廊の東南に八角形に組み上げた井戸の遺構が見つけられていることである。平城京内では井戸の遺構も数多く見つけられているが、八角形の井戸枠をもつものは珍しい。

一般的に古代の建物では、柱の太さは柱間寸法の一〇分の一と言われている。柱間寸法、つまり柱と柱の間隔が十尺であれば、柱の直径は一尺である。柱間寸法が七尺であれば、柱の直径は七寸という具合である。さきに見た左京三条四坊七坪の桁行七間の大形建物では、桁行の柱間は十尺であった。そして残っていた柱根の直径は二八〜三二センチであった。また、左京三条一坊十四坪で見つけられた南北棟の大形建物は桁行七間、梁間三間であった。柱間寸法は桁行で十尺、梁間で八尺である。いくつか残っていた柱根の直径は二八〜三二センチであった。おおむね柱間寸法の一〇分の一である。それにしても、かなり太い柱が使われたものである。

小規模建物では柱間寸法が六尺から七尺程度であり、柱痕跡は直径一五〜二〇センチである。こうしてみると、建物の大小を問わず柱の太さは柱間寸法に応じたものであることが分かる。建物規模によって柱の太さが決まるのは当然のことかもしれない。小規模建物とはいうものの、現代の木造住宅からみれば太い材である。

柱の太さ

縄文時代にも弥生時代にも、太い柱を立てた建物が見られる。青森県三内丸山《さんないまるやま》遺跡は、縄文時代の前期中頃から中期末葉まで約一五〇〇年間も存続した大集落であり、竪穴住居群の他にも掘立柱建物群や大形構造物の遺構が見つけられた。縄文時代中期に属する大形の構造物は直径一・八メートル、深さ二メートルほどの柱掘形が三個ずつ二列に並んでおり、穴の底近くに栗材の柱根が残っていた。

その柱根の直径がなんと八〇センチもあった。これほどの太さの材ということでは、長さは二〇メートル程にもなろう。使われた道具は石器なのである。そのような巨木を山に入って伐採し、枝を払い、集落に運び込み、柱に仕上げるまでにはかなりの日数を必要としたことであろう。

その構造物は遺跡で復元されている。いろいろな議論があったようであるが、屋根を伴わないものとなっているが、三層の建物として床が張られている。本来はそのような姿ではなく、柱だけが天に向かってそびえている姿、「天を衝《つ》いて立つ姿にこそ、力がみなぎって凛《りん》として辺りを払う威厳が湧いてくる」という見解(6)に賛同したい。縄文時代の柱列、柱群はいくつかの遺跡で見つけられている。

弥生時代では大阪府の池上曽根遺跡の大形建物をあげることができる。その建物は桁行き十間、梁間二間という規模であり、柱掘形二四個のうち一七個に柱根が残っていた。柱の太さは直径五〇〜六五センチであった(7)。三内丸山遺跡のものと比べると、さほど太くないように感じられるが、平城宮で見つけられている中枢部の柱根や、古代寺院の掘立柱柵の柱根の直径が三〇〜四〇センチであることからすれば、ずいぶん太い柱を使っていたことが分かる。残っていた一七本の柱根の多くがヒノキであったが、三本がケヤキでそのうち二本が、東南の隅と西南の隅に用いられていた。建物の隅であることに興味が惹かれる。何かしら意図的のように感じられる。後世のことではあるが、ケヤキには呪術性が伴うと考えられているからである。

約半世紀続く平城宮の発掘調査では、大量の柱根が掘り出されている。それらの中で、第一次朝堂院南院地域で見つけられた柱根は、直径七五センチという太いものであった(8)。この建物は第一次朝堂院南

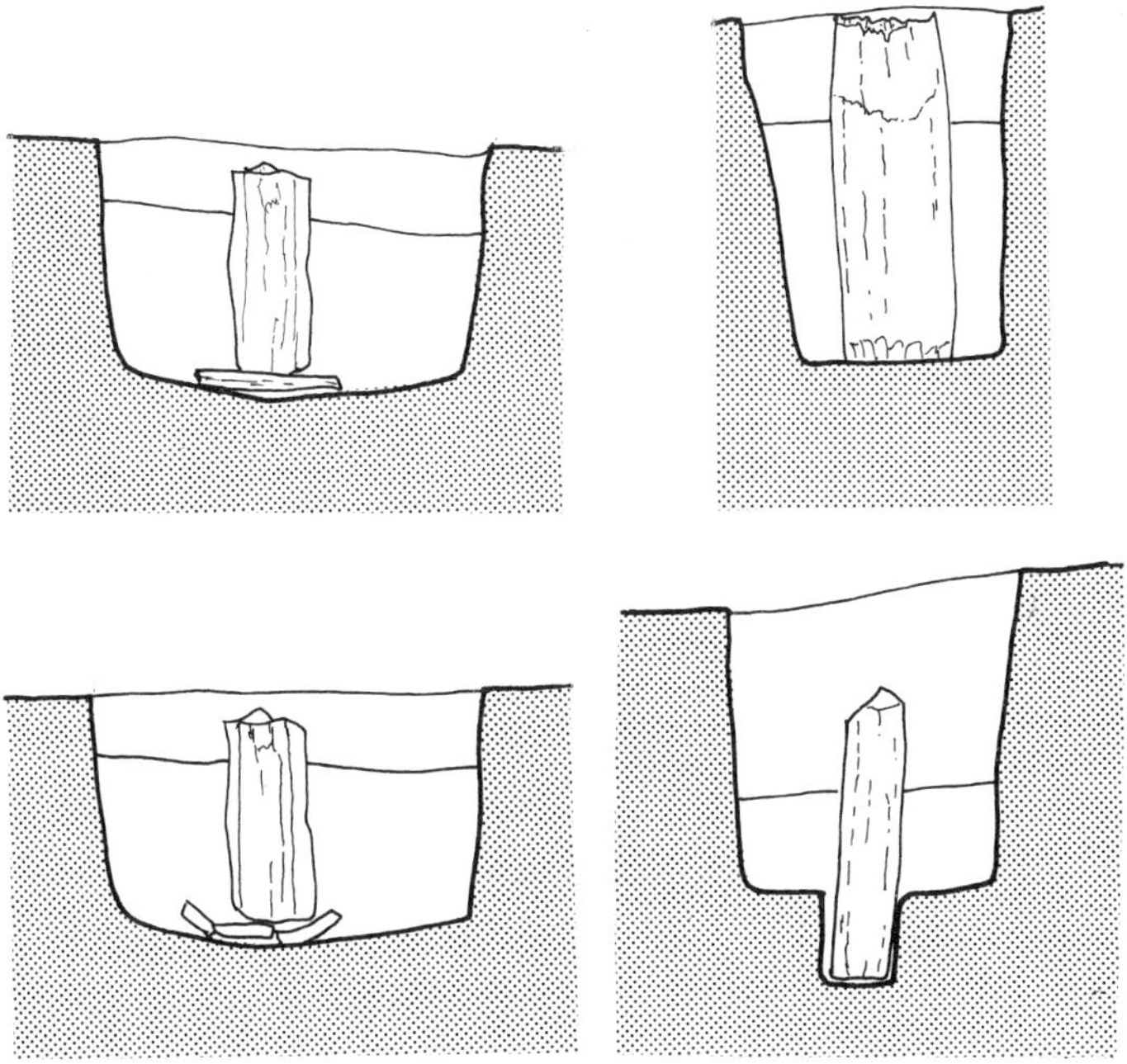

奈良時代の柱根各種

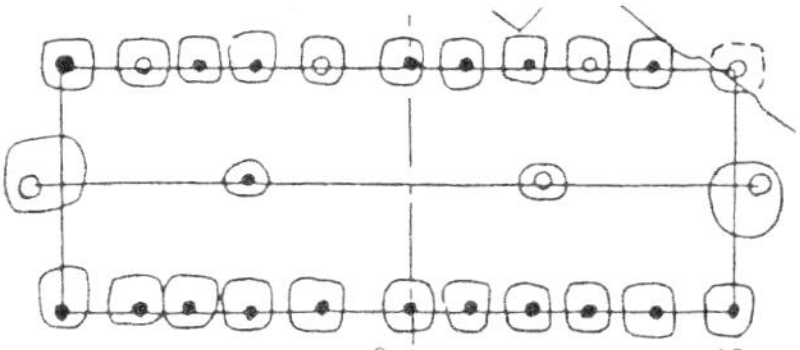

池上曽根遺跡の大型建物

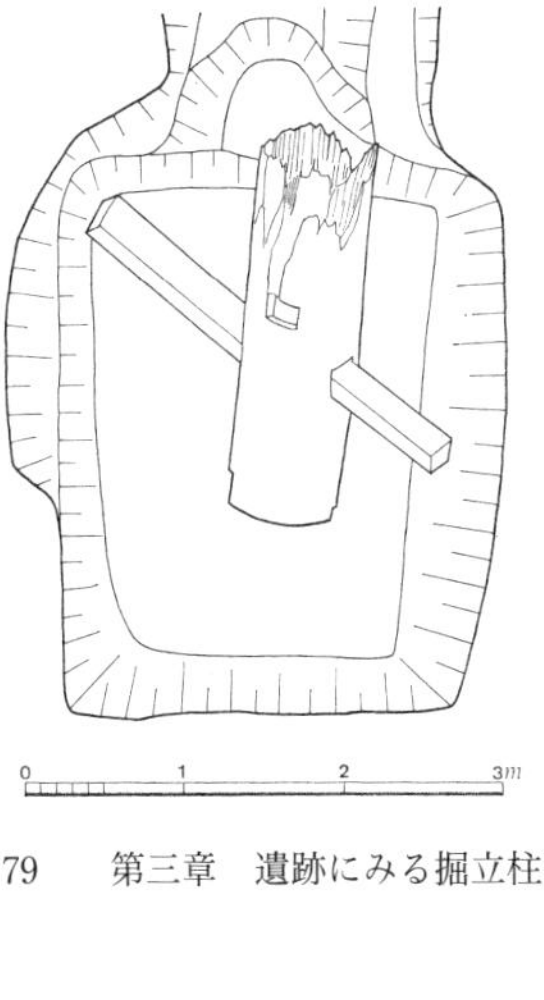

取り残されていた太い柱根

埋もれた柱

門の東に建てられた桁行五間、梁間三間、総柱の建物で、楼風である。別項の第三章第一節でも述べるが、身舎は礎石建ちで廂は掘立柱建ちである。掘立柱のほとんどが抜き取られていたが、一本だけ残されていた。柱掘形は三・五メートルと二・五メートルという大きな長方形で、深さは二・七五メートルという平城宮では他に見られないような規模のものであった。その柱材はコウヤマキである。

この地域では直径一五センチ以下の柱根も見つけられており、それらの樹種がモミやサカキなどであること、樹皮を留めた黒木であることなどから、この地域での建設時における仮設の小屋の柱だったのであろうとの見解が示されている。

柱根については、その状況に関してすでに述べてきたが、すこし付け加えておこう。建物を建てる場所が決められても、その柱を立てる土地の状況で、いろいろな工夫が必要となる。地盤が堅い所であれば良いのだが、そうではない所で軟らかいことに気が付かず、不等沈下のために柱が掘形の底を破ってしまったような場合もある。そのことがあらかじめわかっており、柱の下に厚い板、礎板を置いたものもある。柱が太かったり、地盤が軟らかいところでは「根がらみ」を施すこともある。その「根がらみ」にも柱の底をえぐって横材を跨《また》がせたもの、その下にさらに別の材を置いたもの、柱の底近くに穴をあけ貫《ぬき》を差し込んだもの、先のものと同じように、その下に別の材を置いたもの等いろいろな工夫がなされている。

遺跡の発掘調査で出土する柱は、地下に残された柱根だけという印象であるが、きわめてめずらしい事例として山田寺と坂田寺の柱がある。両寺とも回廊が倒壊して、そのまま地下に埋もれたものである。昭和五十七年（一九八二）に山田寺での発掘調査で倒壊したままの状態で見つけられた時は、そのようなことはきわめて珍しいことであり、新聞等で大きく取り上げられた。その後平成三年（一九九一）度の発掘調査で見つけられた坂田寺の回廊の場合には、山田寺の建築部材の残り具合ほど状態が良くなかったこと、それが二番目の発見ということもあってか、さほど大きくは取り上げられなかった。

山田寺の発掘調査では、柱をはじめとして東面回廊の数間分と南面回廊の一部の部材が、若干腐蝕が進んだものも見られたものの、倒壊したままの姿をとどめてかなり良好な状態で発見された(9)。

山田寺の発掘調査は、昭和五十一年（一九七六）度の第一次調査から平成八年（一九九六）度の調査まで十一次にわたって行われ、寺のほぼ全容が明らかにされた。山田寺の造営過程に関しては、『上宮聖徳法王帝説』の「裏書」に詳しく記されている(10)。金堂建立までの記事を記すと、

「有る本に云わく。誓い願いて寺を造り、三宝を恭敬う。十三年辛丑の春三月十五日、浄土寺を始むと云々。

注に云わく。辛丑年に始めて地を平《なら》し、癸卯年に金堂を立てたり（後略）」

とある。舒明天皇の十三年（六四一）に寺地の整地工事が進められ、皇極天皇の二年（六四三）に金堂が建立されたのであり、この寺の法号は浄土寺である。

埋もれていた柱などの建築部材（山田寺東回廊）

　この後、僧房が建てられた。しかし、大化五年（六四九）三月に発願者の蘇我倉山田石川麻呂に対する謀反《むほん》の冤罪《えんざい》によって、一族が滅びてしまった。その後暫くの後に寺の再興工事が進められて寺が完成したのであった。

　十一次まで行われた発掘調査のうち第四次調査は、東面回廊の状況を明らかにする調査で、昭和五十七年（一九八二）八月から始められた。そして、九月に建築部材が残っていることが確認されたのである。それらの建築部材は柱をはじめとして地覆、腰壁束、腰長押《なげし》、連子窓《れんじ》、頭貫《かしらぬき》、巻斗《ます》、斗栱などであり、中にはかなり状況の良い部材も含まれていた。要するに、回廊そのものが倒壊したままの状態で埋もれていたのである。

その東面回廊は、東から西に向かって倒壊していた。その状況を発掘調査報告書から抜き書きする「東面回廊は主として西に倒壊している。とくに南から第七〜十一間では、柱、連子窓の部材頭貫、組物が西にそのまま倒れた状況である。ただ、第十〜十一間では基壇中央に棟木があり、ここでは棟がまず落下し、続いて全体が西に倒壊した様子が窺われる。第三〜六間では柱が西南方向に倒れ、頭貫も西に倒れながら南端が東寄りにねじれて落下した状況がみられる。」

回廊が倒壊した原因は、この地域の地形にあったようである。寺が建立された地に接している、北東から西南方向へ通ずる斜め道の阿部山田道は「近江伊賀断層」と呼ばれる地質構造によって形成された地形に沿うもので、全般的には地盤自体が脆弱な花崗岩などの風化土である。このような地形のため、また寺造営のために埋め立てが行われた東面回廊地域に土砂崩れが起きて回廊が倒壊したものと考えられている。さきにあげた『法王帝説』「裏書」に「始めて地を平《なら》し」とある。このことは寺地を確保するために大規模な造成工事が行われたことを示すものと言えよう。

東面回廊で残っていた柱は一八本であったが、腐蝕のために長さも完全に残ってはいない。根本がすべて腐蝕しているために、地覆との取り付きの仕口を残していないが、地覆の一部に柱の外周に沿う凹形の円弧の加工跡があり、枘《ほぞ》などを造り出さず柱を立てたことが分かる。完全な形で残る柱はないのであるが、腰壁束、頭貫、などにいろいろな部材の寸法を積み上げて二二六・八センチという長さが導き出されている。

柱には胴張りがあり、最も太い腰長押《なげし》の位置では直径三七〜三八センチである。良好に残る柱を合わせてみると、長押付近で直径三八センチ、柱頭の部分で三三センチ、根本部分で三五センチなので、強い胴張りであることが分かる。

一八本の柱のうち一本がヒノキで、他はすべてクスである。ヒノキ材の一本は後補材であることが明らかにされた。時期は確認できないが、ある時期に行われた修理の際に補われたものとされている。

平成八年（一九九六）に第十次調査として南面回廊の発掘調査が行われ、ここでも建築部材が多数残っていることが明らかにされ、柱も二本見つけられた。この南面回廊は北側に倒れつつも、東面回廊とつながる隅近くではねじれるように倒壊したと推定されている。

東面回廊の地覆石抜き取り痕跡から出土した土器の年代が十世紀末ないし十一世紀初頭に当たると判断されている。その土器の年代は平城京や平安京から出土する土器の年代に一致する。そのようなことから、回廊の倒壊時期が十一世紀と考えられている。

倒壊した東面回廊は保存処理が施され、復元組み立てて奈良文化財研究所の飛鳥資料館に展示されている。そして重要文化財に指定された。

この回廊部材が出土したことによって、法隆寺西院伽藍の回廊との比較が新聞紙上を賑わした。例えば、連子窓の連子子《れんじし》の太さでは法隆寺のものより太いということ、柱ではその太さの比較などであった。そして山田寺の柱と法隆寺の柱との大きな違いは、柱と斗《ます》との間に山田寺では皿斗が伴わないということであった。山田寺の回廊が金堂の造営時期と同じ頃であれば、皇極朝から孝徳朝にかけての頃で、法隆寺の再建工事は天武朝前半なので、その間約三〇年である。そうした年限の中で形式変化があったのである。

掘立柱を立てる

掘立柱建物というと、何かしら掘立小屋のようなイメージをもってしまうが、決してそうではない。大きな規模の建物も建てられ、発掘調査ではずいぶん多くの「大形建物」が見つけられている。邸宅に関しては後述するが、平城宮の発掘調査ではいくつも大形の掘立柱建物が見つけられている。そうした中でもひときわ大きなものは、天皇の御在所ともいうべき内裏正殿であろう。

その殿舎は聖武朝のもので桁行九間、梁間五間で四面廂付きである[11]。その規模は桁行総長が二六・九一メートル、梁間総長が一四・七五メートルである。面積が約三九七平方メートル、一二〇坪もある。柱間寸法は桁行・梁間ともに十尺であるが、桁行柱間が五センチほど長い。内裏正殿の北側に置かれた後宮地域にも、大形の建物が何棟か建てられている。それらの建物も、内裏正殿にひけをとらぬ規模なのである。

掘立柱建物を建てる際には、まず柱位置に大きな穴を掘る。柱の太さにもよるのであるが、一メートル前後のものが多い。深さも建物の規模による。この穴を柱掘形という。本来は「掘方」なのであ

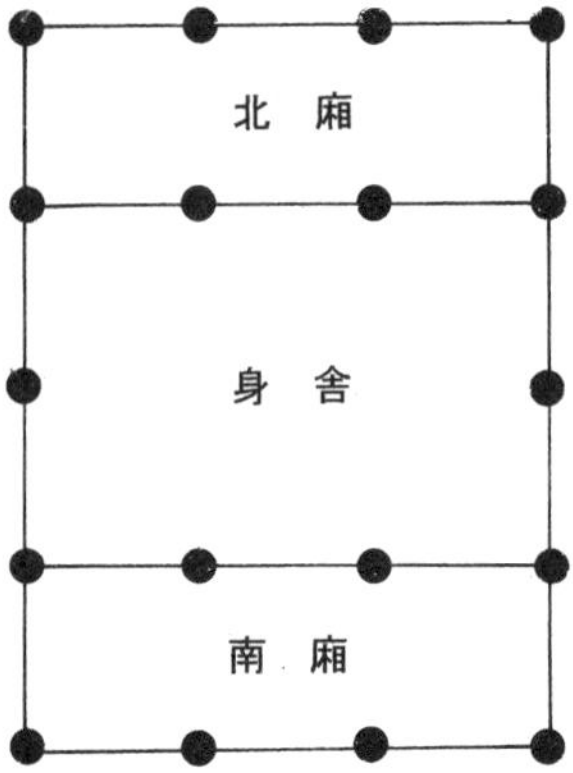

二面廂の建物

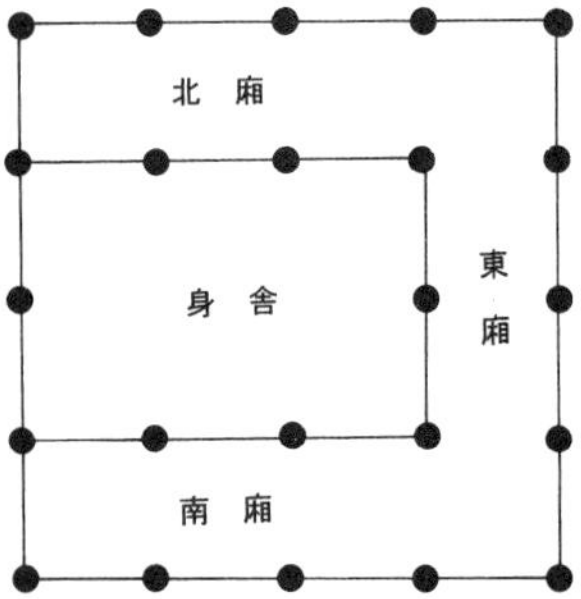

三面廂の建物

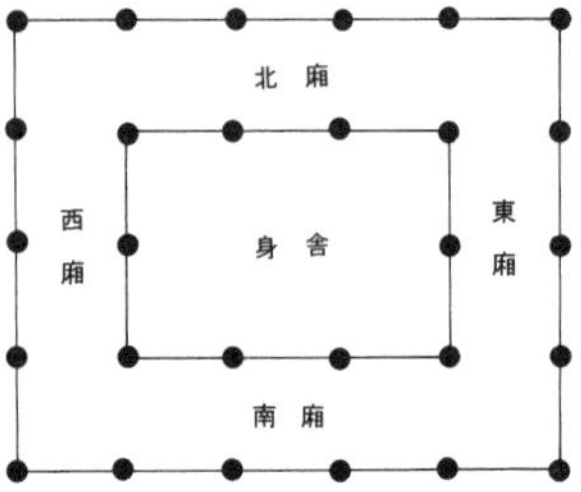

四面廂の建物

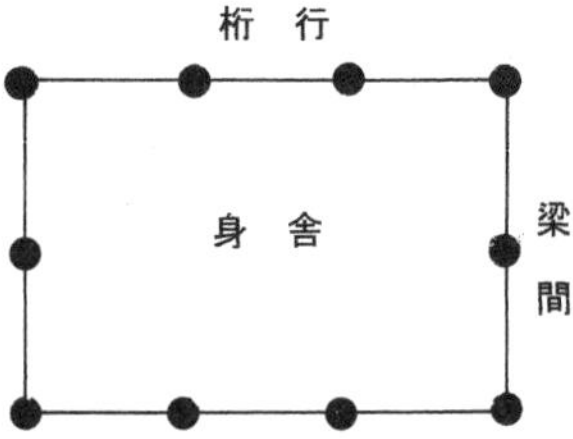

建物の基本平面図

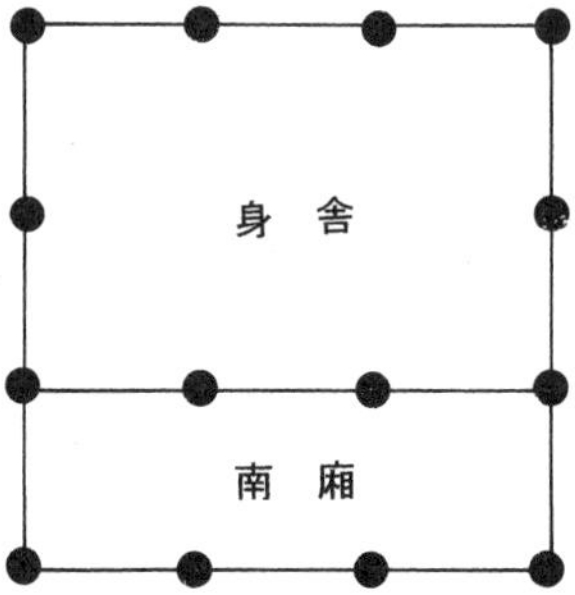

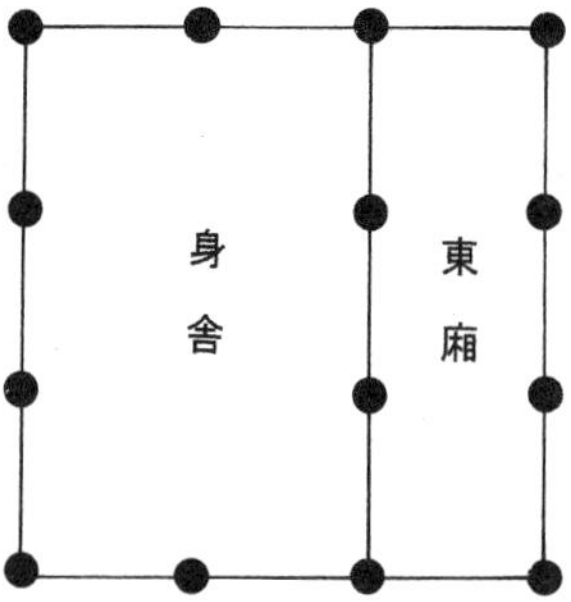

片面廂の建物

るが、この表現では「掘る方法」のように受け取られることもありうるということで、多くの発掘調査報告書では「掘形」を使っている。本書でもそれに従っている。

こうして掘った掘形に柱を立てて、その穴を固く、場合によっては版築状に埋め戻すのである。柱の下に厚い礎板を置くこともある。穴の底は一般的には地山《じやま》と呼ぶ固い地層なのであるが、軟弱な地盤の場合もあり、そのような時には、柱の不等沈下を防ぐために礎板として厚い板を置くのである。礎板を置かなかったために、不等沈下で掘形の底を破ってしまったものも見られる。

このようにして順次柱を立てていき、柱が立つと桁を載せ、梁を載せていく。掘立柱は、極端なことを言えば、一本でも立っている。したがって、上の組み物を載せやすいという利点がある。そして軸部を組み、軒回りを整え、屋根を載せて建物の形が出来上がる。瓦葺きでは、屋根の重量がかなりのものとなる。それを柱が支えるのである。やはり建物の基礎は柱なのである。

第一章でも少しふれたが、建物は基本的には桁行三間、梁間二間の母屋（身舎）で構成されることが多い。長い方を桁行方向、短い方を梁間方向という。そして建物を広くするために、多くの場合桁行側に柱間一つ分広げる。これが廂《ひさし》である。廂には庇の字を宛てることもある。本書では「廂」を用いる。桁行き方向の南に廂が付けば南廂、北側であれば北廂である。建物の片面につくので、片廂ということもある。桁行の両側に付く場合には二面廂という。さらに建物を広くする場合、梁間方向にも廂を付ける。東西どちらかであれば、三面廂、東西ともに廂が付けられれば四面廂である。これはいわば高級住宅である。四面廂にすれば随分広い建物となり、居住空間が広がる。発掘調査で見つけ

寄棟造りの屋根

切妻造りの屋根

方形造りの屋根

入母屋造りの屋根

られている、庶民の小規模な住宅ではほとんど廂を伴わない。廂が付けられたとしても、桁行側一面だけの片廂である。

ここで、柱の位置によってその建物の屋根の形が判断できることを付け加えておこう。東西棟であっても、南北棟であっても身舎だけの建物ならば、屋根は切妻造りである。片廂や二面廂の場合も切妻造りである。三面廂ならば、変則的な寄棟造りか入母屋造りとなる。四面廂ならば完全な形の寄棟造りか入母屋造りである。柱配置が正方形に復原できれば、方形《ほうぎょう》（宝形）造りとなる。また、建物の中央の柱間の距離と柱の高さが一致する場合が多いとの見解も見られる。

建物を建てる時には、まず足場を組む。現在建築現場で見かける足場は金属製のパイプを組み立てるものであるが、かつては丸太材を組んだものであり、その根元はある程度の穴を掘ってしっかり固定したものであった。発掘調査でもそのような足場穴を見つけることが時にある。礎石建ち建物で、礎石はおろか根石を置いた穴まで削られてしまった場合でも、その足場穴の位置によって建物の規模が復原されることもある。しかし、その足場穴もさほど深いものではないので、それが残ることがさほど多いとは言えない。

　東大寺大仏殿の、明治から大正にかけての修理工事の際、工事用の足場穴を掘っている時に刀剣類や装身具等、大量の地鎮具を見つけている。(12) それらは現在国宝に指定されている。平成二十二年（二〇一〇）に、それらの地鎮具の保存修理が行われ、レントゲン撮影によってそれらのうちの二振の刀から「陰剣」「陽剣」の象嵌《ぞうがん》銘が発見された。これは天平勝宝八年（七五六）六月に光明皇后によって一旦正倉院に納められながら、天平宝字三年（七五九）十二月に取り出された「陰宝剣」「陽宝剣」そのものではないのだろうか、ということで、平成二十二年（二〇一〇）十月二十六日に大きく報道された。当然のことながら、地鎮具として埋納されたものである。

須柱を伴う築地（上）と伴わない築地（下）

　このことに関しては、大仏殿の地鎮具ではなく国や民の安穏を願い、合せて聖武天皇と夭折した基王《もとい》（聖武天皇と光明皇后の皇子）の冥福、そして光明皇后自身の病気平癒を願っての埋納でないか、との見解も見られた。

築地《ついじ》にも掘立柱が立てられる場合がある。築地の壁体を支えるために、一間ごとに立てて築地の表面にあらわれた柱を須柱《すばしら》、あるいは寄せ柱という。古代の築地で須柱が掘立柱立ちであっても、礎石に立つものであってもその位置が確認でき、どのくらいの間隔で設けられるのか分かるはずなのであるが、そういう機会はあまりない。平城宮第二次内裏では複廊の築地回廊で凝灰岩の礎石が残っていたことによって、その間隔が十三尺（約四メートル）であることが分かった。[13] ちなみに回廊の幅は片側約三・二メートルであった。築地で囲まれた中、というのは何かしら閉ざされた空間という感じを抱かせるが、むしろ他に干渉されない生活空間であり、たとえば役所であれば事務を効率よく進められる施設ということができよう。

掘立柱建ちの住宅

古代の住宅に床張りのものがどの程度あったのか、よく分からない。発掘調査で床束《ゆかつか》、すなわち床を支える束柱の穴が見つけられれば確実に床張りと言えるのだが、床束の柱穴を伴った遺構はさほど多くはない。とくに庶民の小規模な住居で床張りの建物を確認できることは少ない。しかし、すべての庶民が山上憶良の「貧窮《ひんきゅう》問答歌」に「伏庵《ふせいお》の　曲庵《まげいお》の内に　直土《ひたつち》に藁解き敷きて」（『万葉集』五―八九二）[14] と歌われているような、土間での生活というのも想像しがたい。奈良時代の住居建築として唯一現在に伝えられているのが、後述する橘《たちばなの》古那可智《こなかち》の邸宅を移築した法隆寺東院伝法堂である。

実際に現在までに残っている住居建築は他には見られないので、発掘調査での成果を見る以外にはない。平城京内でも発掘調査が数多く行われており、大形建物がかなり見つけられている。いくつかを見てみよう。

左京四条二坊一坪では、東西棟で桁行が五または七間、梁間四間に復原できる二面廂付き建物があり、桁行の柱間が十一尺（約三・三メートル）、梁間の柱間も十一尺である。三ヶ所に柱根が残っており、いずれも直径が二八センチであった。この建物の広さを計算してみると、桁行五間としても面積は二一八平方メートル、約七〇坪、桁行七間であれば三〇五平方メートル、なんと九〇坪をこえる広さである。この建物は一坪の中心に建てられていることから、この坪の主屋と見られている。この南西に桁行五間、梁間二間の南北棟建物と、その東側に桁行五間、梁間三間で南廂付きの東西棟の建物が配置されている。東西棟の建物にも三ヶ所に柱根が残っていた。おそらくこの二棟の建物の対称の位置にも同様な掘立柱建物が建てられていたものと考えられている。きわめて規格性をもった配置である。

左京三条二坊十五坪では、東西棟の大形建物が二棟見つけられている[15]。一棟は桁行き九間、梁間四間である。南北に廂を伴っている。柱間は桁行・梁間ともに十尺（約三メートル）等間である。桁行が九間という大きな規模をもつ建物は、あまり例のないものである。東から四間目に間仕切りの柱穴がある。廂の柱穴には柱根を残すものがあった。もう一棟は桁行七間、梁間四間で四面に廂を伴っている。そして桁行方向の中央五間分に、縁束の柱穴がある。濡れ縁、テラスを伴った建物だったので

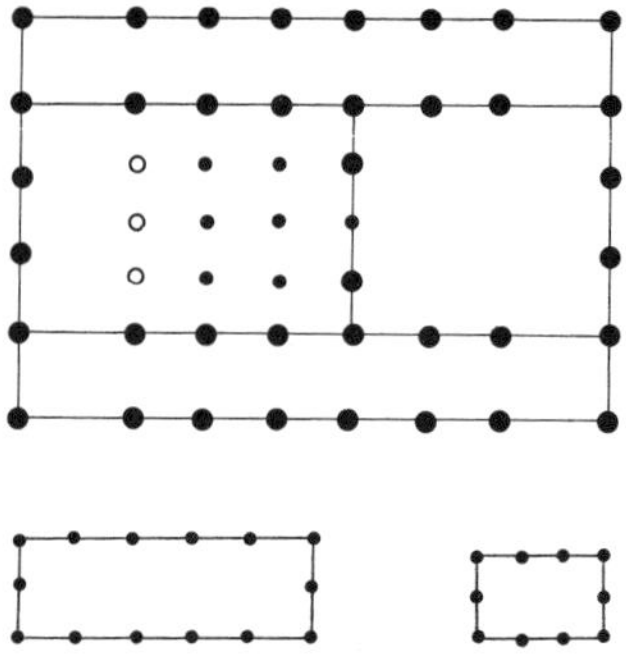

長屋王邸の邸宅（上）と庶民の家（下）

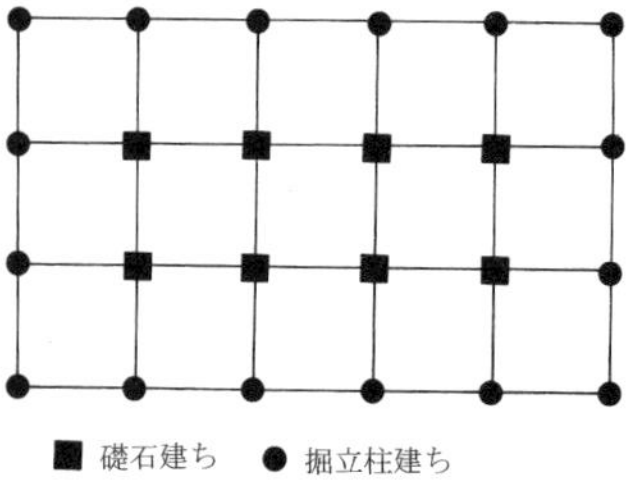

掘立柱・礎石併用の建物

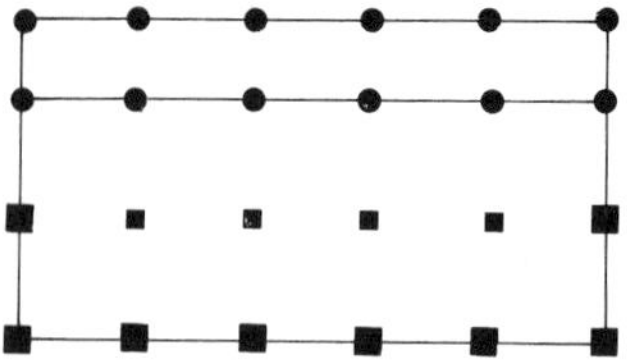

掘立柱・礎石併用の建物

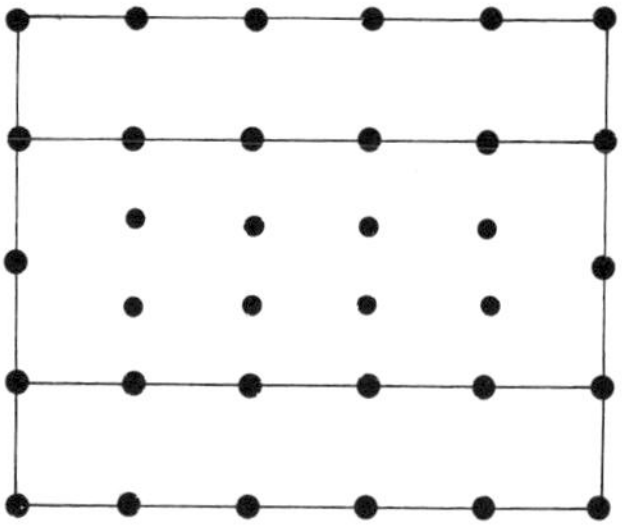

床束の伴う建物

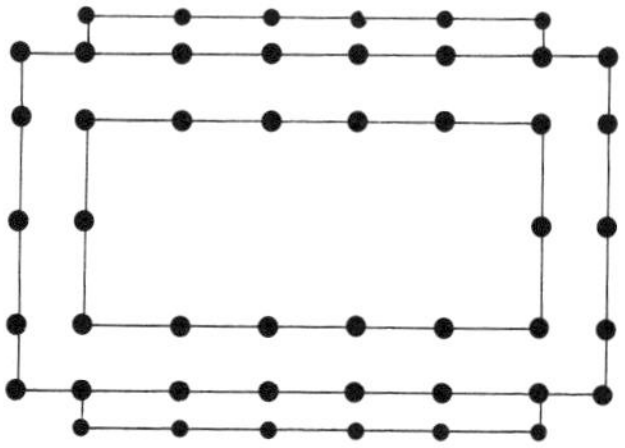

テラスを伴った建物

ある。そのようなことが確認される事例もあまり多くない。これらの建物のある宅地は、貴族の居住地であったと考えられている。

皇族の邸宅も、僅かながらその一部が明らかになっている。「長屋親王」木簡の出土で有名になった長屋王邸は、実は公邸であって、私邸が他の場所で見つけられている。それは佐紀盾列《たたなみ》古墳群のウワナベ古墳のすぐ南に位置しており、平城京左京一条三坊十五・十六坪にあたる二町分であり、苑池を伴っていた(16)。その苑池は、平城京造営に際して削られた古墳周濠を利用したものであった。

ちなみにその古墳は一種の前方後円墳で、前方部が短い帆立貝式古墳であった。古墳は墓そのものである。平城遷都に伴って、その工事の際にもし墓を削るようなことがあったなら、きちんと埋めてその魂を慰めるようにとの詔勅が、平城京造営の役所である造平城京司に出されているほどである。それにも関わらず古墳の周濠の一部を邸宅の苑池として利用したということには、少々驚きを感じる。

その地域で見つけられた掘立柱建物は第Ⅰ期から第Ⅲ期までの三時期に区分されており、第Ⅰ期が和銅年間（七〇八～七一四）、第Ⅱ期が養老年間（七一七～七二三）から神亀年間（七二四～七二八）におかれている。したがって、第Ⅰ期と第Ⅱ期の建物は長屋王在世中に建てられたものである。もっとも、神亀末年が天平元年なので、長屋王在世中とはいうものの、ぎりぎりではある。いずれにせよ、特に第Ⅱ期の建物に大形の掘立柱建物があり、東西棟の建物が十五坪に一棟、十六坪に二棟で計三棟が見つけられている。三棟とも東西棟で南北に廂を伴う二面廂付建物である。

十六坪のものは桁行六間、梁間四間の南北廂付である。桁行柱間が偶数というのはめずらしい。この建物は桁行で八尺（約二・四メートル）等間、梁間は身舎で九尺（約二・七メートル）等間、廂で十尺（約三メートル）である。広廂《ひろびさし》付建物なのである。

十五坪に建てられたものは南北に二棟並んでいる。一棟は桁行五間、梁間四間の南北廂付き建物である。柱間寸法は桁行で九尺等間、梁間は身舎で八・五尺、廂が八尺である。三ヶ所の柱掘形に柱根が残っており、いずれも直径一尺をこえる太いものであった。樹種はコウヤマキとヒノキであった。この建物の南にある二面廂付の建物は桁行四間以上、梁間四間である。さらに西に延びる可能性が認められる。柱間寸法は桁行・梁間ともに十尺等間である。見つけられたこれらの建物は、確かに大形ではあるが、それぞれの坪、すなわち敷地の東端に近い所に建てられていること、大形建物とはいうものの、四面廂でない点から、長屋王邸の中枢部の建物とは言い難い面があろう。

「長屋親王」木簡が出土した王邸は、左京三条二坊一・二・七・八の四町分を占めるものであった。敷地全体が掘立柱柵によっていくつかに区切られており、中央のひときわ大きな区画がここの中枢部と見られている。この地の遺構はA～Gまで七期に区分されており、それらのうちA・B期が長屋王邸の時期である。この時期の最も大きな建物は桁行七間・梁間三間の身舎の南北に廂が付く建物である(17)。柱間寸法は桁行中央五間分が十尺、両端の間が十四尺（約四・二メートル）で、梁間は身舎・廂ともに十尺である。東から三間目に間仕切りの柱が立つ。東から四、五間目の梁間通りに三個ずつの小柱穴があり、これは床束《ゆかつか》である。六間目の梁間通りには柱穴が見つけられていないが、柱穴が小さかったために後世に削られてしまった可能性もあるとの見解が示されている。四、五間目に床束があったことを示す小柱穴が見つけられているということは、この建物の西半部が床張りであったことを示している。図では、白抜きの丸印で床束の柱の位置を示した。

床束の柱穴を伴う建物が他にも見られる。東北隅に桁行五間、梁間三間の総柱建物がある。柱間寸法は桁行・梁間ともに二・五メートルである。総柱建物は、一般的に倉と考えられている。倉としたならば、この建物は倉としては大形である。

小形の建物は、京内でかなりの数が見られる。とりわけ京の南半部に多い。左京八条三坊の地では一般庶民の家が数多く見つけられた。片廂を伴うものもたまには見られるが、その多くが桁行三〜五間、梁間二間の身舎だけというもので、柱間寸法は六尺から七尺（一・八〜二・一メートル）であり、柱掘形も五〇センチから六〇センチ程度である。このことは、柱もさほど太いものではないことを示している。

右京においても京の南半部に小形の掘立柱建物が多い。右京八条一坊の地ではやはり桁行三〜五間、梁間二間の規模の建物が多い。柱掘形もよく似ており、五〇センチから六〇センチ程度である。柱痕跡は直径一五〜二〇センチ程度である。そうした庶民の家の中には黒木のままというものもあったのではなかろうか。『万葉集』には、それを思わせるような歌が見える。

「板葺きの黒木の屋根は　山近し　明日取りて　持ち参り来む」（巻四―七七九）[18]

ここにいう屋根は建物をあらわしている。

掘立柱・礎石併用の建物

さきに、古代の建物には、礎石建ちと掘立柱建ちがあることにふれた。ところが、その両者が併用されている事例もある。各地にそうしたものがあるが、平城宮の事例を中心に紹介しよう。平城宮では、その前半の時期にも、また後半の時期にも礎石建ちと掘立柱建ち併用の建物遺構が見つけられている。

第一次大極殿院の南門の東で見つけられた建物は、桁行五間、梁間三間の東西棟である。総柱建ちであり、おそらく楼風のものであろう。この総柱のうち側柱は掘立柱で、内部の柱を礎石建ちとしている。礎石を据えるための礫敷きがあり、その周囲に直径二〇～三〇センチの小柱穴があり、足場とも見られるが、なお明らかではない(19)。

掘立柱は、一本を除いて抜き取られている。残っていた柱根は、抜き取りの途中でその作業を止め放置された状態であり、柱は傾いていた。その直径は七五センチという太いもので、平城宮で見つけられた柱根では最大の太さである。掘形も巨大であり、東西三・五メートル、南北二・五メートル、深さが二・七五メートルという規模であった。柱の下端から約一メートルの位置に一辺二〇センチほどの貫穴《ぬきあな》をあけて、二本の角材を両方から差し込んでいる。その上約七〇センチの位置にも貫穴を開けており、これはさきの貫穴と直交させている。長大な柱を安定させるための「根がらみ」である。他の柱掘形からも角材の断片が残っており、それらの角材も、柱の貫穴に差し込んだ根がらみが残されたものと考えられている。掘形の壁面に穴があり、これは根がらみの先端を差し込むためのものと考えられている。太い柱が傾かないように差しこまれた根がらみの角材である。そのことから、この建物が楼風と考えられるのであり、大極殿院荘厳のために南門の東西に建てられたものである。その時期は第一期、すなわち平城遷都当初の建物である。

奈良時代後半には、当初の大極殿が建っていた地域に多くの掘立柱建物が建てられる。その中に掘立柱建ちと礎石建ちとを併用したものが見られる。桁行き五間、梁間四間で南北に廂を伴う建物である。側柱、すなわち廂の柱は掘立柱であるが、身舎にはそれが確認されていない。しかし、この建物の周囲に桁行六間、梁間五間の足場の小柱穴があり、このことによって身舎が礎石建ちと判断された。これらの他にも、第一次大極殿地域では礎石建ちと掘立柱建ち併用の建物遺構がいくつか見つけられている。

第二次内裏地域においても、同様の建物遺構が見つけられている。[20] 内裏内郭を取り囲む築地回廊の、南面築地回廊の東端に建つ東楼である。この建物は、桁行き七間、梁間四間で四面廂付きの重層建築であり、身舎内の棟通りに側柱と柱筋をそろえて掘立柱を立てている。

東院地域では、苑池に建つ建物に礎石・掘立柱併用の建物がある。[21] 桁行四間、梁間二間の礎石建ち東西棟で、柱間寸法はいずれも十尺（約三メートル）等間である。その東に桁行・梁間ともに二間の建物が附属している。その建物が礎石建ちと掘立柱建ち併用なのである。さきの建物に接している柱筋が礎石建ちで、その外側二筋が掘立柱建ちなのである。報告書では露台、すなわちテラスとの見解が示されている。そのテラスでは、舞楽などが演じられたのであろう。

苑池の南岸にせり出して建つ建物にも、礎石建ちと掘立柱建ち併用がある。この建物も東西棟で、桁行五間、梁間三間で北に廂がある。身舎の柱間は、桁行も梁間も十尺等間である。廂の出は五尺であり、報告書では縁《えん》との見解が示されている。身舎の南側柱と梁間中央の柱が礎石である。北側柱と廂の柱が掘立柱である。そして身舎の棟通りの柱筋に床束の柱があり、これには礎石が使われている。要するに床張りの建物である。

他に宮殿遺跡では紫香楽《しがらきのみや》宮跡内裏野地区の金堂西軒廊と、西面回廊、南面回廊がある。(22)国分寺では相模国分寺僧房に、その可能性が認められるという。(23)

掘立柱建ちの寺院建築

寺院建築の柱は礎石建ちというのが通念なのだが、近年では掘立柱建ち堂の事例が増えてきた。寺院建築に掘立柱建ちのものがあることが確認されたのは、法隆寺東院伽藍の解体修理工事における調査の際であった。この時の調査では、建物の調査だけではなく、礎石を取り除いての地下調査も行われた。その結果、夢殿と伝法堂は当初から礎石建ちであったが、他の堂や回廊は掘立柱建ちであることが明らかにされたのである。当時としては画期的な発見であったが、調査を担当した浅野清氏は掘立柱建物の存在を予想しておられたようである。それは十三世紀初頭に編さんされた『聖徳太子伝私記(古今目録抄)』「裏書」(24)に次のような記事が見えるからであった。

「今案ニ。太子ノ御所等ハ此ノ御舎利殿ノ北面ニ東西ノ分斉也。其ノ所以者舎利堂修造之。舎利堂ノ辰巳ノ角ノ南方一丈余行東廊内ノ石壇ノ際ニ門柱根ノ古二本堀出セリ。西ニ一本、東ニ一本。其間一丈余也。其ノ時ノ人。昔ノ宮□柱思面々ニ住恋□□云々」

浅野清氏はこの記事に十分注意をはらわれたようであり、調査日誌によれば、その想定位置で「掘起しの痕跡らしく軟い土あり、それを除くに円形穴を生ずる。ここは古今目録抄にある斑鳩宮門柱掘起しの箇所に相当するので、念のため掘方を中止する」と記されている[25]。いずれにせよ、すでに鎌倉時代にこの地が斑鳩宮跡であることが確信されていたのである。

昭和九年（一九三四）からの東院伽藍の解体修理事業は、礼堂から始められた。その時の発掘調査によって当初は中門として建てられたものであり、しかも掘立柱建ちであることが確認され、見つけられた柱掘形から柱根も出土している。その時の調査日誌には「発掘の結果柱根と思ぼしいものを掘出す。（中略）尚上方は細りて砲弾形をなし（以下略）」と記されている[26]。柱根は何本か出土しており、腐朽のため細ってしまっているものも見られたが、中には底面に墨線の残るものもあり、良好な柱根では直径が一・三五尺、すなわち約四一センチというものもあった。絵殿・舎利殿での発掘調査で見つけられた下層遺構の柱痕跡を示す空洞十八ヶ所の直径は、一・一〇尺から一・二五尺、

法隆寺東院伽藍中門の柱根

すなわち約三〇・三センチから三七・八センチである。柱の直径もそれに近い値であろう。柱間寸法が十尺なので、それにふさわしい太さの柱である。

さらにその下層でも掘立柱建物が見つけられている。「三　総柱の建物」の項でやや詳しく述べるが、斑鳩宮でのいくつかの掘立柱建物の柱穴が見つけられたのである。

僧寺である東大寺に対して建立された法華寺の堂の多くが掘立柱建物である。それは、藤原不比等邸が光明皇后に献じられて皇后の宮が造営され、その後天平十七年（七四五）の平城還都に伴って宮寺となり、間もなく法華寺となったからであり、皇后宮の殿舎が寺院建築に改変されたからであった。[27]

国分尼寺では、金堂や塔・講堂などの建物は礎石建ちであるが、周辺の僧坊や尼房、あるいは経営地域の建物では掘立柱建ちのものも見受けられる。もっとも、きちんとした礎石建ちのものもある。武蔵国分寺の僧房では一辺約一・二メートル、深さ八〇センチの掘形を掘って、川原石を混じえた土で版築し、その上に根石を置いて礎石を据えているのである。ただ、僧坊や尼房の遺構が確認された事例はさほど多くない。

紀伊国分寺では、桁行十三間、梁間四間の掘立柱建ちの僧房の存在が確認され、部屋は七、八室程度と推定されている。[28]火災のために二回の建て替えが行われ、都合三時期の僧房が認められているが、いずれも掘立柱建ちである。第二期の造営に際して、地鎮供養が行われている。その遺構は西から六間目の入側柱掘形に掘られた小穴であり、銅銭「延喜通宝」七〇枚が埋納されていた。延喜通宝は延喜九年（九〇九）初鋳なので、この僧房はその後の建立であることが明らかである。火災にあったのが元慶三年（八七九）であるから、三〇年以上再建されなかったことになる。造営経費の関係で建てられなかったのであろうが、三〇年間はいかにも長い。その間僧侶たちはどのような所で生活していたのであろうか。

相模国分寺では礎石と掘立柱が併用されたとの見解が示されている[29]。両者の併用に関しては前項で述べた。上総国分尼寺の尼房は二時期の遺構が確認されており、第一期は礎石建ちで第二期が掘立柱建ちである。下野国分尼寺では中央の馬道を境に、桁行が東で五間、西で四間、梁間三間の掘立柱建ちの尼房が見つけられている。桁行総長は約二八メートルである。

夏見廃寺では塔基壇跡の南西に、南北棟の掘立柱建物が見つけられている[30]。桁行四間、梁間二間である。この建物は金堂が建立された第一次造営時に建てられ、その後塔や講堂が建立された第二次造営時にも存続していると報告されているが、どのような性格の建物かは示されていない。この建物に対しては、僧房の可能性があるとの見解も見られる。しかし、この建物が中心伽藍の中で、金堂と塔の前面に建てられていることからすれば、さらに検討を要することである。

二　建物の移築

古代において建物の移築は、かなり行われていたものと考えられる。官の建物を寺院に施入することもあれば、皇族や貴族の邸宅を寺に移築するということもあった。

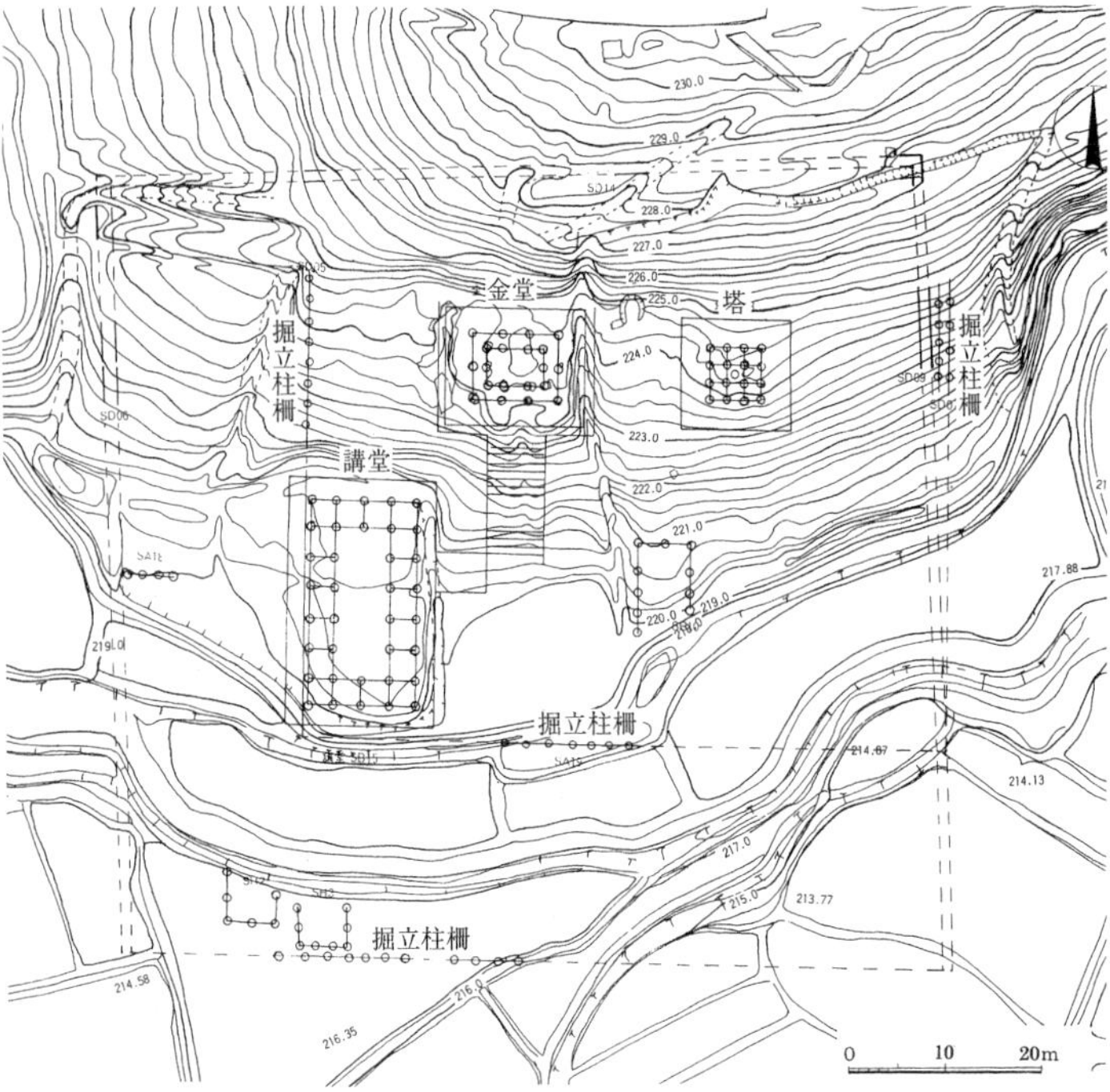

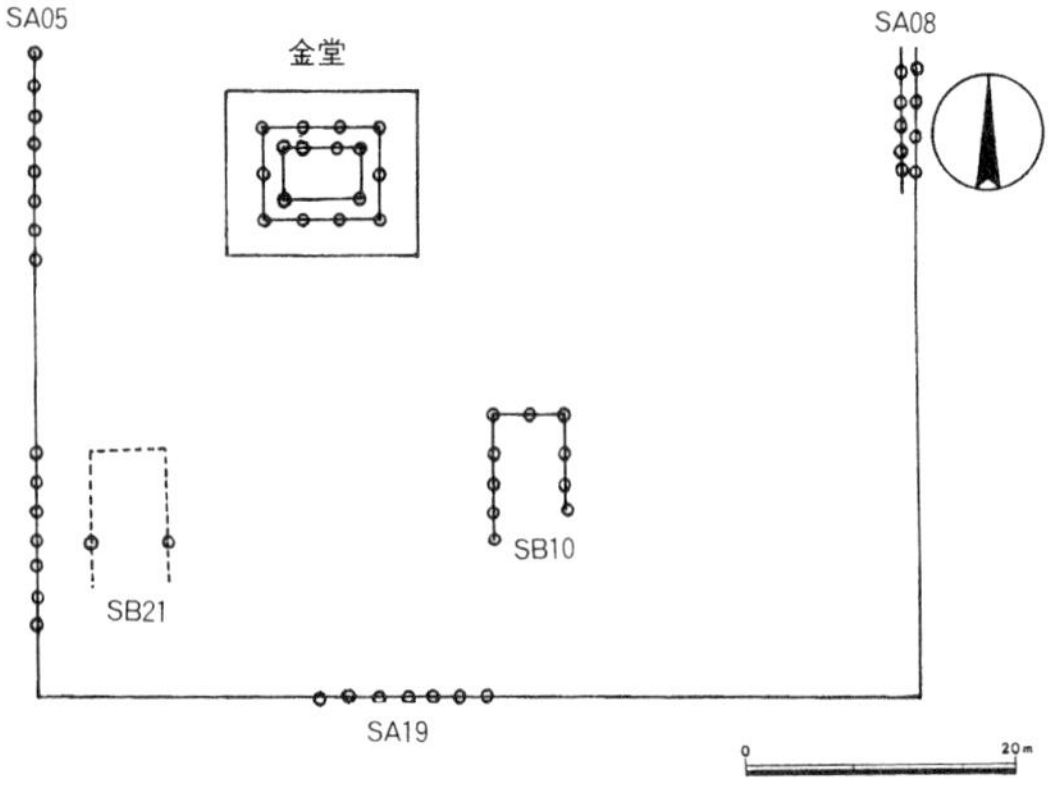

（上）夏見廃寺第二次・第三次伽藍配置図
（左）夏見廃寺第一次伽藍配置図

柱の転用

発掘調査によって見つけられた柱根や柱痕跡によって、柱の太さが分かるものもあるが、すでに柱が抜き取られている場合も多い。当然のことながら、その柱は他に転用されるのである。

掘立柱建ち建物ではある程度の年限が経つと、地面に近い辺りが腐ってくる。さきにも少しふれたように、現在では電柱がほとんどコンクリートなので見かけることが少ないが、以前は根元が腐りかけている木の電柱をよく見かけた。掘立柱建物も同じ状況であったにちがいない。伊勢神宮の式年祭が二〇年毎に行われるのは、信仰の面からであろうが、掘立柱建ち社殿の耐用年限にも関わるのではなかろうか。また技術の伝習のために、二〇年毎に行われるとの見解もある。古代においては、掘立柱建物を改造したり他へ移す際には、柱の根元を鋸や斧で切り倒して転用したに違いない。そのために、柱掘形に埋め込まれた柱の最下部がいわば密封され、汚れのない水分の影響で柱根として残るのである。

しかし、さほど年月を経ていない建物を取り壊す際には、柱を引き抜いている。引き抜いていると表現したが、実際には柱に接してその根元に穴を掘って倒しているのである。おおむね側柱の外側から穴を掘っている。発掘調査ではそうした遺構を「柱抜き形」とか「柱抜き取り痕跡」と呼んでいる。

平城宮跡の発掘調査で出土した木簡に造営関係のものが含まれており、その中に柱を抜く作業に関するものがある。それには「抜柱九枝（以下略）」[31]とあり、その作業に十一人が関わったことが記されている。

平城京小子門復元基壇

木簡出土の場所は平城宮東張り出し部の西南隅、すなわち張り出し部の付け根である。従来、この位置には東面南門の「的門《いくはもん》」が存在すると考えられていたのであるが、昭和四十三年（一九六八）に行われた発掘調査で、平城宮がこの位置から東に張り出しをもつことが明らかにされたのである。すなわち、東一坊大路がこの地点で宮城門の一つに突き当たることになり、行き止まりになるのである。逆に言うと東一坊大路は張り出し部直ぐの位置に建てられた南面する門から南へ伸びるのであり、出土した木簡に「小子門《ちいさこべもん》」の記載をもつものがあった。[32] 現在ではこの宮城門が「小子門」とされている。「抜柱九枝」の木簡は東一坊大路の西側溝、平城宮の東面外堀から出土している。具体的にどの建物の柱を抜く工事であったのか定かではないが、柱が九本抜き取られて他に転用されたのである。年代としては、奈良時代末頃の工事の一つとの見解が示されている。こうして抜き取られた柱は、再利用されるのであるが、根元が傷んでいるものを再び掘立柱として使うとすれば、丈がかなり短くなるので、さほど大きくない建物に転用するのであろう。

古代の建物の多くが掘立柱建ちであり、そのまま使用されていれば柱の根元の腐朽によって二〇年前後で建て替えが必要となる。その際には柱は根元で鋸や斧によって切り倒されるか、またはさきにふれたように抜き取られる。そして次の建物に転用されるのであるが、そうでない場合もある。

明らかに柱が転用されたと判断できるものに木樋《もくひ》があり、太い柱の芯を刳り抜いて木樋として転用しているのである。平城宮第一次朝堂院地区からは柱を転用した太い導水管が出土しており、導水管の何ヶ所かに別材で塞がれた孔を見ることができる。(33) 柱だった時に建物のいろいろな部材が嵌め込まれていた所、すなわち仕口を塞いでいるのである。そして繋ぎの部分ではソケット状に仕上げ、一端は雄形に削り出し、他の端を雌形に刳り抜いているものがあり、何本もつないで用いたことが分かる。木樋には桟を落とし込む切込みを何ヶ所かに入れ、その上から厚さ五センチ程度の板で蓋をしている。第一次朝堂院の他の地区では何本も東西方向に連ねた木樋が出土しており、かつて柱として建物を支えていたものが転用されたことが明らかになった。これらの木樋の中には、柱として使われていた際に穿たれた貫穴や間渡穴の仕口があり、屋根の付いた掘立柱塀の柱材であったことが分かったという事例もある。

中には柱だった時のほぼ全長が分かるものもあり、それは約七・四メートルの長さであった。また、「卯《う》五十七」の刻書を残すものがあった。これはもとの建設時の位置を示すものと考えられ、「卯」で方位をあらわしているのであり、卯は東なので、東の五七番目ということになる。五七番ということでは普通の建物ではない。その柱は掘立柱柵の柱として用いられていたものである。一般に平城宮の掘立柱柵の柱間寸法は三メートルなので、その規模からは第一次朝堂院東面の掘立柱柵の可能性が高いと見られている。いずれにせよ、東西南北でその使用位置を示すものは井戸枠に見られるが、干支で使用位置を示したものはきわめて珍しい。

法隆寺東院伝法堂

伝法堂は東院伽藍の講堂であり、桁行七間、梁間四間の規模で切妻造である。[34]この建物は『東院資財帳』に「奉納橘夫人宅者」とあり、橘夫人の邸宅が法隆寺東院造営の際に施入されたものである。橘夫人は聖武天皇の夫人橘古那可智のことである。橘夫人が施入した建物であることは、昭和十三年(一九三八)から十八年(一九四三)に行われた解体修理工事に伴う調査で確認された。この建物が法隆寺に施入された年についてはいくつかの見解があるが、『東院資財帳』が書かれた天平宝字五年(七六一)を降ることはない。

その調査の結果、東から五間分が本来の住宅の部分であること、そして東の三間分が壁と扉で閉ざされた形であること、西の二間分は吹き放ちであり、ベランダ風であったことが明らかにされた。当時の高級住宅の一端をあらわすものである。移築されたこの建物を仏堂に改造する際には西に二間分を加えて桁行七間とし、土間とせずに板敷のままとされたが、屋根は檜皮《ひわだ》葺きであったものを瓦葺きに替えられた。この建物がもともといつ建てられたのか、記録はないが解体修理工事での調査の結果、柱をはじめとする部材の風蝕差から移築の十数年前に建てられたものと推定されている。また、住宅であった時には掘立柱建ちであったが、伝法堂とする際に仏堂にふさわしく礎石建ちに変更された。

唐招提寺講堂

柱を含めての転用、すなわち建物の転用がある。奈良時代に転用され、現在も見られるものに唐招提寺講堂がある。寺の造営に際して平城宮の朝集殿が施入されたものである。明治末年に行われた解体修理工事で部材の一部、蟇股《かえるまた》の下面に「西三条九」「東三条□」などの墨書があったことによって、この建物がもと切妻造であったこと、そして南北棟で西向きであったことなどが分かり、平城宮第二次朝堂院の東朝集殿が移築されたことが明らかになった。[35] そして、建物の規模も発掘調査で確認された東朝集殿と全く同じであることも確認された。

唐招提寺講堂として移築された際に、屋根が切妻造から入母屋造に改変され、後の修理工事によって柱が切り縮められており、さらに側柱は削られて柱径が縮小している。しかし、切り縮められているとは言うものの、内陣の柱に奈良時代のものが八本残っている可能性があるとの見解が示されている。奈良時代の柱が現に残っていることは、貴重なことと言えよう。

法隆寺伝法堂

唐招提寺講堂

倒れていた東朝集殿の標柱

平城宮の朝集殿が移されたのは、朝集殿が不要になって、唐招提寺講堂として転用されたわけでは決してない。朝集殿は国家的儀式が朝堂院で行われる際に、百官がまず参集する場所なのである。元旦の朝賀をはじめとして、年間に幾度もそうした国家的な儀式が行われる。その重要な建物が唐招提寺に施入されたということは、鑑真和上《がんじんわじょう》に布施として差し出されたものと考えるべきであろう。聖武天皇は、多くの苦難を乗り越えてはるばる渡来した鑑真和上に対する敬意をあらわし、そして国家として重要な機能を果たす建物が施入されたものである。

その他唐招提寺には藤原仲麻呂邸から食堂《じきどう》が、藤原清河邸から羂索堂《けんざくどう》と僧房が寄進されている。仲麻呂は鑑真一行を河内に迎えており、清河は鑑真が日本へ渡ることになった時の遣唐使である。いずれにせよ、これらの建物は解体されて唐招提寺へ運ばれ、まず柱が立てられ、堂として組み立てられていったのである。

藤原豊成殿の移築

正倉院文書に「壊運使」に関わる史料がある。建物を解体して他所へ運ぶ任務を示した史料である。ここに三人の僧侶の名がある。それは天平宝字六年（七六二）正月二十八日付けの文書で、「信楽殿壊運所解」の表題があり、壊運使として慶宝・正順・法宣の三名が署名している。(36)

これは「信楽殿」と呼ばれていた藤原豊成の邸宅を石山寺に移建するために、この三名が壊運使に任じられたのである。石山寺は盧舎那仏に塗るべき黄金を得る手段として、この地で祈願が行われたことが契機で急遽建立されることになった。そうしたこともあって、既存の建物を移築したものである。また、聖武天皇が望んだ智識による施入の意味もあったのであろう。

この時運搬した建物は板屋一棟であるが、三名の僧侶の名はこの年の十二月まで散見され、引き続いて豊成邸から何棟かの建物を石山寺に運搬している。時には豊成邸が甲賀殿と呼ばれたことがあったようである。これら三名の僧侶の名が常に同一史料に見えるわけではないが、法宣については翌天平宝字七年（七六三）三月の史料にも壊運使としての任務に従事していることが見えている。

ここに言う壊運使は、単に解体された建物を運搬するだけというものではなかろう。解体に際しては、再び組み立てる作業に備えて、その順序にしたがって番付けが施されたであろう。そして石山寺での復元に際しては指導者としての立場であったに違いない。すなわち彼らは造営技術を身につけていたのである。建造物を建てるという専門的な高い技術をもっていたのである。古代の僧侶には、造営技術に限らず各種の技術を会得していた者がかなり見受けられる。ここに見える三名の僧侶は、造営技術僧なのであった[37]。

ここであげた「信楽殿壊運所解」では単に板屋、すなわち板葺き屋根の建物を運んだということしか分からないが、同年閏十二月二十九日の「信楽買筑紫師藤原殿板屋弐宇」には柱をはじめとした建物部材の名が挙げられている。「筑紫帥藤原殿」は、一時大宰府員外帥となっていた藤原豊成のことである。この時には慶宝と法宣とが関わっており、「長六丈、広二丈八尺」と「長五丈、広二丈六尺」、すなわち桁行六間、梁間四間と、桁行五間、梁間四間の二棟の板葺の建物を運んでいる。この規模であれば、廂付き建物である。ただし、各種の部材の名が挙げられているのだが、柱については長一丈九尺（約五メートル七〇センチ）、直径一尺三寸（約四〇センチ）の「柱十六根」とあり、二棟分の柱としては少なすぎる。運ぶべき建物はおそらく掘立柱建ちであっただろうから、転用できなかった柱材があったのではなかろうか。また「束柱廿四根」が加わっている。束柱は床を支える床束なので、これは床張りの建物だったのである。藤原豊成邸には床張りの建物が何棟か建てられていたのである。

藤原豊成邸壊運のことはこの頃に多く見られる。豊成はこの時期、弟の仲麻呂の権勢におされて大宰府員外帥となっていた。実際には病と称して難波の別業《べつぎょう》（別荘）に滞在し、赴任はしていない。そのことと、建物の売却との関連は分からないが、急がれていた石山寺造営事業に協力したということであろうか。豊成は、仲麻呂が反乱を起して敗死した後に政界に復帰した。

三　総柱の建物

総柱の建物は、柱筋のすべてに柱が立つ建物のことで、弥生時代にすでに見られる。そしてそのような建物は、普通には倉庫と考えられており、登呂遺跡では戦前に一棟見つけられており、それは桁行三間、梁間一間というものであった(38)。そして戦後の昭和二十五年（一九五〇）の調査で桁行・梁間いずれも一間の高床倉庫の遺構が見つけられた(39)。それらは、柱の根元が残っていたことからの発見であった。戦前に見つけられた柱材は分からないが、戦後のものは一棟がスギ材で、一棟はマキ材と報告されている。マキ材を柱に用いた倉庫では、中央にも柱が見つけられているが、それが床を支えるものなのか、棟を支えるものであるのかは分からないとされている。しかし、建物の中央に柱が立つということに興味が惹かれ、後世の社殿との関連をつい考えてしまう。

昭和二十七年（一九五二）に現地に切妻屋根、高床式の倉庫が復原された。倉庫建築を高床式と考え、そのように復原されたのは、銅鐸にあらわされた建物に高床式の建物があったためであり、各地で出土している土器絵画の中にも高床式建物が描かれている。

唐古・鍵遺跡では、平成十五年（二〇〇三）に行われた西地区における発掘調査で、大形の掘立柱建物が見つけられた[40]。建物の主軸は南西から北東の方向であり、桁行六間、梁間二間の規模である。柱間寸法は一定ではなく、桁行の総長が約一三・二メートル、梁間の総長が約六・〇メートルである。東柱筋に小さな柱掘形が三ヶ所にあり、間柱的なものとされている。建物の中軸線上の棟通りにも五間分の柱列をもっている。この建物に対しては総柱の建物と考えられている。柱根が一九ヶ所に残っており、それらはすべてケヤキである。

鳴滝遺跡では、五世紀前半の総柱建物群が見つけられた[41]。その地は紀ノ川北岸の舌状尾根上であり、そこを段々状に整地して、七棟の総柱建物が軒を接するように二列に配置されていた。建物は桁行・梁間ともに四間であるが、内部の柱は梁間筋に二本ずつ三列である。すなわち床束《ゆかつか》の柱である。

大小の倉

総柱の建物にも規模の大きなものもあれば、桁行・梁間とも二間という小規模のものもある。大規模なものでは、桁行八間、梁間三間というものがあり、必然的に柱間寸法も長い。それら建物を総柱建物と呼んでいるが、全ての柱が床上まで伸びているわけではない。側柱が、いわば屋根を支えているのであり、内部の柱は床を支えているのである。要するに、それらは床束なのである。側柱も建物によっては大引《おおびき》を間に置いて上屋を支えており、上屋には別柱を立てている場合もある。

法隆寺綱封蔵《こうふうぞう》（寺宝を守る蔵）はその形式であり、太い胴張りのある円柱を立て、梁間方向の各筋に台輪を架けて角柱を立てて上屋を支えている。床束の高さは約一・八メートルあり、直径が太い所で五四・六センチある。そして壁を取り付けた痕跡があるので、床束の柱を利用して間仕切りを施し、収納スペースとしたことを示している。綱封蔵床下を倉の一部としたことがあったのである。

弥生時代以来、総柱建物は掘立柱建ちであるが、奈良時代のものには礎石建ちのものも見られる。もっとも、本来掘立柱建ちであったものが、礎石建ちに造り替えられたものもあり、そうした事例も見られる。

美濃国牟義郡《むぎぐんが》衙跡と考えられている弥勒寺東遺跡では政庁域の北、郡衙域の北辺、政庁域から約三〇メートル離れた位置に八棟の総柱建物が見つけられ、郡衙の正倉院を構成していたことが明らかにされている。(42) 桁行四間、梁間三間の規模のものが多いが、一棟は桁行八間、梁間三間という大きな倉庫である。ここの建物は初め掘立柱建ちであったが、奈良時代になってすべて礎石建ちに造り替えら

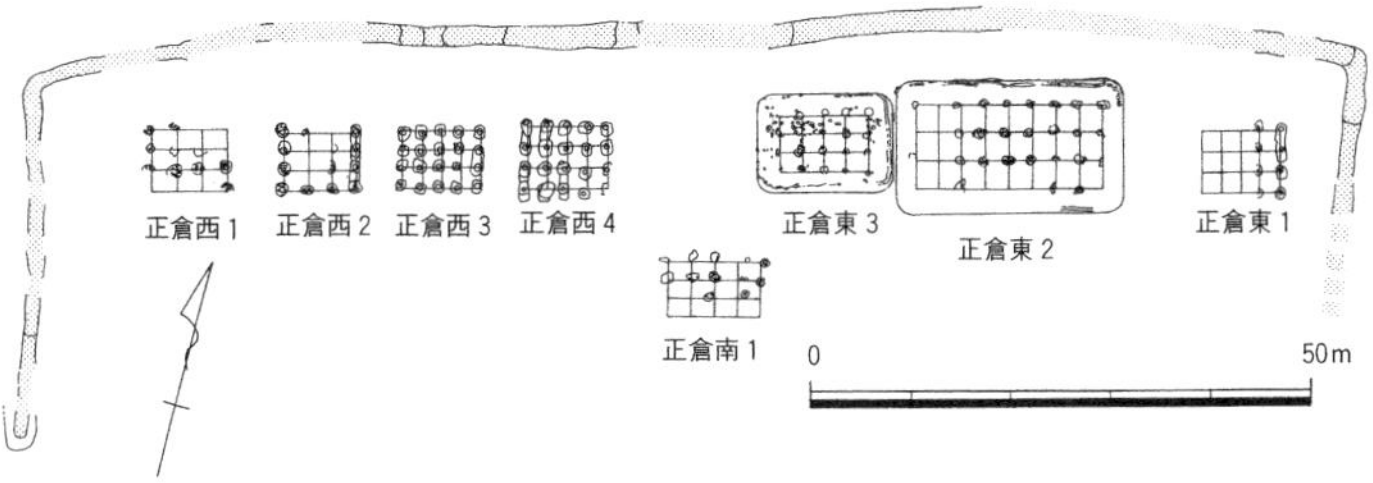

美濃国牟義郡衙の倉庫群遺構図

れている。令《りょう》の規定「倉庫令」では倉庫は高燥の地に置くべきことが定められている。弥勒寺東遺跡では、政庁域の北のやや高い所に建てられている。政庁域の北辺掘立柱回廊から約三〇メートル離れている。令の規定では倉から五十丈（約一五〇メートル）以内に建物を建ててはならないとされている。したがって、その点は不十分だったと言えよう。

正倉院に残されている「正税帳」には倉の種類が挙げられている。「伊豆国正税帳[43]」では、倉に「在礎」と「无《む》礎」の区別をしている。「无礎」は掘立柱建ちの倉を示している。「和泉監正税《げんしょうぜい》帳」には甲倉、板倉、丸木倉、法倉[44]などが見える。甲倉は校倉《あぜくら》である。校倉ということでは正倉院宝庫が思い浮ぶ。正倉院宝庫は南北両端が校倉で、中央が板倉である。以前は法隆寺綱封蔵のように中間は吹き放ちで、後世に中央部も倉にしたとの見解があったが、現在では当初から板倉であったと考えられている。床束の柱は約四〇本である。法倉は郡司の権威を示すための、特に規模大なる倉をさすようである。弥勒寺東遺跡で見つけられている八棟の倉庫は、七棟が桁行四間、梁間三間であるが、一棟だけ桁行八間、梁間三間という大形で、柱間寸法も他の倉庫よりも広い。このひときわ大形で建てられた倉が、「和泉監正税帳」に見える法倉に当たるのであろう。
牟義郡衙で八棟もの倉庫が建てられたのは、税を集める業務が郡司に課せられていたからなのであろう。このような、倉庫群の見つけられている郡衙遺跡は牟義郡衙の他にも全国各地にあり、中には十棟以上の倉庫の遺構が確認されているところもある。

倉垣院

『書紀』の推古天皇九年（六〇一）二月、聖徳太子の斑鳩宮《いかるが》造営のことが見える。太子が皇太子になり、摂政に任じられてから数年間、太子を斑鳩に送ることについて慎重に討議されていたのであろう。それは斑鳩の地が交通の要所であったからである。それまでは物部氏がこの地を抑えていた。蘇我・物部の戦いの結果、この地を運営する人物として、最も信頼できる太子を送ることになったと考えられる。そしてこの時から造営工事が始められることが決められたのであろう。

昭和九年（一九三四）から始められた法隆寺東院伽藍の解体修理工事にともなって行われた発掘調査によって、斑鳩宮の一部が確認され、大小の掘立柱建物のいくつかが見つけられている(45)。そうした中の、小形の建物に総柱建物が二棟含まれている。大形の建物には桁行八間というものもあるが、廂《ひさし》が伴っていない。見つけられた建物群は、詳細に観察すると大きく二時期に分かれることが分かる。柱穴の重複関係から、総柱建物が第一期、大形の建物群が第二期である。

このことは、第一期が倉庫を含む斑鳩宮の経営地域であったこと、そして第二期には居住地域に変わっていることを示しているのである。多少飛躍するが、第一期が聖徳太子時代で、第二期が山背大兄王の時代と考えることもできよう。その後、昭和五十六年（一九八一）から始められた防災施設工事に伴う発掘調査によって、掘立柱建物群が見つけられた地域は、斑鳩宮の東南隅に当たることが明らかにされた。[46]第一期はその地域が後の『資財帳』などに見える倉垣院だったのであろう。この地が斑鳩宮の東南隅にあたることと、大形の建物遺構に廂の柱穴がみられないことから、この地域が第二期に居住区になったとはいうものの、山背大兄王のための建物ではなかろう。

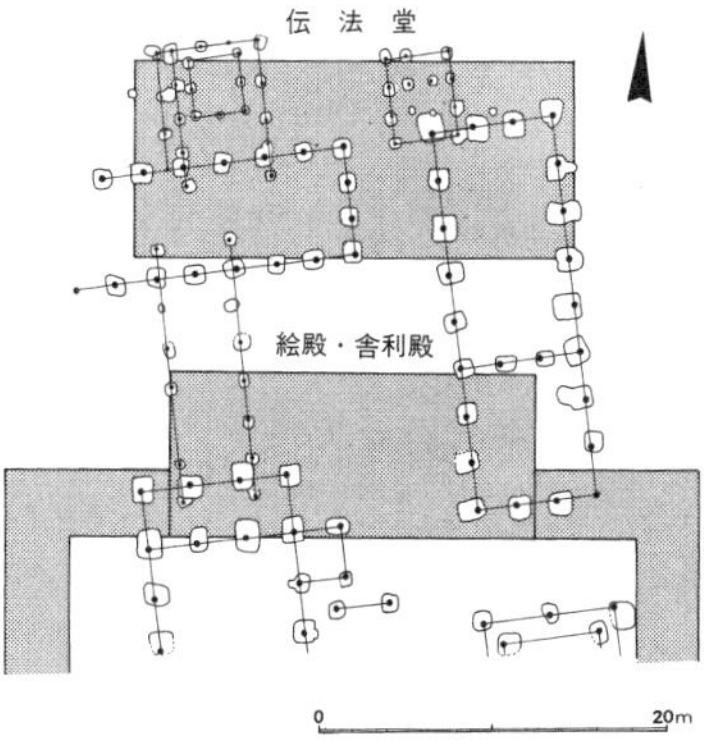

斑鳩宮の遺構　薄墨部分は東院の建物

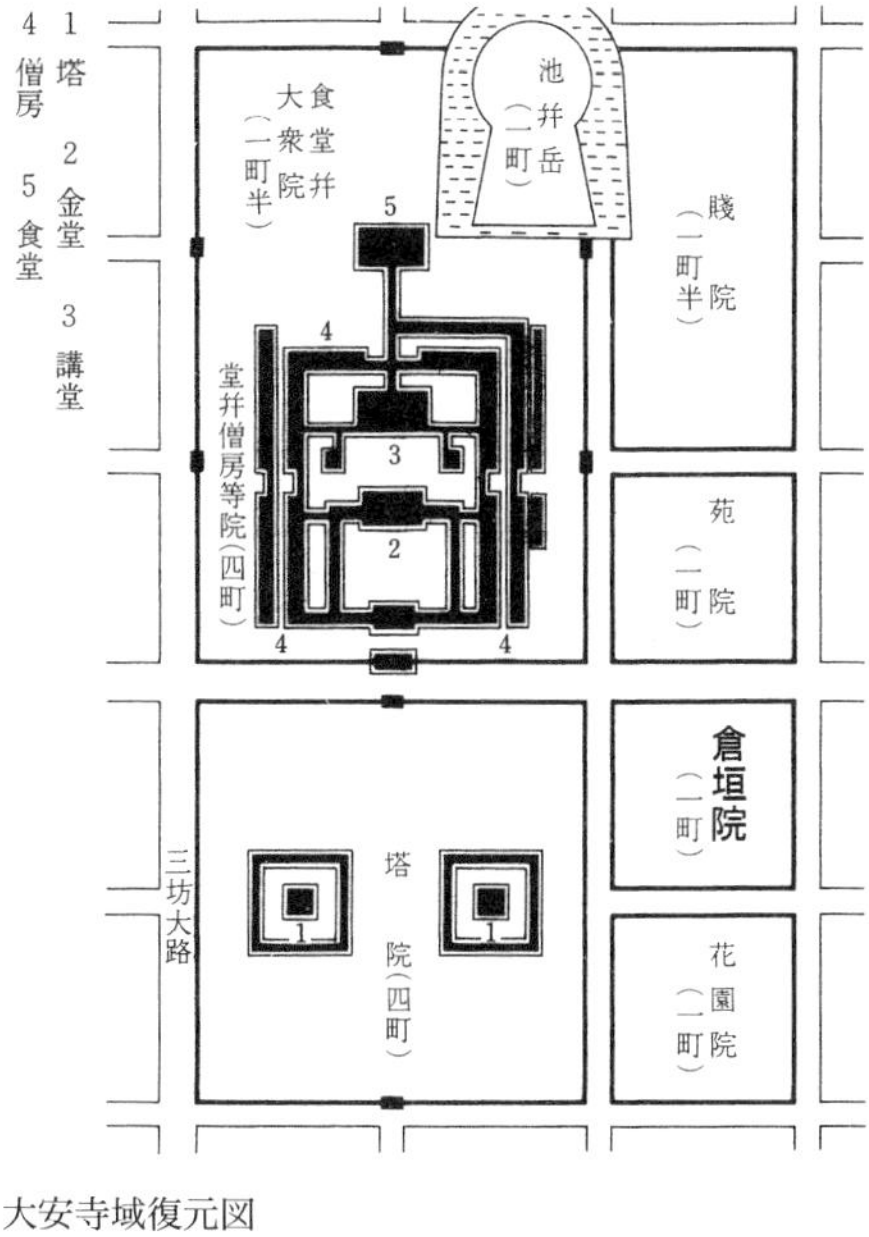

大安寺域復元図

古代の官寺には倉が多く建てられている。法隆寺や大安寺の『資財帳』によれば、法隆寺には七棟の、大安寺には二四棟の倉があり、大安寺の場合『大安寺伽藍縁起幷流記資財帳』に記されている順序から、塔院の東の一町分が倉垣院に推定されている(47)。ここは平城京左京七条四坊十六坪に当たる。薬師寺では東僧房の北に薗院とともに倉垣院が置かれている。東大寺では講堂の北に倉庫群があり、正倉院と呼んでいる。西大寺でも正倉院と呼び、宝亀十一年(七八〇)に作られた『西大寺資財流記帳(48)』には二十二棟の倉が、その種類と規模について詳しく記されている。その位置は、『資財帳』に記載されている順序から、中心伽藍の西の右京一条三坊十五坪に当たり、一町を占めていたと考えられている(49)。

奈良には正倉院宝庫以外に小規模の倉ではあるが、奈良時代の倉がいくつか見られる。東大寺に本坊経庫をはじめとする校倉《あぜくら》が五棟、唐招提寺に宝蔵と経蔵二棟の校倉が残っている。唐招提寺の校倉は新田部親王邸のものが伝えられたとの見解もある。

平城京内には、貴族の邸宅や一般官人の住居が構えられていた。そうした中で総柱の建物を伴うものもあるのだが、その屋敷内でどのような位置に当たるのか、敷地の全域が発掘されるわけではないのでなかなか分かりにくい。そうした中で、左京三条一坊十四坪の宅地での調査範囲が、発掘調査は全域の二〇パーセント程度ではあったが、ある程度のことが明らかにされた(50)。坪の南半に苑池が置かれていたことによって、ここが貴族の邸宅であることが明らかであり、西辺部に桁行・梁間ともに三間の総柱建物が二棟見つけられた。両者は全く同じ規模で、総長が東西六・四メートル、南北七・二

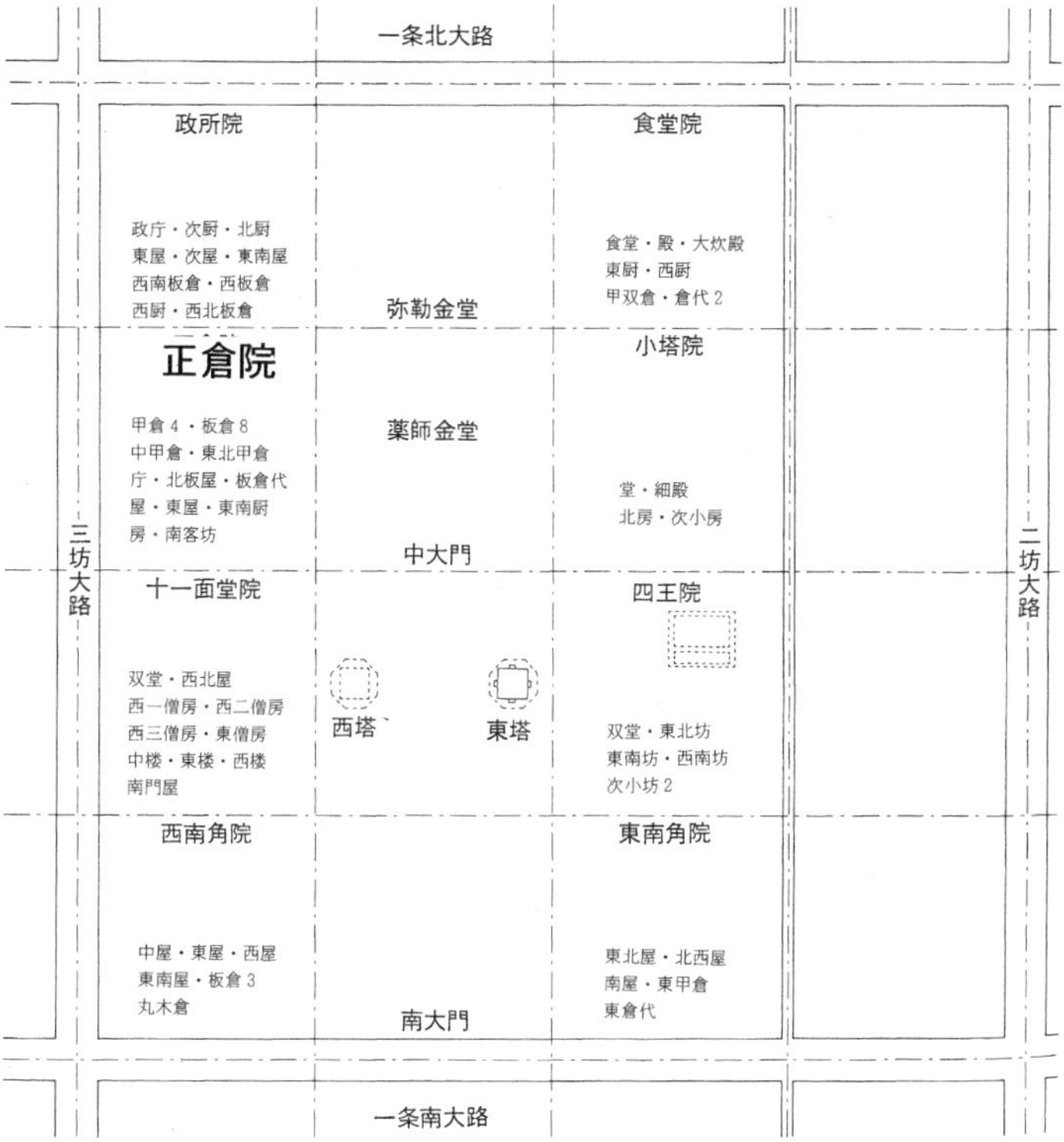

西大寺域復元図

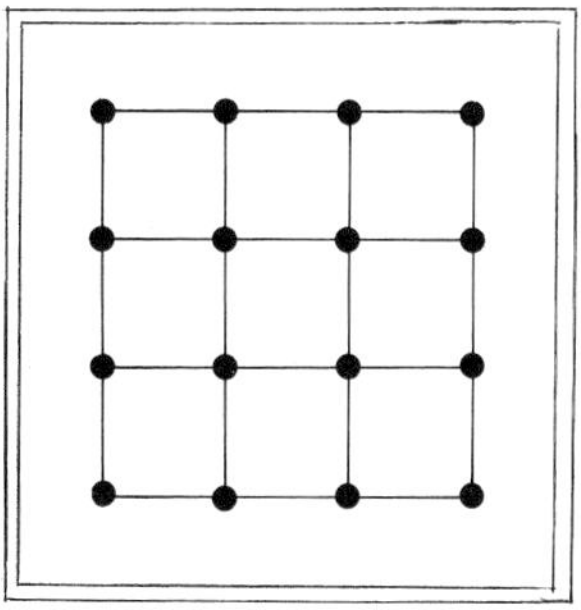

総柱建物概念図

メートルである。そして二つの建物が約一〇メートル離れて南北に置かれており、南北方向の柱筋を揃えている。いわゆる双倉《ならびくら》である。北に置かれた倉の柱穴に、直径五五センチの柱根が残っていた。直径五五センチという柱はかなり太い部類である。堂々たる倉が二棟並んでいたのである。その北方約三〇メートルの所に、桁行・梁間ともに二間の倉が置かれているので、この某貴族の倉垣院だったのであろう。

一般官人、あるいは庶民の住宅はおおむね平城京の八条、九条という地域で建てられているのであり、一区画の中で住居に付属して桁行・梁間ともに一間、あるいは桁行二間・梁間一間というような小規模な附属屋が伴っている。規模は二メートル四方、せいぜい二・五メートル四方というものである。それらは倉庫とは言い難いが、納屋のようなものだったのであろう。それらは、黒木造りだったのではなかろうか。

さきに、建物内側の柱は床束《ゆかつか》であると述べた。ここで床束のことを少し述べておきたい。床束は床を支える短い柱で、束柱という。床下の地盤から立てて大引を支える束である。大引は床を支える横材であり、梁間方向に置かれる。したがって、床束は梁間方向には一直線でなければならない。極端なことを言えば、桁行方向には揃っていなくても床を張ることができるのである。

そのことを示す一つの事例を挙げておこう。さきに述べた左京三条一坊十四坪の宅地の発掘調査で、総柱の建物が一棟見つけられているのだが、これについては倉とは判断されず、床張りの建物と判断されている。さきに述べた双倉の南で見つけられたものであるが、その間に東西方向の掘立柱柵があり、一つの区画となっている。その総柱建物は桁行・梁間ともに三間であり、側柱の内側の柱筋が梁間方向にきちんと揃っているのだが、桁行方向は若干ずれている。そのこともあって倉庫とは考えられず、床張りの住宅との見解が示されたのである。

総柱の建物としては、倉庫の他に門がある。門は小規模なものでは親柱の前後に控柱それぞれ二本を立てた四脚門もあるが、一般的には桁行が三間か五間で梁間が二間であり、柱筋すべてに柱が立つ。桁行三間の門では中央一間が扉口となり、五間の門では中央三間分に扉が備えられるのが普通である。また、さきにもふれたように、床束《ゆかづか》の柱穴が見つけられれば床張りの建物も総柱建ちということになる。

特殊な総柱建物

総柱建物の中には、若干特殊な感じをもたせるものがある。

群馬県の鳥羽《とりば》遺跡は、国府関連の官営工房の可能性が高いと考えられている(51)。この遺跡では、H一号と呼ぶ桁行・梁間ともに二間の身舎の四面に三間の廂が伴うという特殊な掘立柱建物が見つけられた。この建物は奈良時代のものであり、掘立柱柵で囲まれている。さらに幅六メートルほどの二重の幅広い溝で囲まれているのである。このような状況からは、きわめて特殊な掘立柱建物ということができよう。二間の身舎の四面に三間の廂が伴うということでも、特殊な構造の建物である。そして二間四方の建物の中心にある柱穴が、この建物に伴うものであれば、まさに特殊な性格をもったものと

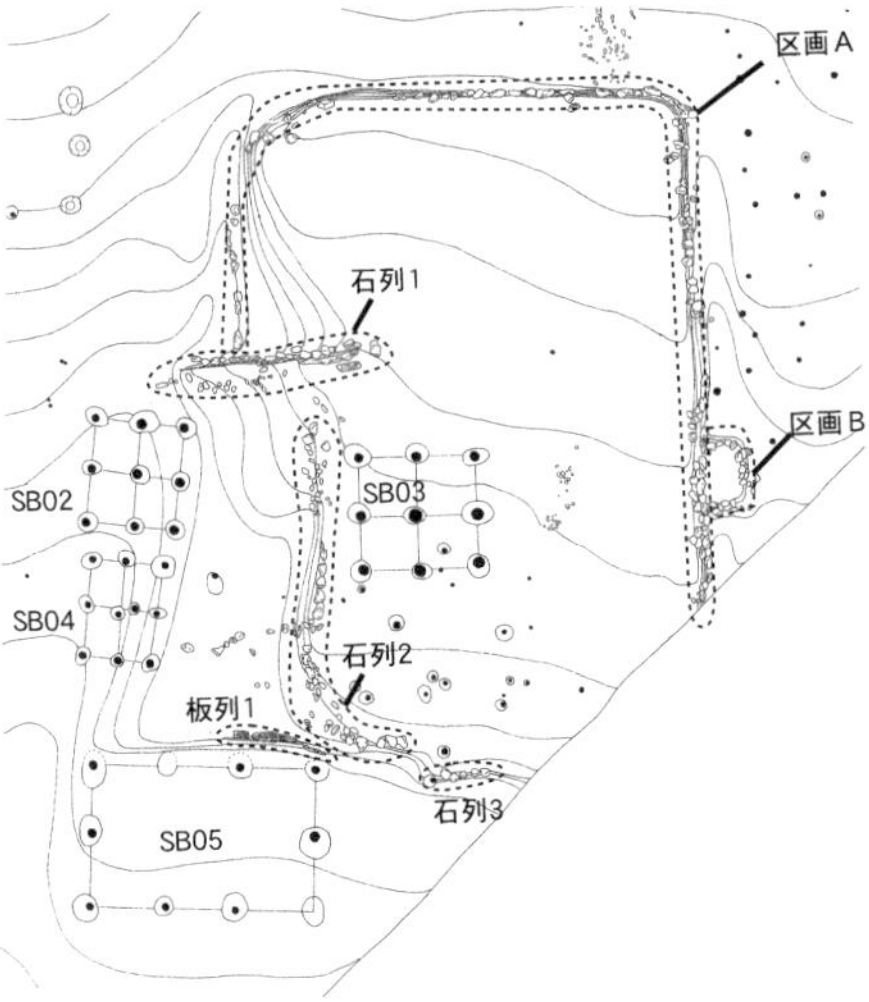

青木遺跡第Ⅳ区遺構図

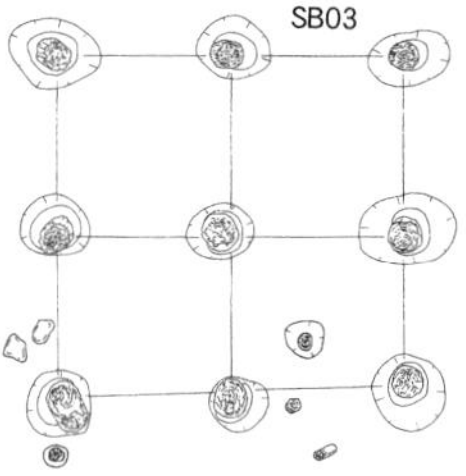

青木遺跡掘立柱建物（SB03）

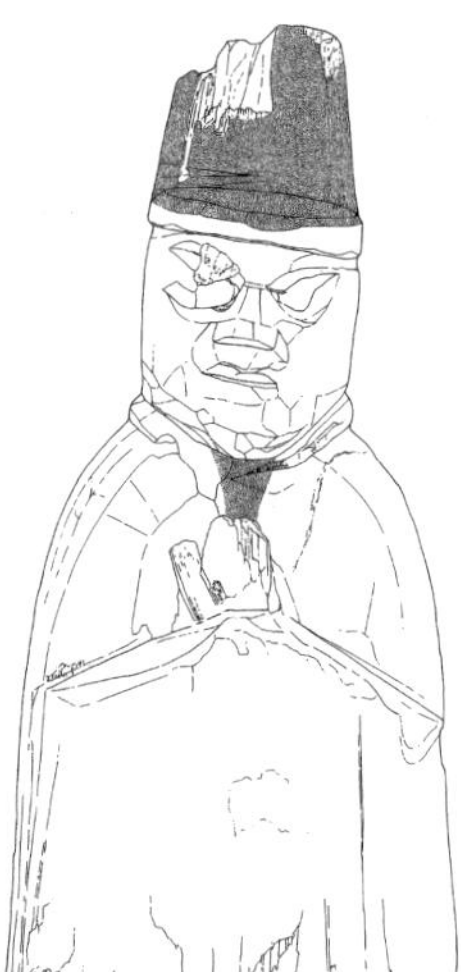

青木遺跡出土神像

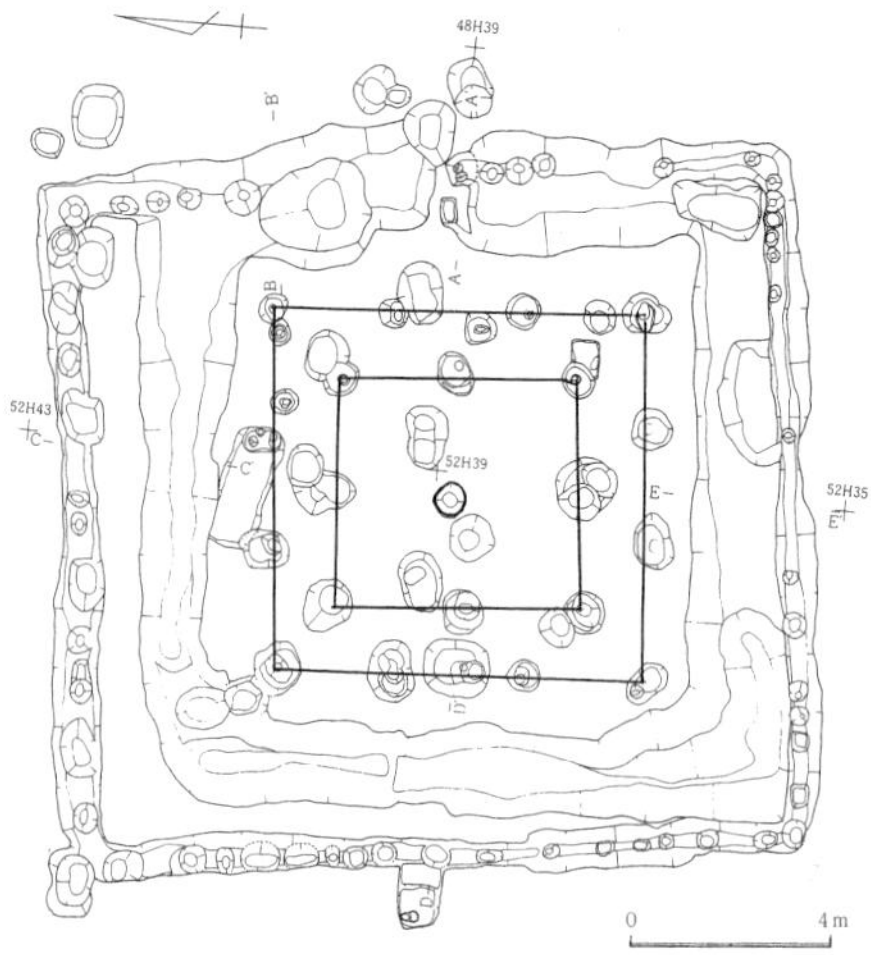

鳥羽遺跡Ｈ１号掘立柱建物跡

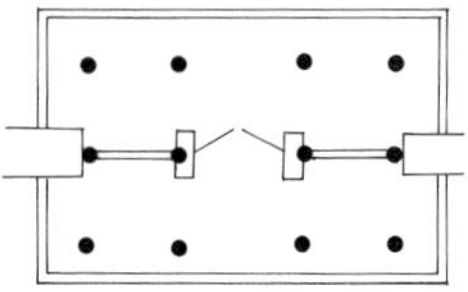

門概念図

言えよう。また、この建物の正面東に国府が存在するということにも、興味が惹かれる。

また、島根県の青木遺跡第Ⅳ区で見つけられた総柱式掘立柱建物は、桁行・梁間ともに二間（SB03 東西約三・三メートル、南北約三・一メートル）という小規模な建物であったが、中央の柱が側柱より太い材が使われていたのであり、出雲大社の心御柱《しんのみはしら》を髣髴《ほうふつ》とさせるものであった。(52) この掘立柱建物は他のどの建物とも異なり、東西約一五メートル、南北約一八メートルの貼り石基壇の上に建てられていることからみて、特殊な性格を備えた建物という感が強い。さらに注目すべきは、木彫の神像（高さ一三・五センチ）が出土したことである。神像はこの第Ⅳ区の東北隅に近い所からの出土と報告されている。

心御柱で想い起されるのは、諏訪大社の御柱《おんばしら》である。その御柱は申の年と寅の年に立て替えられることになっている。この御柱祭は大勢の男たちが加わる勇壮な祭りとしてよく知られている。御柱はモミの木であり、これが神降臨に際しての依代《よりしろ》と考えられるのであるが、定説はないようである。第二章の鳥居の項でもふれた伊勢神宮の南の神田に柱が立てられており、これこそが神降臨の依代であろうし、水田耕作に関わる一つの姿をあらわしているのではなかろうか。

四　掘立柱柵

古代の宮殿が太くて高い柱を立て並べた「垣」で囲まれていたことは、『古事記』や『書紀』に見える宮殿の名から推測できる。崇神天皇の宮殿は『古事記』では「師木水垣宮《しきのみずがきのみや》」であるが、『日本書紀』に「磯城瑞籬宮《しきのみずかきのみや》」とあるように、「みず」は美称なのである。伊勢神宮の正殿と東西の宝殿を囲む四重の垣を内側から瑞垣、内玉垣、外玉垣、板垣と呼んでいる。三重目の垣まで美称が付けられている。

「柵」と「城」

さきにふれたように、古代の宮殿の周囲を画している施設を「垣」「籬」であらわし、これを「かき」と表現しているが、単なる垣根ではなく柵の意味なのである。垂仁天皇の宮殿を『古事記』では「師木玉垣宮」とあるが、『書紀』で「纏向珠城宮《まきむくのたまきのみや》」と呼んでいるように、「城」すなわち「き」、「柵」なのであり、これにさきにふれた「瑞」と同じように「玉」「珠」の美称がつけられているのである。武烈天皇の宮は『古事記』では「長谷之列木宮《はつせのなみきのみや》」とあり、『書紀』では「泊瀬列城宮」と記されている。太い柱を立て並べた頑丈な柵で取り囲んだ防御施設であることを示している。古代東北の要衝である多賀城は「たがのき」であり、古くは「多賀柵」の表現である。したがって、古代の宮殿の名にあらわれたそれらの「かき」は単なる「垣根」ではなく、太く高い柱をめぐらせた掘立柱の頑丈な柵、防御施設であることが推測できる。

古代の宮殿に太くて高い柱が用いられることは、『古事記』上巻の「国譲り」条にあらわれている。そこには大国主命が「富足《とだ》る天の御巣《みす》の如く、底つ石根《いわね》に宮柱太しり、高天の原に氷木《ひぎ》高しりて治め

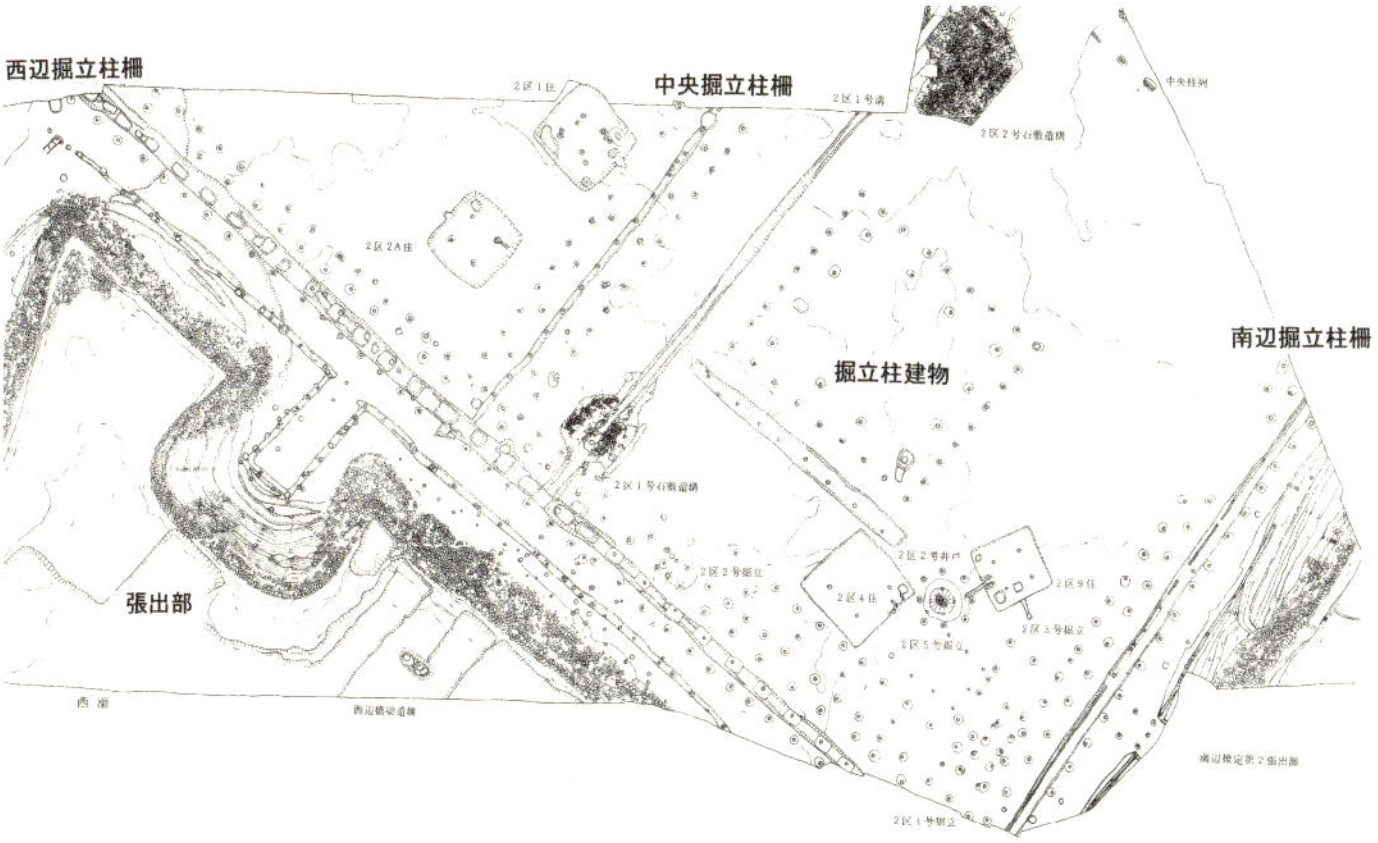

三ツ寺Ⅰ遺跡遺構図

たまはば、僕《あ》は百足らず八十《やそ》坰手《くまで》に隠りて侍《さもら》はむ」とある。「底つ石根云々」についてはすでにふれたところであるが、要するに大和王権の宮殿と同じような太い柱を立てた宮殿を建ててくれるなら出雲を譲ろうというのであり、古代の宮殿の情景を彷彿とさせる。そしてその姿は「氷木高しりて」、すなわち千木《ちぎ》を高く飾ってという意味であり、神社建築を想い起こさせる。

『魏志倭人伝』に、邪馬台国の女王卑弥呼の宮殿について述べられた記事がある。その記事には「宮室・楼観・城柵、厳《おごそ》かに設け」とある。このように宮殿の周囲は柵、つまり掘立柱の柵で厳重に囲まれていたのである。また埴輪には「囲い形埴輪」があり、重要な建物の周囲を柵で囲んだことを表現したものである。柵の先端は尖らせた表現になっている。これは確実に防御施設である。古代宮殿の掘立柱柵も、先端を鋭く尖らせた太い柱の柵だったのであろう。

古墳時代の豪族の居館でも、掘立柱柵で囲まれた事例

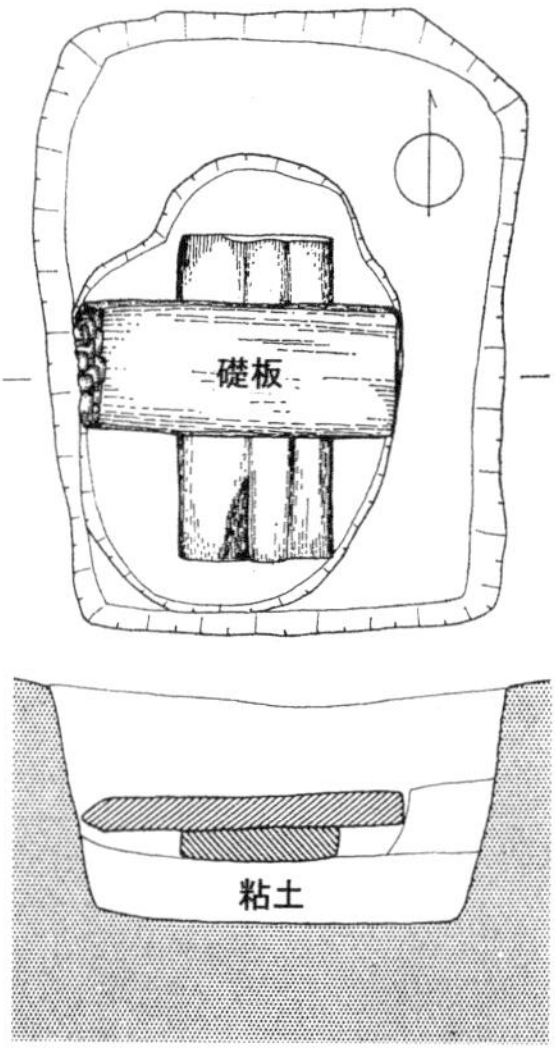

藤原宮外郭の掘立柱柵の礎板

が報告されている。群馬県の三ツ寺I遺跡がよく知られている[53]。遺跡は堀と掘立柱柵によって囲まれている。掘立柱柵によって約四〇メートル四方の広さで少なくとも二区に分けられた一方の区画では、三重以上、位置によっては五重の柵によって囲まれている。その中に三間四方の外側に八間四方の掘立柱列があり、内側を上屋、外側を下屋と表現している。そして西側には下屋の柱列から約二メートルを隔てて七間の廂を伴っている。掘立柱柵の柱間間隔は一定ではなく、五尺から七尺前後（約一・五〜二メートル前後）で、柱痕跡の直径は約二〇センチである。廂の掘形は布掘地業、すなわち、柱七間分を溝状に掘って柱の根元を埋め込んでいる。柱痕跡の直径は柵と同様、約二〇センチである。上屋と下屋の柱痕跡についての記載はないが、図面では掘立柱柵や廂の柱痕跡よりも太くあらわされている。

古代の東北地方に営まれた城柵、城輪柵《きのわのさく》・胆沢城《いさわじょう》・徳丹城《とくたんじょう》などでは太い柱を適当な間隔で立て並べた施設、また密着して立て並べた施設が見つけられている。それらに対して城輪柵では「角材列」、胆沢城では「材木列」、徳丹城では「丸太材」などと表現されているが、いずれも太い柱を立てた柵である。柱は単に建物だけでなく、防御施設にも用いられるのである。

藤原宮では、宮域を掘立柱柵で囲んでいたことが明らかになっており、一部の柱穴には礎板が置かれていた[54]。礎板の厚さは一〇センチほどであり、さらにその下に粘土を敷いたものも見られた。このような状況は不等沈下を防ぐためであるから、かなり重量のある柱が立てられていたことを示すものである。平城宮でも北辺部の一部で大垣の下層に掘立柱柵の遺構を見つけている[55]。

古代寺院においても、寺域を画する施設として柵をめぐらせたものがあることが、近年の発掘調査によってかなりの数で確認されるようになってきた。そしてそれが防御施設であることが明らかになってきた[56]。

飛鳥寺

古代寺院で、寺域の周囲に掘立柱柵が伴う事例が近年多数報告されている。初期の段階の調査事例としては、四天王寺における戦後の復興事業に伴う発掘調査で、南大門下層で前後二時期にわたる掘立柱柵の遺構が見つけられたものではなかろうか[57]。発掘調査では、伽藍中枢部でも工事の進捗がはかばかしくなかった状況が確認されている。そして南大門もかなり遅れて建てられたことが分かり、そのようなことから初期の段階の状況を知るために丹念な調査が行われ、掘立柱の遺構が見つけられたものである。前期、後期ともに柱間寸法は十尺（約三メートル）前後であり、柱痕跡からはその直径が六寸から八寸（約一八～二四センチ）と報告されている。

古代寺院における近年の発掘調査で、太い柱を立て並べた掘立柱柵が見つけられた事例をいくつか挙げておこう。飛鳥寺では南門から北方へ約二九三メートルの位置で、東西方向の掘立柱柵の遺構が

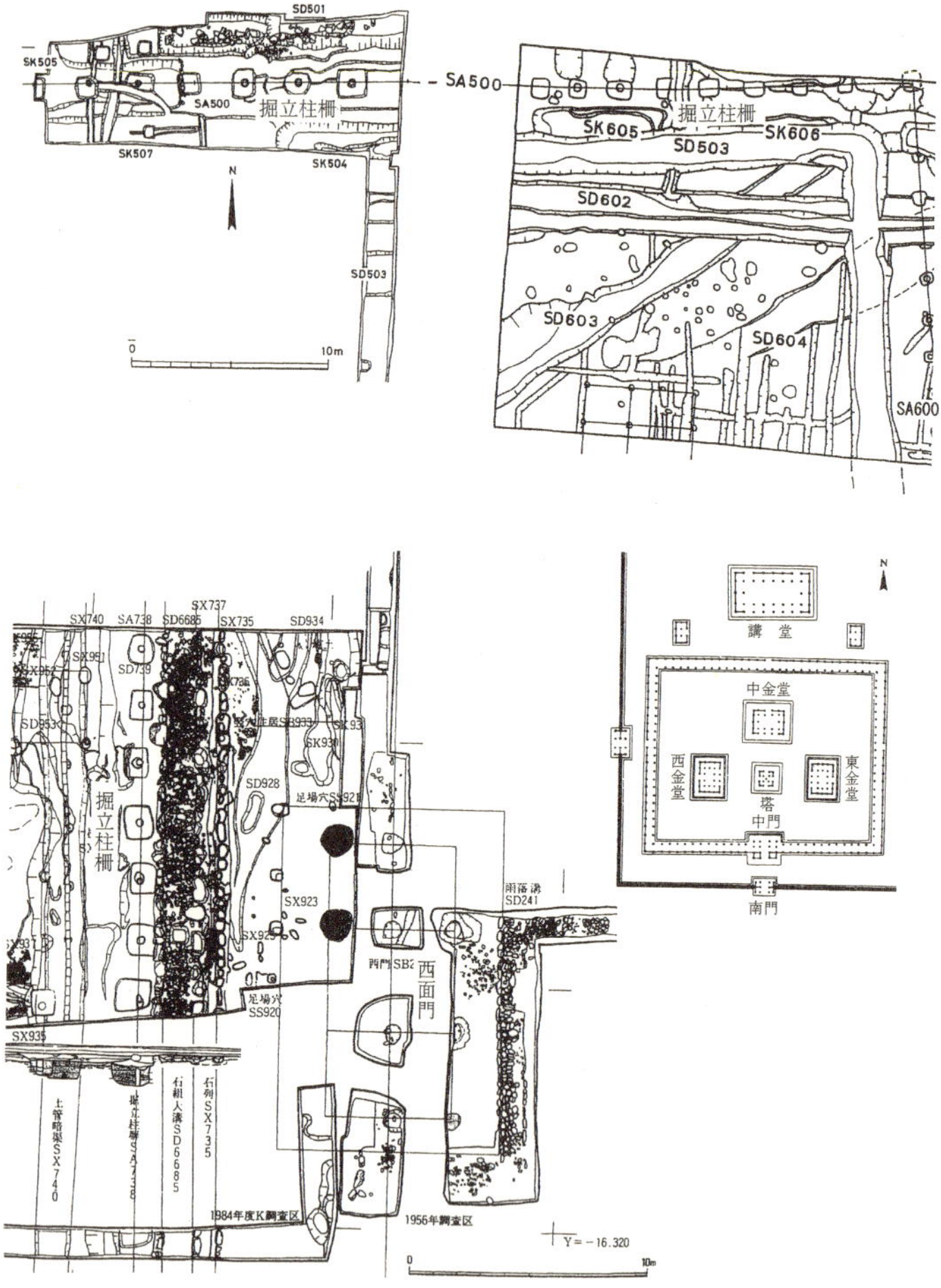
SD501
SK505
SA500
掘立柱柵
SK507
SK504
N
SD503
0
10m
SA500
掘立柱柵
SK605
SK606
SD503
SD602
SD603
SD604
SA600
SX740
SA738
SD6685
SX737
SX735
SD934
SX951
SD739
SD953
SK930
SD928
SX923
掘
立
柱
柵
西面門
雨落溝
SD241
足場穴
SS920
SX935
土管暗渠SX740
掘立柱柵SA738
石組大溝SD6685
石列SX735
1984年度K調査区
1956年調査区
Y＝－16.320
0
10m
講堂
中金堂
西金堂
東金堂
塔
中門
南門

飛鳥寺の掘立柱柵

見つけられた。[58] この距離はちょうど三町分に相当する。見つけられた掘立柱柵は、七間分であり、柱間寸法は二・六五メートルの等間である。柱掘形は一辺一・二メートル前後の正方形であり、中央に直径三五センチ前後の柱痕跡をとどめている。この太さは、礎石の残る中門の柱座の直径、二尺から二尺三寸には及ばないが、この頃の寺院の一般的な建物に用いられる柱にひけをとらない。この柵遺構に沿って、北側に幅二・四メートル、深さ一メートルの溝がある。また、柵遺構の南側でも幅約二メートル、深さ約〇・六メートルの溝があり、これらの溝は飛鳥寺の北を限る柵の外濠と内濠と考えられている。

この地点の東約一〇〇メートルの位置で、掘立柱柵の延長部が九間分確認されている。[59] そして九間目で南に折れる。これは東を限る掘立柱柵であり、北面の柵は柱間寸法が二・二メートルで、先のものよりやや狭くなっている。柵建造の時期の違いか、担当グループの違いなのであろう。東面の柵の柱間寸法は二メートルであり、柱掘形は五〇～八〇センチと一定でなく、先のものと異なっている。

寺域の西辺部でも、掘立柱柵の遺構が見つけられている。西門中軸線の北方約一一メートルの位置で、六間分の掘立柱柵遺構である。柱間寸法は北面で見つけられたものと一致する。調査地の関係で柱掘形全体は確認されていないが、おおむね九〇センチから一メートルと推定されている。

わが国で最初に造営された飛鳥寺の寺域が掘立柱の柵で囲まれていたことは、古代における寺院の性格を考える上で重要である。寺には中国大陸や朝鮮半島から有形無形の新たな文化が入ってくる。

寺はその受け皿であると同時に堅固な柵で囲まれた防御施設でもあった。大化改新の直接の要因となった乙巳の変に際して、皇極天皇の宮殿飛鳥板蓋宮で蘇我入鹿を斃した中大兄皇子が、直ちに飛鳥寺に入ったその時の『書紀』記事（皇極天皇四年六月条）に、「中大兄即ち法興寺に入りて、城《き》と為《し》て備う」とあるのは、寺の性格をよくあらわしているものと考えられよう。

この事件は、中大兄皇子をはじめとした数人によって計画されたものであり、皇極天皇もその計画を知らなかった。事件の原因は、かなり長い間における蘇我氏の専横によるものであった。そのことにふれておこう。

蘇我・物部の戦いの後、いわば蘇我氏が擁立した崇峻天皇であったが、蘇我氏の意のままにならなかっただけでなく、両者の間は険悪なものとなった。蘇我氏は東漢《やまとのあや》直《あたい》駒《こま》に天皇を殺させた。臣下によって暗殺された唯一の天皇である。そして敏達天皇の皇后で、蘇我系の皇女豊御《とよみ》食《け》炊屋《かしぎや》姫《ひめ》が即位した。推古天皇である。推古天皇はわが国最初の女帝であった。そのためでもあったろうが、厩《うまや》戸皇子《どのおうじ》、聖徳太子を皇太子とし、摂政に任じた。この両者は蘇我氏の意のままにはならなかった。むしろ、蘇我氏を叱責することさえあった。太子が薨《こう》じた後ではあるが、推古天皇の三十二年（六二四）十月、蘇我馬子が葛城縣《あがた》を欲した際には厳然とこれを拒絶している。

要するに、推古天皇は国家の柱であり、聖徳太子は副柱《そえ》であったと言えよう。

推古天皇の後は舒明天皇、皇極天皇と続いた。舒明天皇は山背《やましろの》大兄《おおえ》王《おう》と皇位を争ったが、蘇我氏が強力に推したことによって皇位に即いた。皇極天皇は舒明天皇の皇后であった。その間に蘇我氏の専横はとどまることを知らず、蘇我蝦夷の墓を「大陵《おおみささぎ》」、入鹿の墓を「小陵《こみささぎ》」と称したり、蝦夷の邸を「上宮門《うえのみかど》」、入鹿の邸を「谷宮門《はざまのみかど》」と呼ばせ、子等を「王子《みこ》」と呼ばせもし、朝廷の存亡が問われるまでになったのである。乙巳の変は、それを阻止する行動だったのである。

中大兄皇子《なかのおおえのおうじ》が走りこんだ時の飛鳥寺の外郭は、築地で囲まれていたのではなく、太く丈の高い掘立柱の柵で厳重に囲まれていた可能性がきわめて高い。

飛鳥寺は蘇我氏建立の寺である。その寺に中大兄皇子が走りこんだということは、飛鳥寺が堅固な掘立柱柵を設けた、防御施設として構えられていたことを熟知していたものと考えられる。

法隆寺若草伽藍

法隆寺若草伽藍跡の発掘調査で、寺としての遺構が確認されたのは昭和十四年（一九三九）のことであった。その時の調査では、発掘区の断面にあらわれた土層の状況から、塔と金堂が南北に配置された寺の存在が確認された。昭和四十三・四十四年（一九六八・六九）に行われた文化庁による調査は、平面的に若草伽藍の遺構を明らかにし、柱跡などの確認を目的とするものであった。しかし、塔・金堂とも基壇が削られており、柱位置を確認することはできなかった。その後にも調査が行われており、昭和五十三年（一九七八）度から七年間にわたって行われた防災施設工事に伴う調査では、寺域の西辺と北辺を限る掘立柱柵の遺構が見つけられている。これら二つの柵の遺構は直角に折れることから、寺域の西辺と北辺を限る柵であることが明らかにされたのである。(60)

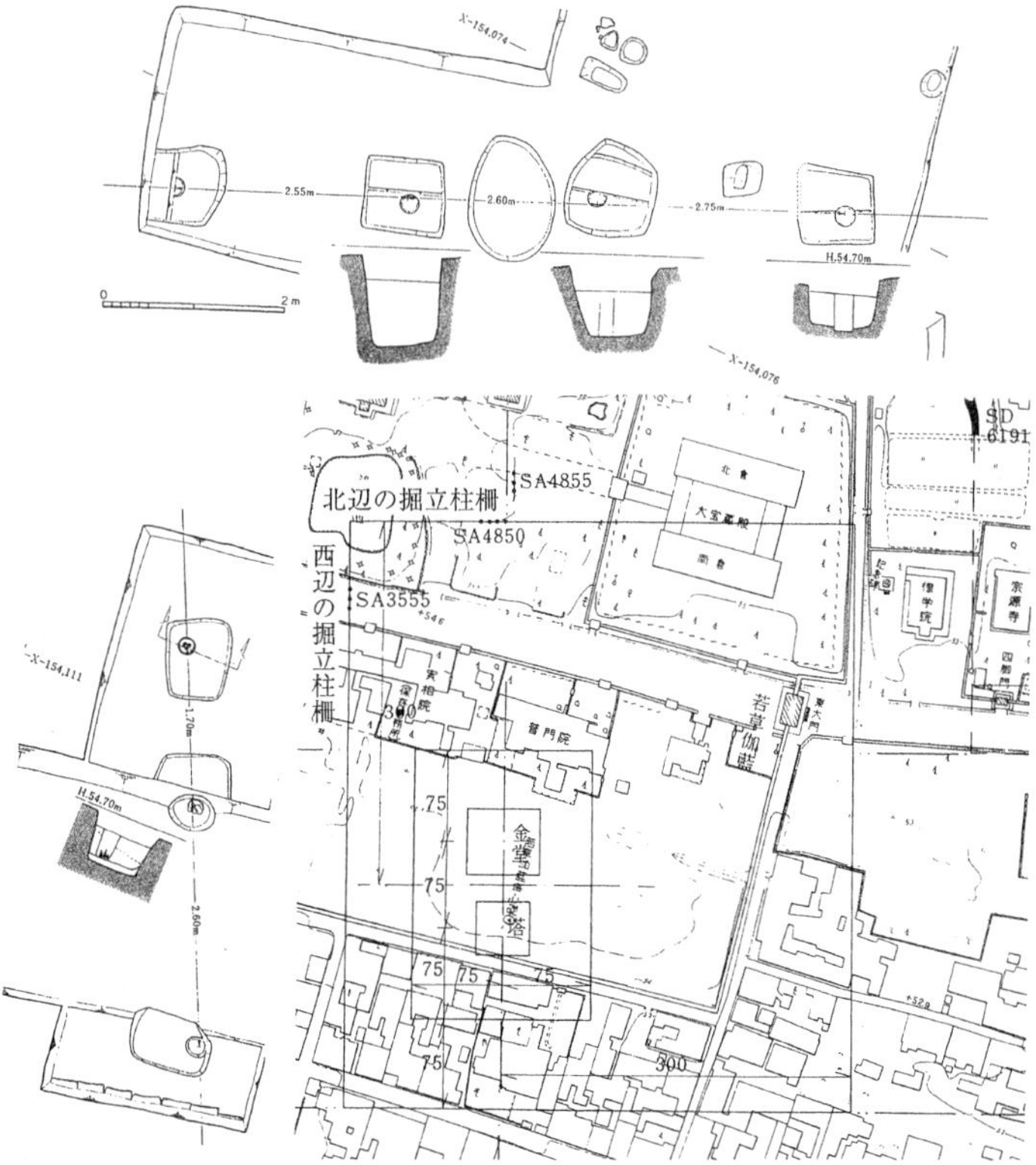

法隆寺若草伽藍の掘立柱柵

西辺の柵は、現在の西院伽藍の東室・聖霊院《しょうりょういん》の建つあたりから鏡池を通る南北の谷筋に当たっていたのであるが、その谷筋をわざわざ埋め立てて掘立柱柵を設けていたのである。谷筋の水処理のため、新たに迂回させた水路を設けている。この見つけられた西辺の掘立柱柵の遺構は三間分であり、柱間寸法は北が一・七メートル、南が二・六メートルと不揃いである。柱掘形は一辺八〇～九〇センチほどである。柱掘形の一個に柱根が残っていたが、腐蝕のため本来の太さは分からない。掘形内に残された柱痕跡から、柱の直径は二三～二五センチに復原されている。

寺は斑鳩宮造営に引き続いてその西側に建立されたことから、計画された寺域の設定を変えることができなかったのであろう。そのために、寺の西限に当たった溝を埋め立てての掘立柱柵の設置だったものと考えられる。

北辺の掘立柱柵遺構は金堂跡の北方約八〇メートルの位置で、四間分が見つけられている。当初その掘立柱柵が西辺の柵と直角であるかどうか分からなかったので、その東方にある大宝蔵殿の壁際で発掘し、その延長線上で柱掘形を一個見つけている。このことによって、西辺の柵と北辺の柵とが直角に曲がることが明らかになり、両柵が一体のものであると判断され、これが若草伽藍の西と北とを画す施設であることが分かり、若草伽藍の外郭が掘立柱柵で囲まれていたことが確認されたのである。柱間寸法は西から二・六、二・一、二・七メートルで西辺の掘立柱柵同様、不揃いである。柱掘形は一辺約八五センチの方形で、柱痕跡から推定できる柱の直径は二〇～二五センチで、飛鳥寺で見つけられたものよりやや細い。この東西柵から金堂・塔基壇の中間点まで一〇六・一四メートルである。

この数値は高麗《こま》尺の三〇〇尺に当たるので、このことからも、若草伽藍中枢部北限の柵と考えてよいものである。

東辺部に関しては、西院伽藍東面大垣の修理工事の際に発掘調査が行われ、柱掘形は一間分であったが、層位的な面から、また若草伽藍の造営方位に一致するものであることから、若草伽藍の東を限る掘立柱の柵であると判断された(61)。南面に関しては民家が建ち並んでいるために調査ができず、掘立柱の柵は確認されていないが、他の三面と同じような掘立柱の施設が南門の左右に設けられていたと考えて差し支えなかろう。

若草伽藍の金堂と塔の遺構は、掘込地業(地下式心礎を据える際、基壇とほぼ同じ規模の穴を掘ること。一五六頁「地下式心礎の心柱」の項参照)での確認であるため正確な数値は把握できないが、両遺構の中軸線は、東西両掘立柱柵間の距離を三等分したほぼ西三分の一の位置に当たる。したがって、寺の経営地域は東に置かれたのである。

大和盆地を流れる中小の河川は、合流を重ねながらこの地で大和川という大河川になって河内に向かう。斑鳩の地がそのような交通の要所であり、その重要性によって皇太子であり摂政であった厩《うまや》戸皇子《どのおうじ》、すなわち聖徳太子がこの地に派遣され、斑鳩宮が営まれ、堅固な柵を伴った法隆寺が建立されたのである。当然のことながら、斑鳩宮も同じように掘立柱の柵で囲まれていたことであろう。

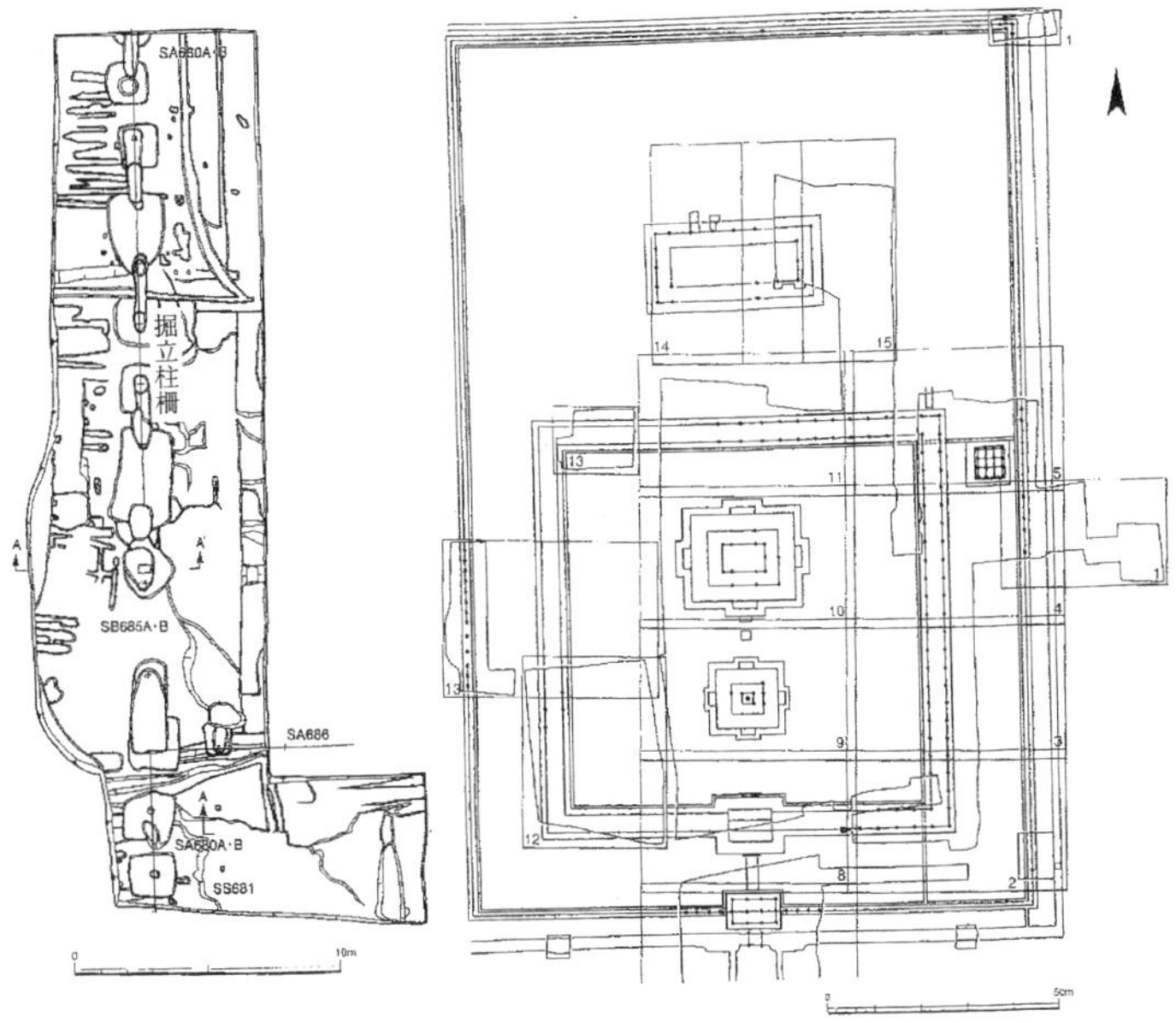

山田寺の掘立柱柵

山田寺

蘇我倉山田石川麻呂の発願によって、舒明天皇十三年（六四一）に造営工事が始められた山田寺は、数年にわたる奈良国立文化財研究所による発掘調査によって、寺域の多くのことが明らかにされた。ここでの主題である掘立柱柵に関しては、寺域の外郭が掘立柱の柵によって囲まれていたことが明らかにされたことである。その柵は北辺部を除いて東・西・南の各面で確認され、しかも建て替えられていたこと、すなわち二時期にわたって建て替えられていたことが明らかにされたのである。[62]

創建当初の南面は掘立柱柵で区画されており、柱間寸法は基本的に八尺（二・三六メートル）の等間である。南門に相当する柱間一間分だけが十尺（二・九五メートル）であり、控え柱を伴わない棟門の可能性が示されている。東面と西面でも掘立柱柵の遺構が確認されており、東面では柱間寸法が二・四メートル、西面では二・二メートルと報告されている。それぞれの面で寸法が異なるのは、造営にあたった技術者のグループによる違いなのであろうか。

金堂の南北中心線の東延長上で、東面掘立柱柵から東へ伸びる掘立柱柵が見つけられている。この柵は山田寺の「東北院」を区画する施設と見られている。山田寺には東張り出し部が設けられていたのである。

この寺の造営に際しては大規模な整地工事が行われており、谷筋を埋めた所に当たるさきにふれた東西柵の柱掘形には礎板が据えられていた。第一期の柱間寸法は約二・四メートルであり、柱の直径は約三〇センチである。堅固な掘立柱柵で囲まれた山田寺が、阿倍山田道という重要な陸路に接して建立された寺であったことに留意する必要があろう。この道は難波から都への官道、横大路を東進して阿部の地から飛鳥へ入る道なのであり、きわめて重要な位置を占めていた。

奥山廃寺

かつて奥山久米寺と呼ばれていたこの寺に関しては、何度か行われた発掘調査によって、久米寺とは無関係であることが明らかにされ、現在では奥山廃寺の名が定着している。発掘調査によって、塔と金堂が南北に配置された四天王寺式伽藍配置であることも明らかになった。出土軒丸瓦から、七世紀前半の創建であることも分かった。

　その奥山廃寺では塔跡の南約一〇八メートルの位置で、東西方向の掘立柱柵遺構が見つけられており、奥山廃寺の南限の柵遺構と考えられている。この掘立柱柵は同じ位置で三時期にわたっており、修復が繰り返されたことが知られる。このうち当初の柵の掘形が大きく、一辺が一メートルをこえる。八間分が見つけられており、柱間寸法は約二メートルである。この柵遺構は昭和五十二年（一九七七）に最初に見つけられ、その後同五十六年（一九八二）の発掘調査によってその西方二〇メートルで延長線の部分が見つけられた(63)。寺の南門の遺構は確認されていないが、その推定位置から柵の遺構まで一〇〇メートル近くはあろう。この地での掘立柱の柵の設置に関しては、寺の南の阿倍山田道との関連を考えねばなるまい。山田寺でふれたように、阿倍山田道は横大路を通って、飛鳥へ入る重要な幹線道路なのである。

　大和、とりわけ飛鳥地域ではこの他に大官大寺、橘寺、檜隈寺などで掘立柱柵の遺構が見つけられており、少し離れた安倍寺跡でも見つけられている。おそらく今後、調査が進むにしたがって他の寺々でもそうした遺構が見つけられるであろう。そして、その掘立柱の柵を備えるという意義に関しても、明らかにされることであろう。

　畿内の東においても夏見廃寺、南滋賀廃寺、杉崎廃寺、美濃弥勒寺跡、弓波廃寺、下野薬師寺、夏井廃寺など、近年いくつもの寺跡で掘立柱柵遺構の存在が確認されている。発掘調査面積の関係で、柵遺構の存在が確認されただけという場合もある。それらの中で、夏見廃寺、杉崎廃寺、下野薬師寺などにおいては、まさに堅固な掘立柱の施設を設けていたことが明らかにされた。

夏見《なつみ》廃寺

三重県名張市の夏見廃寺は金堂の東に塔を置いているが、寺が営まれた地形の関係であろうか、講堂が金堂の西南に置かれるという特殊な伽藍配置になっている。昭和六十年（一九八五）から始められた発掘調査で、寺の姿がかなり明らかにされた。注目すべきは、金堂の柱配置が山田寺の金堂と同じ形であったことで、内陣も外陣も柱の数が同じというものであった。

そして寺の東辺と南辺で掘立柱柵の遺構が見つけられている(64)。東辺の柵は講堂の下層に続くものであり、それが講堂の南辺に近接した柵に連なるものと考えられる。そして東辺の柵に連なっていたものであろう。したがって、第一次造営時すなわち講堂造営以前には金堂と塔を囲む施設であった。要するに、この寺は三時期にわたって拡張されていったのであり、例えば講堂の造営に際しては西辺の柵がさらに西へ移築されたという形なのである。南辺の柵も講堂造営後の南に新たに移築されたのである。このように、寺が整備されるごとに掘立柱柵も寺域の拡張に応じて設けられていったのである。第一次造営時と第二次造営時の時期差は明らかではないが、第一次造営時に掘立柱柵が設けられていたことは、当初から防御施設を設けた寺として造営されたことを示している。

夏見廃寺は大化二年（六四六）正月一日の「改新の詔」で畿内制について述べられている、「東は名墾《なばり》の横川より以来《このかた》」に近接した地に営まれたことに注目すべきであろう。この地が他の三ヶ所、南の紀伊の兄山《せのやま》、西の明石の櫛淵《くしぶち》、北の近江の合坂山《おうさかやま》と同様に七世紀中葉頃に重視されていたことを示している。また塼仏《せんぶつ》の一部の須弥壇《しゅみだん》形に見える年紀、「甲午」によって持統天皇八年（六九四）に近い頃に、造営工事が進められていたと考えられている。

杉崎廃寺

岐阜県飛騨市の杉崎廃寺では平成三年（一九九一）から続けられた発掘調査によって、金堂、塔、講堂、鐘楼そして僧房と考えられる遺構が見つけられている。伽藍配置は法起寺式ではあるが、講堂が金堂の北に置かれている。そして、これらの遺構を囲む掘立柱柵の遺構が見つけられている。中心伽藍が掘立柱柵によって囲まれているのであり、講堂両妻には一般的には回廊が接続するのであるが、ここでは北辺の柵が講堂の両妻に取りついている。僧房推定遺構の北側にも掘立柱の東西柵が設けられており、外郭を囲む柵と考えられ、これは調査地の東に伸びていく。他の三面にも掘立柱柵遺構が存在する可能性があろうが、金堂西側の南北柵西の幅約三メートルの濠については、西辺の濠と報告されている。(65)

この寺の内部はきわめて特徴的であり、中心伽藍が石敷きなのである。あたかも、飛鳥での発掘調査で見つけられている宮殿遺構のようなのである。寺域内を石敷きにした古代寺院は、他に見られないのではなかろうか。このような状況に関しては、飛騨匠《ひだのたくみ》との関わりが指摘されている。すなわち飛騨匠が飛鳥朝廷での事業に従事していたことにより、飛鳥の宮殿に倣って中心伽藍内を石敷きにした

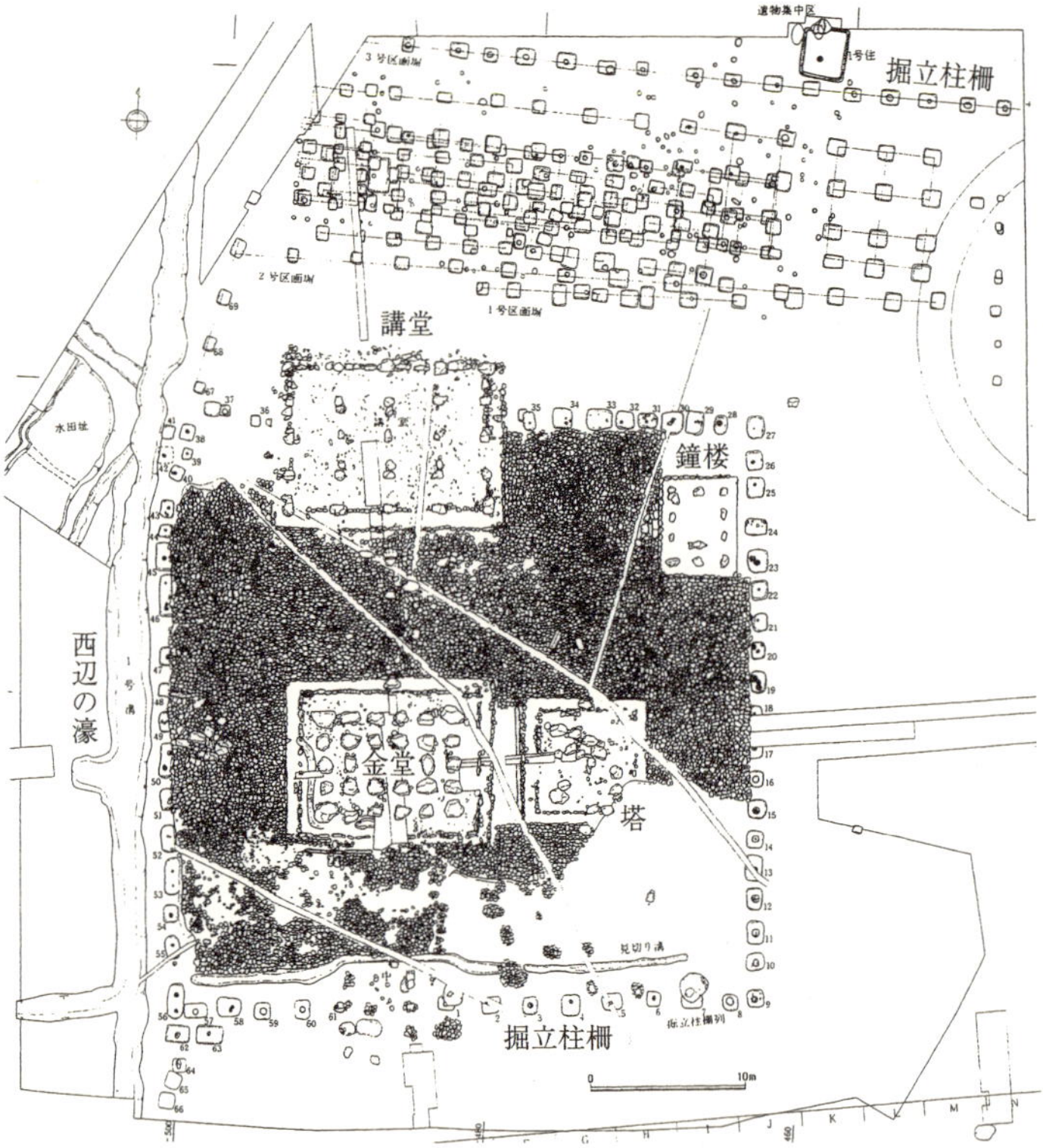

遺物集中区
1号住
掘立柱柵
3号区画堀
2号区画堀
1号区画堀
講堂
鐘楼
水田址
西辺の濠
1号溝
金堂
塔
見切り溝
掘立柱柵列
掘立柱柵
0
10m

杉崎廃寺の掘立柱柵

のではないかというのである。確かに、飛鳥での宮殿遺跡の発掘調査では、たとえば伝承板葺宮跡地域ではすでにかなりの部分で内郭・外郭ともに掘立柱柵の遺構が確認されており、ほぼ全面石敷きである。それらの柵で立てられた柱は、直径が三〇センチ前後のものである。おそらく、三メートルを超えるような高い柱で構築されたものであったろう。そうした状況を熟知していた飛騨匠たちが飛騨の地で伽藍を営んだ際に、中心部を石敷きにした寺を営んだのではないかという見解なのである。杉崎廃寺においても柱根が数多く残っており、その直径は二五センチ前後のものが圧倒的に多いが、中には三五センチを超えるものもあると報告されている。また、柱根の根元に運搬時の「えつり孔」の見られるものもある。

杉崎廃寺の発掘調査では瓦の出土量が極端に少ないことから、甍《いらか》にのみ瓦を使ったのではないかと考えられている。また、調査によって出土した土器の年代観から、寺の造営は七世紀末頃とされている。このようにして造営された他に例を見ない寺の、竣工の際の落慶法要では国司や郡司なども参集し、盛大な儀式が行われたことであろう。飛騨の人々もまた誇らしげに寺の周囲に集まって来たのではなかろうか。

下野薬師寺

栃木県の下野薬師寺は、僧道鏡が移された寺としてよく知られている。この寺の発掘調査は昭和四十一年（一九六六）から断続的に続けられてきた。そして回廊内に三金堂が置かれる伽藍配置であることが確認された。ただし飛鳥寺とは異なるもので、塔が東西両金堂中間の位置から少し前に置かれる、新羅芬皇寺に似た伽藍配置である。

発掘調査では、寺域を囲む施設として掘立柱柵遺構が見つけられている。そしてこの掘立柱柵が三時期にわたって設けられていることが明らかにされている。西辺では柱間寸法は十尺（約三メートル）で、柱掘形は一辺一・三〜一・六メートルで僅かに南北に長いものである。柱の直径は約三〇センチに復原できる。また、西面回廊の調査で、回廊に先行する掘立柱柵遺構が見つけられており、この柵が最も古い時期のものと報告されている。すると、創建当初の下野薬師寺は金堂院が掘立柱柵で囲まれ、伽藍全体が完成した段階では二重の掘立柱柵によって囲まれていたことになる[66]。しかし回廊の掘立柱柵遺構については、掘立柱建ちの回廊であった可能性も考えられよう。

下野薬師寺のこのような状況は、寺の性格、機能の一端をよく示すものと言えよう。寺が建立された時期、国の境を接する陸奥では朝廷からすれば、蝦夷《えみし》の動きが不穏と感じられたのである。宝亀元年（七七〇）八月に蝦夷の宇漢迷公宇屈波宇《うかめのきみうくはう》等が反乱を起こした。同五年（七七四）七月には蝦夷が反乱、桃生城《もものうのき》に侵入し戦闘中であるとの報告がもたらされた。同七年（七七六）五月には出羽国で反乱が起き、官軍が不利に陥ったため下総や下野などから騎兵を援軍として派遣した。「官軍利あらず」という報告も再三あったようで、宝亀八年（七七七）十二月の出羽国での反乱でも同じような事が起きた。そして、宝亀十一年（七八〇）三月には陸奥国上治郡大領伊治公呰麻呂《これはるのきみあざまろ》の反乱によって按察《あぜ》使紀広純《きのひろずみ》が殺害されるという事態になった。

官の造営と同じ寺を建立することに対する、このような蝦夷の反感を招く可能性があり、そのために防御施設として、掘立柱柵が設けられた。そして、東国の護りの要として官寺化した際には大きく伽藍が改変されているのである。

第四章　棟持柱を伴う建物

棟持柱を伴う建物は、現在では特殊な建物としての存在であり、伊勢神宮や出雲大社のものがその代表として常に取り上げられている。伊勢神宮の棟持柱と出雲大社の棟持柱とは基本的に異なっており、伊勢神宮では梁間中央の柱の外側に立つ。出雲大社では梁間筋中央の柱が梁間筋を少し外れた位置に棟持柱が立つ。したがって伊勢神宮のものは独立棟持柱という。

伊勢神宮では二〇年ごとに御社殿が移動する厳かな遷宮が行われるが、全く同じ社殿が建てられる。御神体を拝むことはできないし、神の実態は分からないのであるが、神宮に参拝すると、何かしら粛然とした雰囲気に包まれる。西行法師は神宮を参拝した折りに、

なにごとの　おはしますかは　しらねども　かたじけなさに　なみだこぼるる

という歌を残したと伝えられている。

このように、棟持柱は神社建築に見られるのであるが、古い時代には各地ですでに見られることが、発掘調査によって確認されている。

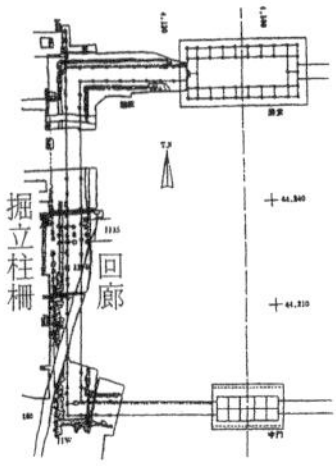
掘立柱柵
回廊

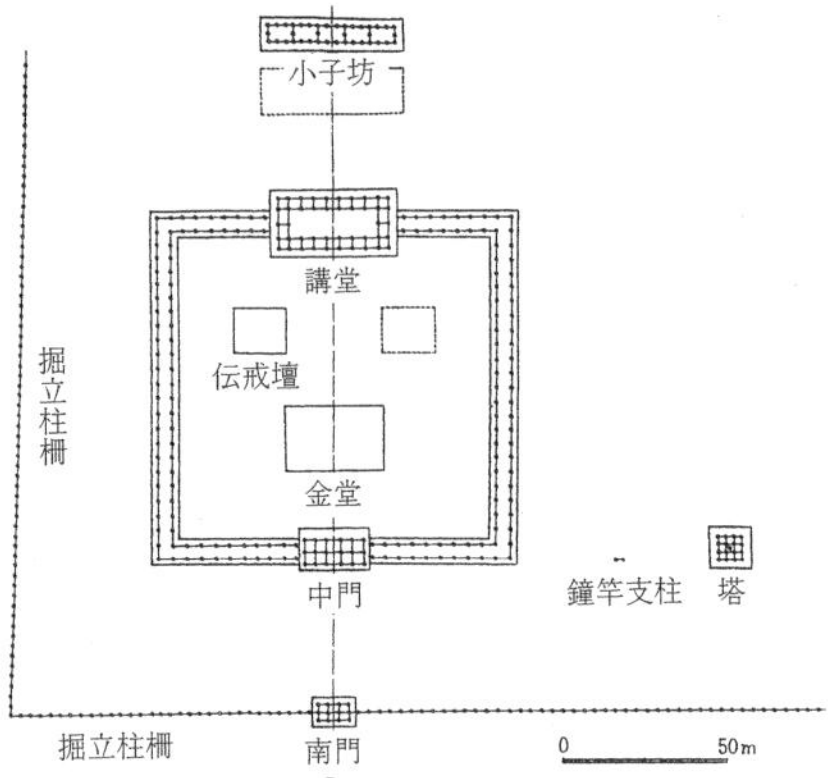
小子坊
講堂
伝戒壇
金堂
中門
鐘竿支柱
塔
掘立柱柵
掘立柱柵
南門
0
50m

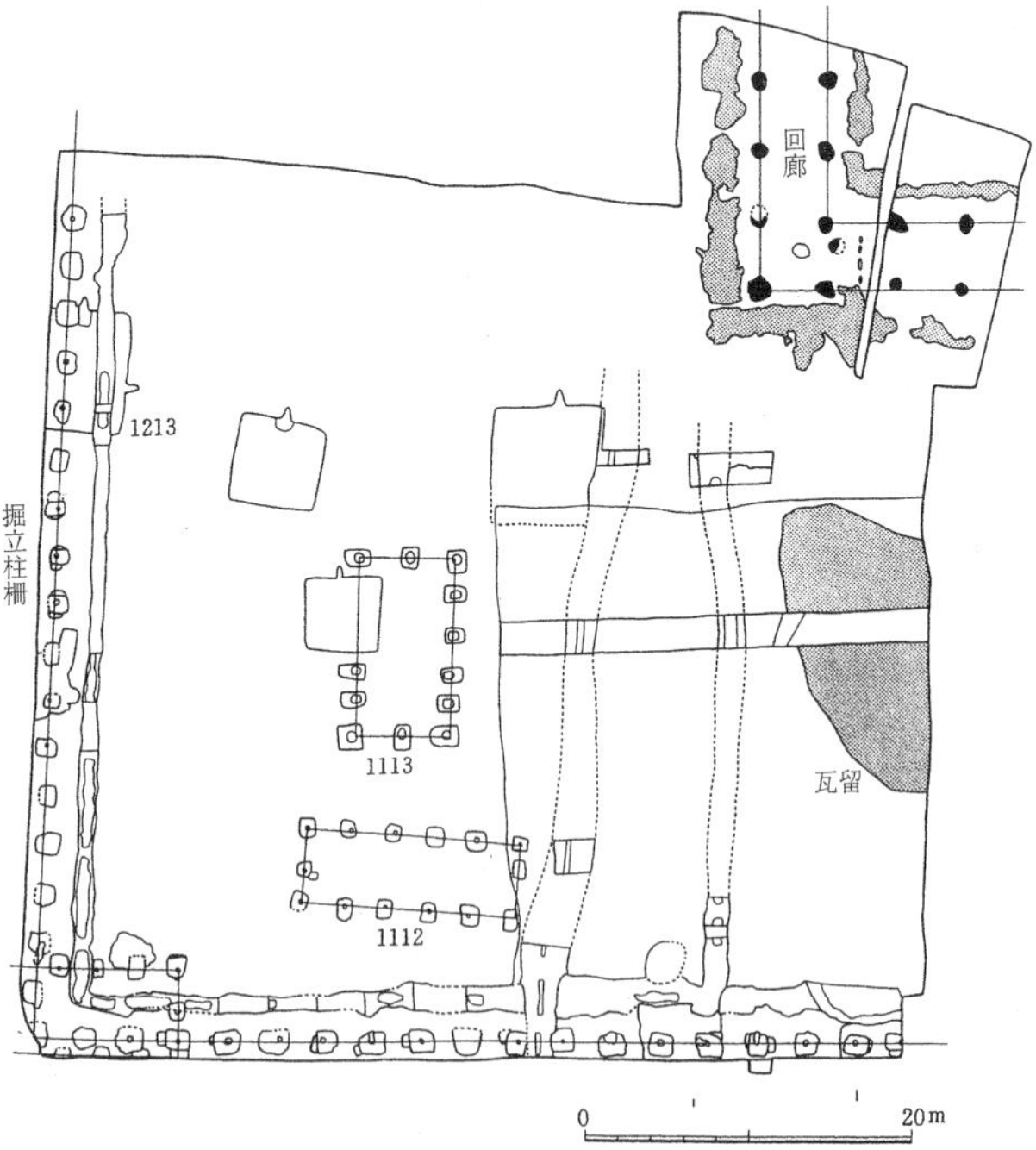
回廊
1213
掘立柱柵
1113
1112
瓦留
0
20m

下野薬師寺の掘立柱柵

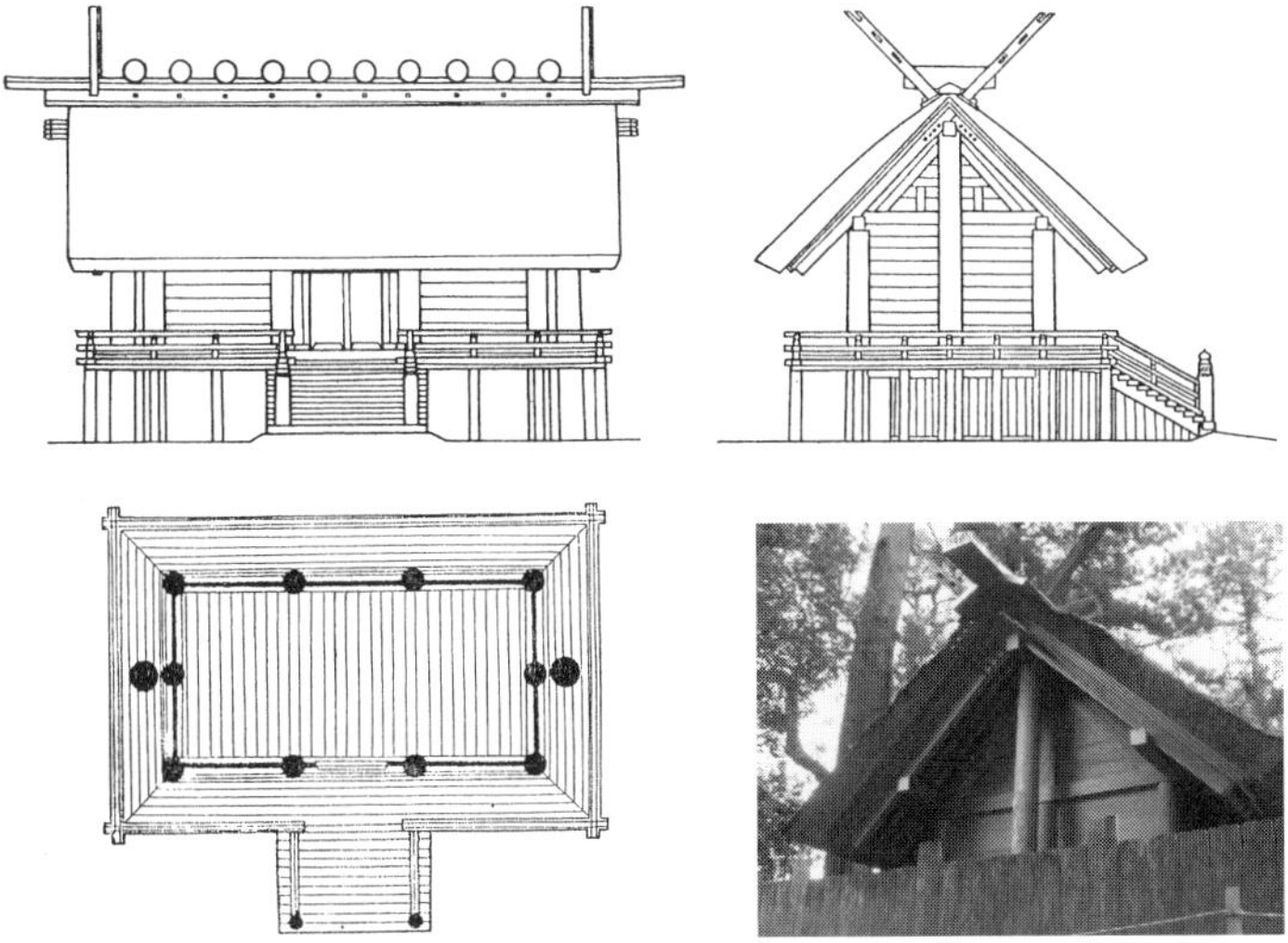

独立棟持柱をもつ神明造社殿　右下の写真は社殿の棟持柱

棟持柱を伴う掘立柱建物は、すでに弥生時代の掘立柱建物に見られるのである。また銅鐸絵画にも、土器にも棟持柱を伴う建物の絵があらわされている。その建物は高床の倉であり、祭器である銅鐸にそのような絵が表現されているということは、その倉は当然のことながら穀物倉であろうし、そこには籾も納められており、次の収穫が豊かであることを願うためにあらわされたにちがいない。

唐古・鍵遺跡

唐古《からこ》遺跡は戦前の昭和十一年（一九三六）に、奈良から畝傍《うねび》町を経て五条町に通ずる道路の敷設工事のために、田原本《たわらもと》町の唐古池の底が採土場に選ばれ、その工事の際に弥生土器が大量に出土した。そのため翌年に発掘調査が行われたのである。その発掘調査によって、大集落であることが確認されていた。近年の鍵地域も含んだ調査によって広大な環濠集落遺跡であることが分かった。遺跡の西辺部には大形掘立柱建物が建てられており、その建物の両妻に棟持柱が伴っている(1)。建物は南北棟で、桁行五間、梁間二間で、梁間中央の外側に棟持柱が伴っている。建物規模は桁行方向の総長が一一・六メートル、梁間の総長が六・八メートルである。柱根が四本残っており、三本はケヤキで一本はヤマグワと特定された。柱根の中には太さが六〇センチを超えるずいぶん太いものもある。

この大形建物は唐古・鍵遺跡で大環濠が成立する以前、すなわち弥生時代の前期に属しており、微高地に建てられている。その周辺には、居住地が構成された痕跡がほとんど認められないとのことであり、他の地域とは異なった性格の場であるとの見解が示されている。要するに、集落の広場に棟持柱を伴った建物が建てられたのであるという、この見解にはきわめて興味深いものがある。棟持柱をもつ、いわば特殊な建物が、しかも大形建物が広場に建てられていたというのである。いずれにせよ、弥生時代前期に棟持柱を伴う建物が成立していたのである。大環濠がめぐらされた中期の段階にも遺跡の西辺部、すなわちさきの大形建物に比較的近い位置に大形建物が建てられているが、その建物には棟持柱は伴っていない。

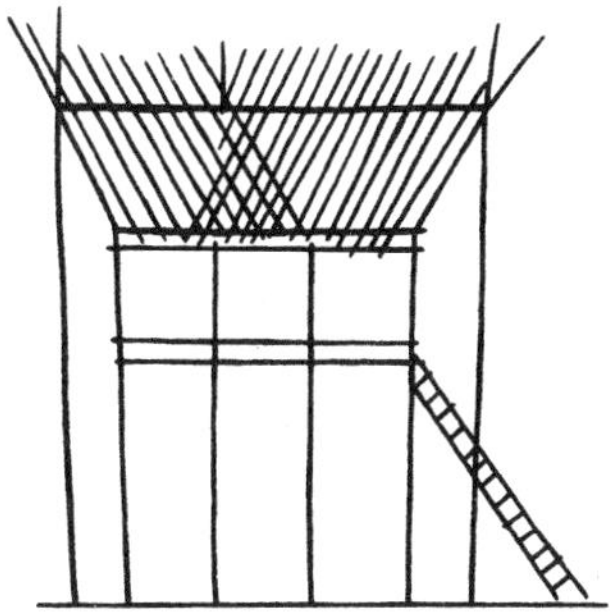

銅鐸にあらわされた棟持柱をもつ建物

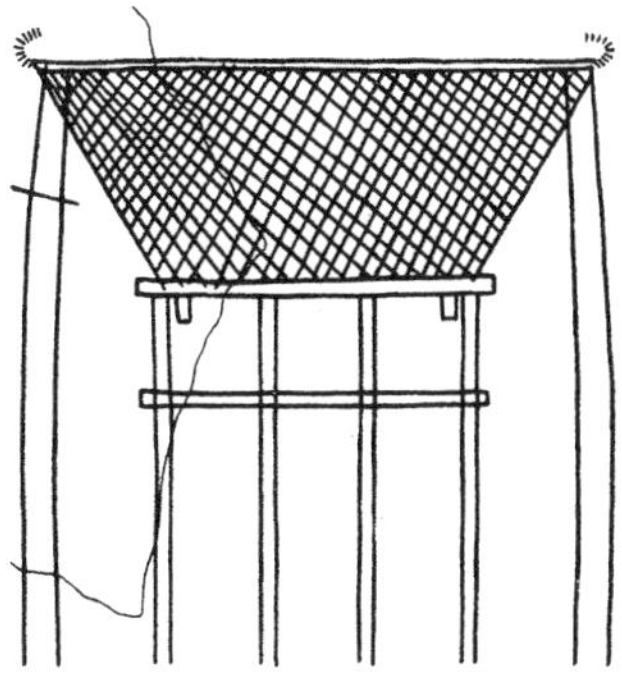

土器に描かれた棟持柱をもつ建物
(唐古・鍵遺跡)

池上曽根遺跡

第三章「総柱の建物」の倉の項で記したように、池上曽根遺跡では、五期にわたって建て替えられた大形掘立柱建物遺構が見つけられ、最終段階の建物の一七の柱穴に柱根が残っていた(2)。材質は多くがヒノキであったが、北列東から二番目と、西南隅のものはケヤキで、東南隅の柱根の断片と目される木片もケヤキであった。この建物は東西棟で桁行十間、梁間一間という規模である。柱間寸法は一定ではなく、狭いもので一・六メートル、広いもので約二・五メートルで、総長二〇メートルに近い。梁間は七メートルである。東西両妻の外側に棟持柱を伴う時期が三時期ある。そのことからすれば、梁間二間というのがふさわしい。この五期にわたる大形建物のうち、三時期の建物に棟持柱が伴っているのである。いずれも両妻の外側にあるので、いわば出雲大社の社殿に共通する。梁間筋と、棟持柱との距離は約一メートルである。この建物は、遺跡全体の中央部に近い位置にあるようにうかがえる。なお、残っていた柱根のうち三本がケヤキであったことが気になる。ケヤキには呪術的性格が伴うからである。

大形建物が見つけられた地域の土坑から、建物を描いた土器片が出土している(3)。破片五点が接合できるものの器形は定かではないが、大形広口壺の可能性が高いという。絵は先端を尖らせた棒状の器具で描かれたものである。建物の屋根は切妻造りであり、桁行三間の高床式建物の側面を表現したものであるが、特徴的なところがいくつか見える。すなわち両妻に独立棟持柱が伴っており、向かって右側の妻部に手摺付きの梯子を架けているのである。

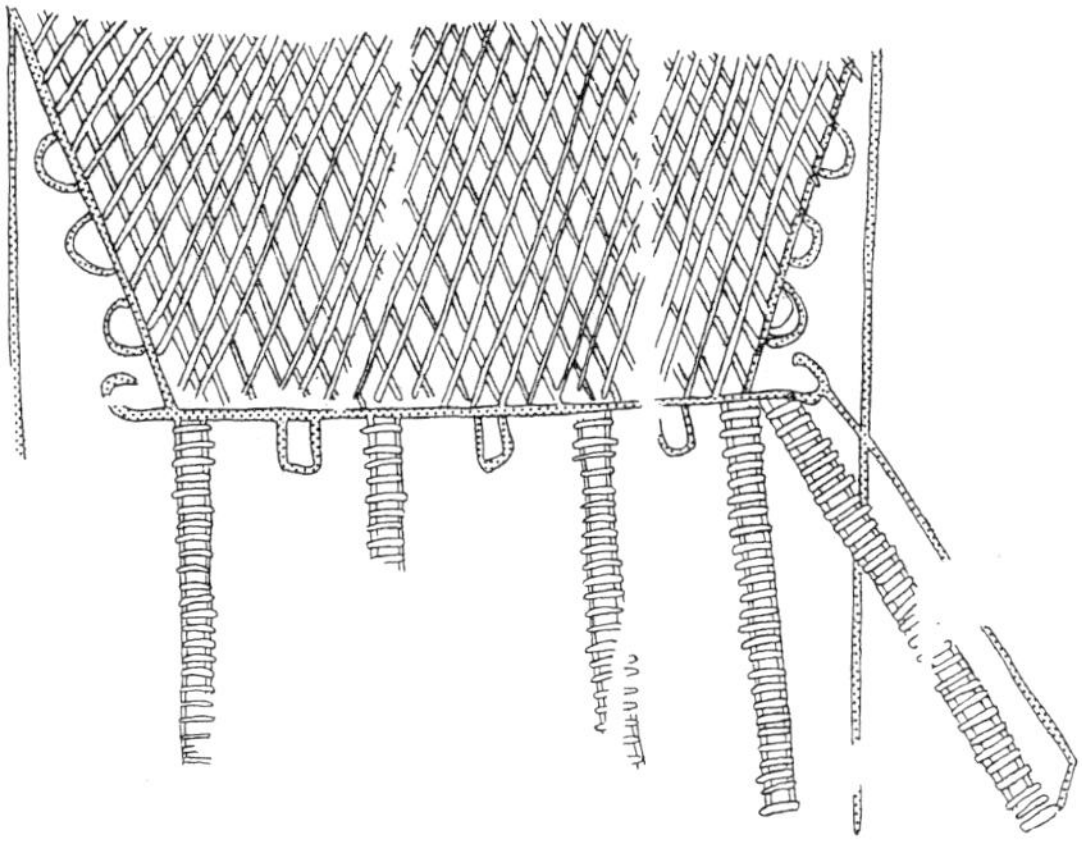

土器に描かれた棟持柱をもつ建物（池上曽根遺跡）

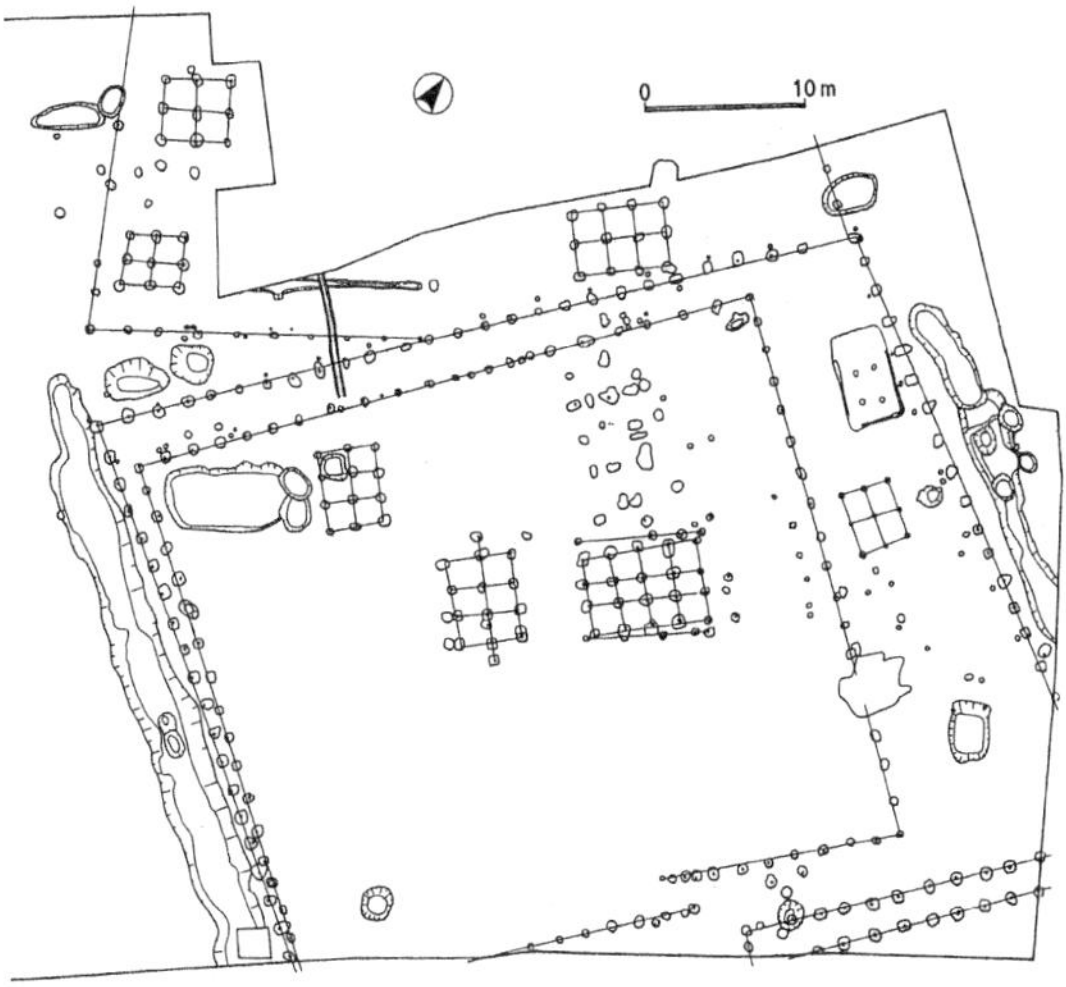

松野遺跡遺構図

さきに銅鐸絵画の棟持柱を伴う建物にふれたが、棟持柱を表現した土器絵画は奈良県清水風遺跡、同芝遺跡、鳥取県角田遺跡などに見られる。

この土器絵画は、農耕に必要な籾を蓄えておく重要な庫であるということによって、絵に描かれたとも考えられるが、すべての庫に棟持柱が伴うわけではないので、棟持柱を伴う建物は特殊な機能を備えた建物、すなわち穀霊が宿る建物であって、それが神殿に発展した可能性も認められよう。土器の出土した位置が、遺跡全体の中央部に建てられていた大形建物と関係が深いように思われることにも興味が惹かれる。

池上曽根遺跡の絵画建物は、柱が二本の線で描かれ、また遠近法のように表現されているところがめずらしく、柱や梯子に刺突文が水平方向に表現されている。その刺突文に関しては、それが黒木を表現されているのではないかとの見解が示されている。すると、幹の表面の皮目が水平方向に割れる樹種は限られており、大形建物の柱根にケヤキが見られることから、柱や梯子の材としてケヤキが使われた可能性が示されている。ケヤキの特殊性からみて、この指摘は重要である。いずれにせよ、この絵の柱そのものにも特殊な表現があることに注意する必要があろう。

二　古墳時代

松野遺跡

兵庫県松野遺跡は常に注目される遺跡である。ここでは古墳時代の掘立柱建物に棟持柱が伴っている。一重、部分的に二重の掘立柱柵によって東西四〇メートル、南北三五メートルの範囲で囲まれた、ほぼ中央部に桁行三間、梁間二間の総柱建物が建てられており、梁間筋中央の外側にそれぞれ柱穴が見つけられている。(4)その棟持柱は伊勢神宮に連なる系統ではなく、出雲大社に連なる系統である。この建物の東側に桁行・梁間ともに三間の総柱建物がある。掘立柱柵でこれらの建物を囲んでいるということは、その柵がまさに瑞籬《みずがき》である。棟持柱を伴うこの建物には、明らかに特殊な性格が伴うと言えよう。ここからは滑石製臼玉が出土していることにも注意する必要があろう。

大平遺跡

静岡県大平遺跡は古墳時代の遺跡で、竪穴住居五〇棟以上、掘立柱建物七〇棟以上が見つけられている。掘立柱建物はその多くが梁間一間であり、そのうちの三棟に棟持柱が伴っている。(5)要するに、梁間筋から外に外れた位置にある。ただ、この棟持柱は、その位置が他の事例と比べると妻からの距離がいずれもかなり離れているという特徴がある。短いものでも約一・八メートル、長いもので約二・五メートルも離れているのである。また、ここでは掘立柱柵や、掘立柱柵と溝に囲まれた区画の中に掘立柱建物が建てられているというものがあり、特殊な性格をもった区画と考えられている。梁間筋から棟持柱までの距離が長いということは、破風が外に大きく出る構造となる。しかし、七〇棟以上の掘立柱建物のうち、棟持柱を伴う建物が僅か三棟というところに、これらの建物の特殊性をうかがうことができよう。

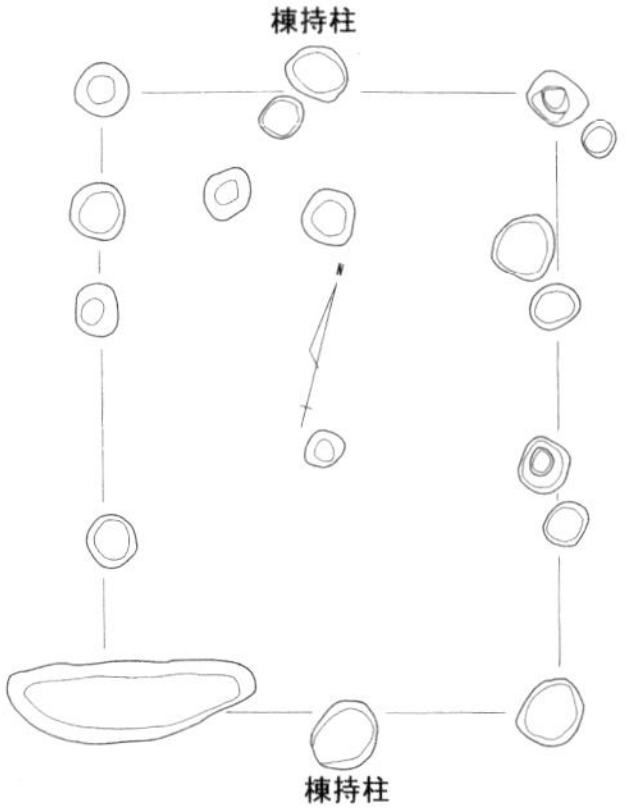

坂尻遺跡の棟持柱をもつ建物

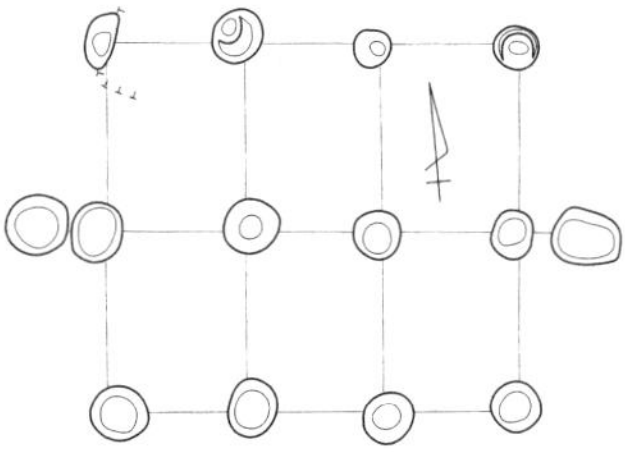
堂外戸遺跡の棟持柱をもつ建物

坂尻遺跡

静岡県坂尻遺跡では桁行三間、梁間二間、南北棟の掘立柱建物が見つけられている。(6) 総長は南北約五メートル、東西約四メートルという小規模な建物である。ただ、若干気になるのは、梁間中央の柱がやや外側に出ていることである。これは出雲大社の社殿に見られるものと共通するように考えられるのである。その年代は、周辺から出土している土器から、六世紀後半と考えられている。

堂外戸《どうがいと》遺跡

愛知県堂外戸遺跡では、古墳時代中期の総柱建物が見つけられ、その建物に棟持柱が伴っていた。(7)この建物遺構が、遺跡全域のどのあたりにあたるのか定かではないが、調査地の東北隅の近くにある。建物遺構は東西棟で、平面がやや長方形である。規模は桁行総長約四メートル、梁間総長が約三・四メートルである。柱の太さは約二〇センチ程度と思われる。梁間筋と棟持柱との距離は約七〇センチである。

以上述べてきた棟持柱を伴った建物が、すべて後の神殿に通ずるものであるのかどうかは分からない。穴太《あのう》遺跡で見つけられた六世紀後半の住居跡は、いわゆる大壁構造の住居であり、柱は棟持柱以外には用いられていないのである。この大壁構造の住居はいわば特殊なものであるが、やはり棟持柱建物を考える際には注意しなければならないことである。しかし、他の事例では棟持柱を伴うということと、遺跡全体の中でのその位置がいわば特殊であるということは否めない。銅鐸や土器にことさらに棟持柱を伴う建物の絵があらわされていることなどからも、神殿に通ずる可能性が認められるであろうし、棟持柱には特殊な性格があったものと考えられよう。

第五章　塔心柱

古代の寺院では、おおむね塔が建立されている。寺というものが、そもそも古代インドで仏陀の舎利を祭る施設から誕生したからに他ならない。もっとも、国分尼寺には塔が伴わない。

これは当然のことであるが、各地に建立された古代の三重塔や五重塔などの塔には、必ず心柱が立てられている。どの塔を見ても心柱は太くどっしりとしている。この時代の塔の多くでは、基壇中央に据えられている心礎が心柱を支えている。

平安時代の末以降の塔では、初重小屋裏から、すなわち二重目から心柱を立てるようになる。保延四年（一一三八）に崇徳院の中宮であった皇嘉門院藤原聖子《せいし》の発願によって建立された興福寺の三重塔では、心柱が初重の小屋組の桀木《ばんぎ》上に立っている(1)。後に普及する多宝塔でも心柱は上層に立つ。

古代の塔に関しては、さきに基壇中央に据えられている心礎の上に立つと言ったが、必ずしも基壇上面の中央ではない。時代によって異なるのである。六世紀末から七世紀前半の塔では、基壇上面から三メートルほど下に心礎が据えられる。これを地下式心礎という。飛鳥寺や定林寺、中宮寺の心礎がそれである。七世紀後半では基壇の中ではあるが、その位置は旧地表とほぼ同じ高さであり、半地下式心礎という。川原寺塔の心礎がその代表例である。

七世紀末以降、奈良時代の塔では基壇上面に心礎が据えられる、これを地上式心礎という（一五八頁上図3）。法起寺三重塔や本薬師寺東塔はその代表例と言えよう。全国の国分寺の塔の心礎は地上式心礎である。

一　地下式心礎の心柱

地下式心礎を据えるには、多くの場合まず基壇とほぼ同じ規模の穴を掘る。深さは一・五〜二メートルぐらいである。これを掘込地業と言う。そしてよく締まる土を少しずつ入れて棒搗きによって固めていく。それを版築と言う。ある程度築き上げてから心礎を運び込むために、基壇の一方から斜道を掘り心礎を基壇の中心部に入れる。そして心礎を水平に据える。心礎を据え終えたら心柱を心礎上に立てるのだが、その工法に関しては心礎の近くに足場穴のような穴を穿って、梃子《てこ》の応用で心柱を立てたのではないかと考えられている。心柱を立てたら、さらに版築を進めて基壇を築いていく。基壇の高さは、一般的に地上から約一・五メートルほどである。基壇が築かれたら基壇上面に四天柱の礎石、側柱の礎石を据えて柱を立て、塔の構築が始められるのである。そして凝灰岩や花崗岩の切石による、あるいは川原石や瓦塼類で基壇外装がなされて工事が完了するのである。

飛鳥寺

地下式心礎に据えられていた心柱の現存例は、法隆寺西院伽藍の五重塔以外にはない。ただし、後述するように基壇内にあった部分は、腐蝕してその部分の基壇に空洞が生じていた。したがって心柱の太さなどに関しては、心礎上面にある柱座の大きさや、今ふれた基壇内に残った空洞の状況での判断によることになる。

わが国最古の寺である飛鳥寺の塔心礎も地下式であり、現在の地表面から心礎上面まで約二・五メートルの深さである(2)。基壇上面まで一メートル以上あったので、心柱はずいぶん深く埋められたものである。

飛鳥寺の塔については、推古天皇元年（五九三）正月十五日に舎利が、心礎に彫られた舎利孔に納められ、その翌日の十六日に立柱式が行われたことが『書紀』に記されており、建立の年がはっきりしている。ただ、飛鳥寺に建てられたその五重塔は建久七年（一一九六）六月の雷火によって焼けてしまった。その火災の後に、飛鳥寺の僧侶たちによって心礎から舎利が取り出された。建立後五百年をわずかに超える年限なので、基壇内には心柱の一部が残っていたかもしれない。発掘調査では柱材の残存は認められず、その時に掘られた穴によって心柱の痕跡も分からなくなってしまった。したがって、心礎上面の柱座によってその太さが推定できるにすぎない。

心礎は東西約二・六メートル、南北約二・四メートル、厚さ約五〇センチあり、花崗岩の巨石である。上面に一辺一・六メートル内外の方形の柱座を設けている。中央に一辺約三〇センチ、深さ約二

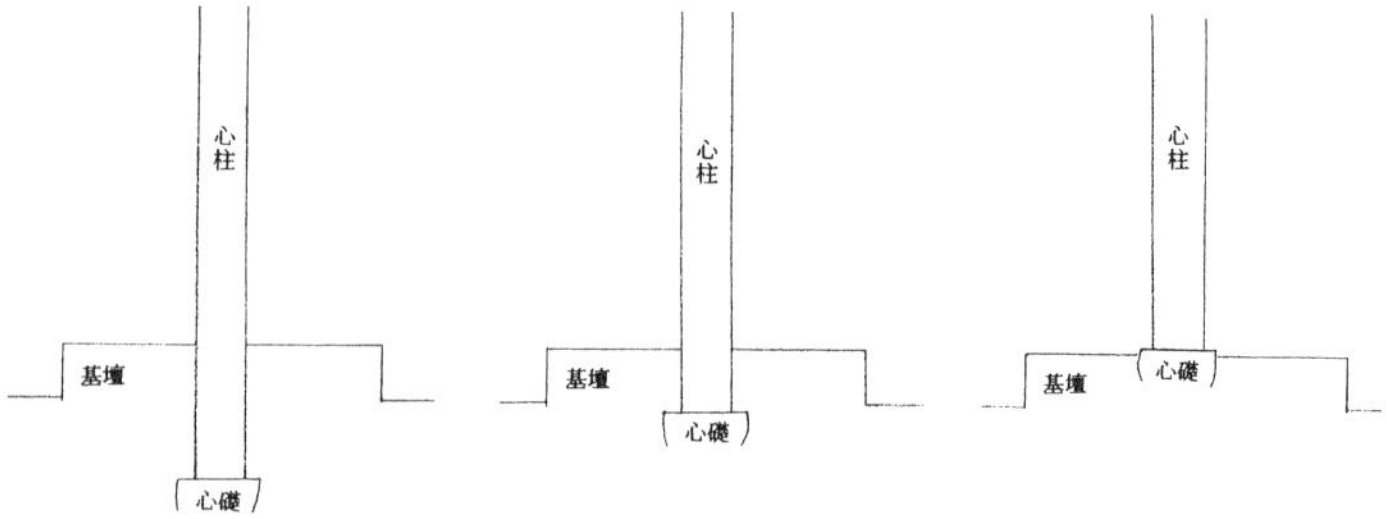

1 地下式心礎　　2 半地下式心礎　　3 地上式心礎

心礎据えつけの三種

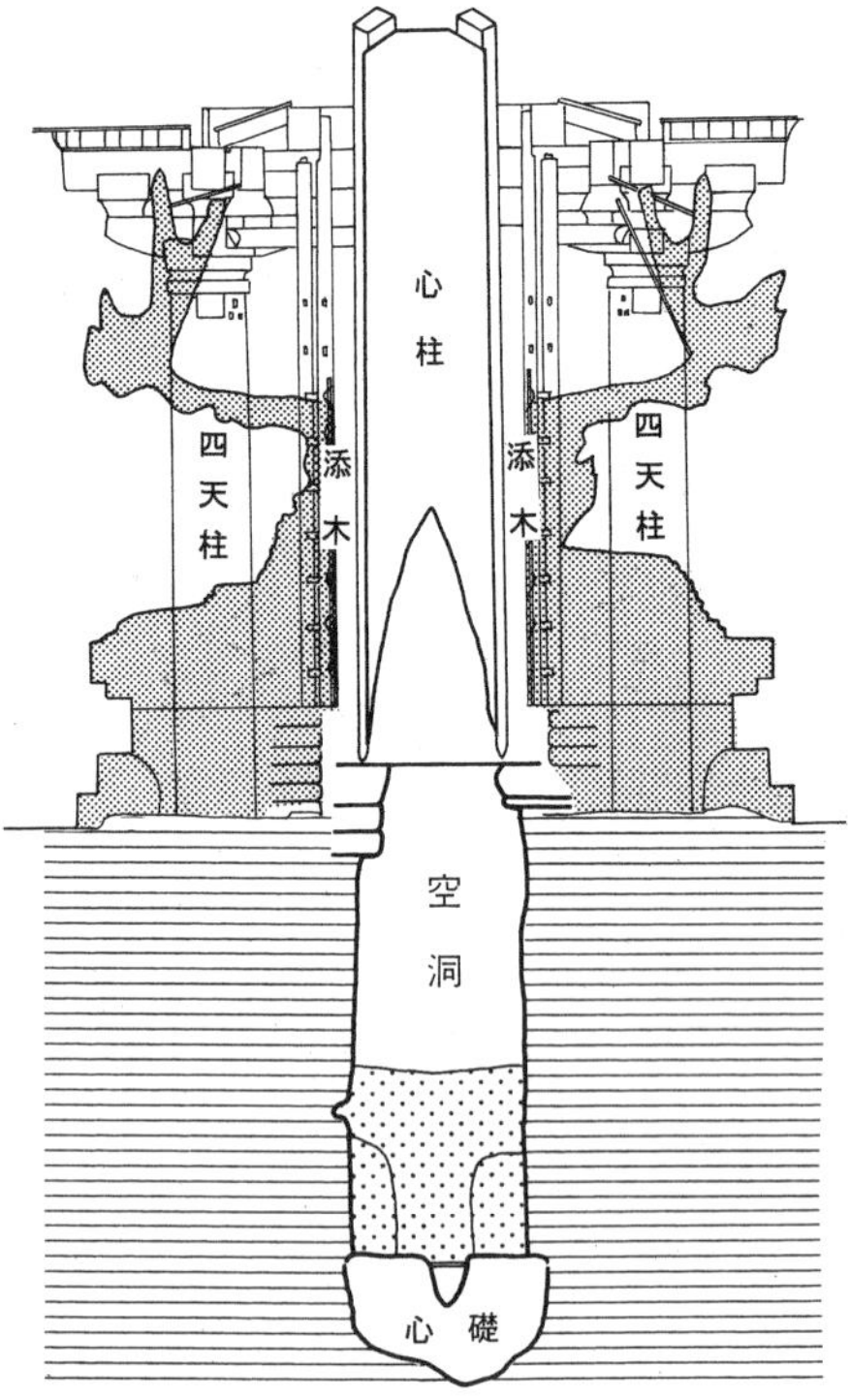

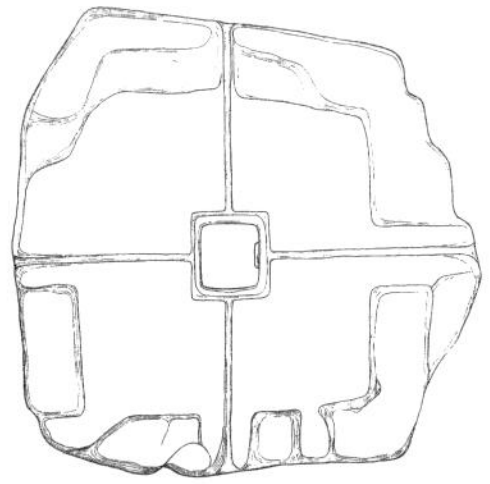

飛鳥寺塔心礎

法隆寺西院伽藍五重塔心柱と空洞

○センチの方孔を穿ち、その東壁に幅、高さ、奥行き共に約一二センチの龕《がん》状の孔を穿っている。これらは舎利孔であるが、龕状の施設のように彫られている事例は他に見られない。方孔には石蓋があったようで、朱が付着した石片が発見されている。方孔の周囲とその四方に細い溝を穿っている。心礎の上面には金銀の延べ板やガラス玉、金環などの装身具をはじめとした舎利荘厳具が散乱していた。それらも推古天皇元年に行われた立柱式の前日の舎利奉納に際して納められたのではなく、心柱を立てた後に納められたものと考えられる。

飛鳥寺では心礎上面の柱座が一辺一・六メートル内外という大きさであるが、心柱の太さがその程度あったとは考えられない。法隆寺西院伽藍五重塔心柱は八角形で差し渡し約八○センチである。飛鳥寺五重塔の柱座は方形であるが、後にのべるように、副柱、あるいは添板を含めての大きさと考えられる。心柱はおそらく八角形であり、法隆寺塔の心柱に近い太さだったのではなかろうか。

わが国に寺院造営の技術を伝えた朝鮮半島の寺でも、地下式心礎が見られる。心柱の状況が分かる寺はないが、百済の軍守里廃寺や金剛寺跡では塔跡基壇で地下式心礎の存在が確認された。軍守里廃寺では一辺一三・九メートルの基壇中央部の一・八メートル下で心礎の存在が確認された(3)。また、塔心礎の上部から金銅仏像、金環などが見つけられた。これらは舎利に添えた荘厳具の一部であろう。心礎には一辺三尺一寸の方形造り出しがあった。おそらくその寸法に近い心柱が据えられていたのであろう。

金剛寺の塔は掘込地業によって築かれている。基壇は一辺一四・二メートルである。掘込の深さは地下〇・七メートルであり、風化岩盤を円形礎石のように削り出して作っている。そして、その中央に舎利孔のような円形孔を刻んでいる。[4] その心礎上面には、心柱を立てた痕跡を留めていたが、その太さについては定かでない。

法隆寺

地下式心礎の場合、心柱下部の二メートル以上は基壇の中に埋もれた状況になる。長い年月を経ると、地中にあったその部分が腐蝕してしまう。したがって、そこは空洞となる。七世紀前半の地下式心礎に据えられた心柱の根元は現存しないが、再建法隆寺の事例が参考になる。

創建法隆寺は天智天皇九年（六七〇）四月に焼亡した。その跡は若草伽藍跡と呼んでいる。再建工事は天武朝に始められたと考えられる。金堂がまず再建され、その後に塔の再建工事が進められた。天武天皇が飛鳥の地で即位し、政権が落ち着いてから工事が始められたと考えられるので、塔の工事は天武朝の後半ではなかろうか。完成したのは、『法隆寺伽藍縁起幷流記資財帳』[5] に塔本塑像が造立されたことが記されている、和銅四年（七一一）のことであろう。

この五重塔は、わが国に現存する塔で最も古いものであり、基壇上面から宝珠の先端までの総高三三・九メートルである。金堂と同様、雲肘木が使われていること、初重と五重に力士型支柱が使われていることがよく知られている。また初重の周囲に裳階《もこし》が設けられているが、これが当初からであるかどうかは明らかでない。なお裳階の屋根は板葺き、大和葺きである。平城宮東院の苑池遺構から大和葺きの断片が出土しているので、(6)そうした板屋根が奈良時代にあったことが明らかになった。

いずれにせよ、法隆寺五重塔基壇上面の心柱根元で空洞が発見され、地下式心礎の状況を知ることができた。それは、大正十五年（一九二六）から昭和三年（一九二八）まで行われた防災施設工事の際のことであった。

大正十五年（一九二六）一月、法隆寺西院伽藍五重塔で心柱の下に空洞が見つけられた。その時の状況が岸熊吉氏によって次のように記されている。「かねてから塔の心柱の下が、井戸のように空洞になっているらしいとの話をきいていた。（中略）そこで大正十五年一月三十一日に、心礎（上部石組）の状況をしらべることゝした。まず田口浅吉少年を、四天柱と須弥壇のあいだの穴からなかにくゞりいらせた。なかには瓦片・木片・蛇脱殻などがみちていたが、それをかきわけて心柱にちかずき、だいたい心礎が三角形らしいこと、心柱は腐っていてその下に穴があるらしいことをつげ《ママ》た(7)」

このように心柱の、基壇内の部分が腐蝕したことによって生じた空洞が見つけられたのである。空洞が生じてから後の心柱は、いわば塔の部材によって吊り下げられていた状況だったのである。大正のその時まで、空洞があるらしいということが知られていながら、それが確認されていなかったのは、基壇上での心柱の根元に板石が差し込まれていたことによる（一五八頁図）。

その板石は、基壇上で心礎の根元にあることから「礎石」「心礎」と呼ばれたこともあったが、心柱の根元で空洞が発見され、その最下部で心礎の存在が確認されたことによって、「上部石組」の呼び名となった。その石組は八枚の板石である。ある時期に心柱の根元に空洞が見つけられたために、心柱の根元から差し込まれたものなのである。ほとんど平石を用いており、いずれも面を水平に揃えていた。そのため、この板石が礎石、あるいは心礎とみられていたのである。

空洞の壁面は八角形であり、その各面全体に木材の圧痕が見られた。その木材の圧痕は長い板材を心柱に当て、その外側から粘土を厚く貼ったもの、すなわち心柱の根巻と考えられている。各面に当てられた材は三～四枚という。

さて、その心柱は空洞が砂で埋められていることによって、現在は基壇上面から立っている。断面は八角形で差渡しは約八〇センチである。基壇上面から約一五メートル付近で上下二本継ぎとなっている。この心柱には五重の垂木付近までの間、四面に補強の添木を打ち留めている。さきの根巻は八角の面全体に当てられていた。

法隆寺五重塔心柱に関しては、重大な問題点が指摘されている。それは年輪の計測から、この心柱の伐採の年が五九四年であることが確認されたことである(8)。

昭和十六年(一九四二)から始められた五重塔の解体修理の際、心柱の基部が腐朽していたために根元から約二・一メートルを切断し新材で根継ぎされた。この時切断された心柱の上部約一〇センチの厚さの分が、標本として当時の京都大学木材研究所に保存されたのである。その材の年輪計測が光谷拓実氏によって行われ、材の伐採の年が五九四年であることが明らかにされたのである。このことが平成十三年(二〇〇二)二月十一日に発表された時、新聞やテレビジョンでは大きく取り上げた。天武朝再建五重塔の心柱が、その九〇年近く前に伐採されたものということから大きな反響があったのである。事実、このことに対するいろいろな見解が報道された、報道の中には法隆寺再建・非再建問題論争が再燃するのではないかと説くものもあった。

その心柱の材はどのようにして西院伽藍の五重塔に使用されることになったのか、ということが最大の問題点であった。どこかに保存されていたという考え方と、他に使われていたものの転用という大きく二つの考え方があった。要するにそのどちらかに考えざるを得ないのであった。しかし、どちらの考え方にも難点があった。

心柱材の保存説では、それだけ長い年月をどのようにして保存していたのか。そして何のために保存していたのかという点である。火災に遭うことを前提にして保存していたということではあるまいが、もしそうだとするならば、他の柱や桁、梁、斗等々塔に必要とされる他の部材も用意しておかなければならない。火災は塔だけではない。その他の堂の部材も保存されねばならない。そのためにはかなり大規模な施設が必要であろう。塔の心柱材だけを保存しておいたとは考えられない。

もっとも、遺跡の発掘調査で、貯木場と考えられる遺構が見つけられたことがなかったわけではない。それは古墳時代、五世紀後半の遺構と考えられているもので、福岡県の脇道遺跡である。この遺跡の佐野地区での調査で、電柱状の大木を七メートル四方に枡形に囲んだ遺構が見つけられた(9)。それらの大木は要所を杭で固定されていた。枡形の囲いからは柱材をはじめとする建築部材や鋤や鍬なども出土しており、それらの木製品のための資材も入れられていた。古墳時代にそのような施設が設けられていたならば、飛鳥時代にもあったと考えるべきなのだろう。

転用説も難しい。これだけの柱材は塔の心柱以外にはない。創建法隆寺、すなわち若草伽藍と同じ頃に建立された寺の塔からの転用となる。他に建てられていた塔を解体して心柱だけを使うということもまた考えられない。飛鳥寺の塔心柱を転用したという見解が新聞に掲載されたこともあったが、それは全く認められない。飛鳥寺の塔は建久七年（一一九六）雷火によって焼失するまで現地に建っていたのである。さらに、飛鳥寺の塔の立柱式は推古天皇元年に挙行された。その年は五九三年なのである。五九四年に伐採された材を、五九三年に使うことは不可能である。

伐採の年が五九四年ということは、若草伽藍造営工事の準備期間でもある。ここで全く仮の考え方になるのだが、若草伽藍が焼亡した時の記事、『書紀』の天智天皇九年の記事では、「一屋余るなし」とあり、すべて灰燼に帰したように記されているが、西院伽藍の堂には転用材が使われていたという報告もある。[10] これは若草伽藍が全焼しなかったことを示している。また金堂基壇外装の凝灰岩は、昭和大修理以前には転用の板石が使われていた。これは火災に遭った若草伽藍からの転用との見解もある。

そのことからの連想だったのだが、若草伽藍の塔が全焼を免れ、残った心礎の焼け焦げた部分を削り取って再利用したというふうに考えたこともあった。そして現在の五重塔心柱が、基壇上面から約一五メートル付近で二本継ぎになっていることも、その考え方を補強するのではないかと考えた。しかし、それはあり得ないことであることが分かった。計測された五重塔心柱の差渡しは約七八センチである。それに対して若草伽藍の柱座の差し渡は七二センチなのである。心礎に刻まれた柱座より太い心柱を立てるということは通常あり得ないのである。

転用説の一つとして、相輪樘《そうりんとう》の転用という見解も示された。相輪樘に関しては次項で述べるが、その可能性もないわけではないが、いずれにせよ、この「五九四年」伐採に対する悩みは長く続くのであろう。

中宮寺

中宮寺の発掘調査は昭和三十八年（一九六三）に行われ、塔の基壇が二重基壇であることが明らかにされた。下成基壇は一辺約一三・五メートル、上成基壇は一辺約一一・三メートルである。基壇の外周には幅約一メートルの石敷きの犬走りを設けている。

基壇の中央で、「心柱穴」が見つけられている。直径「三尺五寸」と報告されている。[11] おそらく曲尺であろうから、約一メートルである。ただ、その壁面の状況に関する記述が見られないので、添板が用いられていたかどうかは分からない。

心礎は旧地表面に一辺三・五メートル、深さ二・〇メートル程の穴を掘り、その底に長方形櫃形で花崗岩の心礎を据えている。心礎面に木片が残っていたという。そのことによって心柱が直径八〇センチ程と推定されている。心柱の根元には根巻板を添え、粘土を巻いて固定している。心礎を立てるためのものと考えられる穴が、心礎の傍にあった。そのことに関しては、梃子の応用で立てるためのものであろうということを、この節のはじめに述べた。

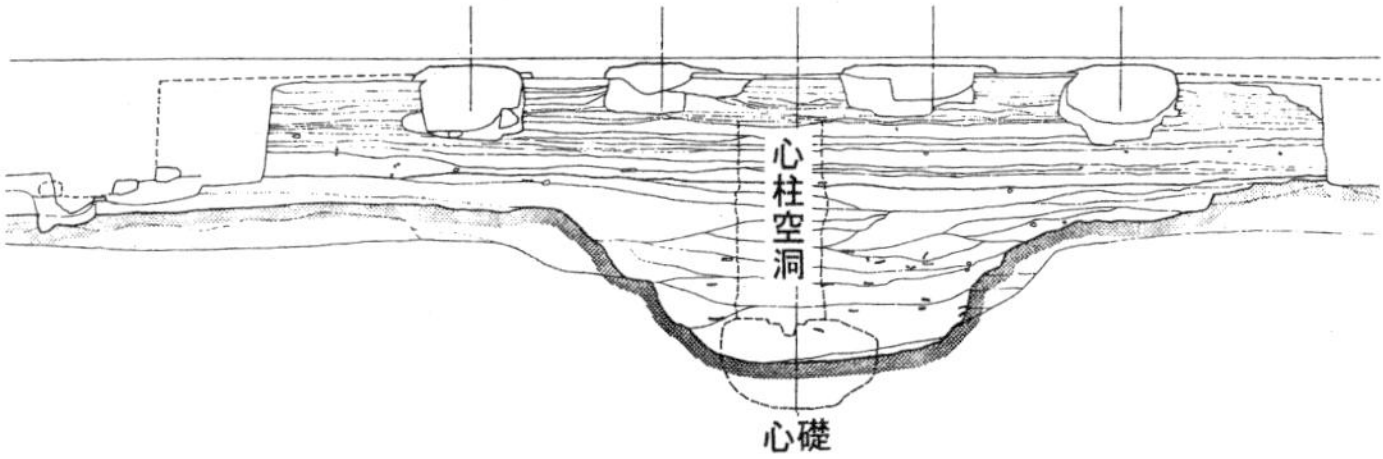

法輪寺三重塔基壇と心柱の空洞

心柱を立ててから心礎搬入の穴を地表面まで埋め戻している。そして基壇の築造を行う。心礎には舎利孔が認められなかったが、心礎上面に金環や金延板などの荘厳具が散乱した状況で見つけられた。心柱の、基壇内でのどこかに孔を穿って納められたものが、心柱の腐蝕によって心礎上面にこぼれ落ちたものであろう。

法輪寺

法輪寺の創建年代に関しては明らかではなかったが、昭和四十七年（一九七二）に行われた三重塔基壇の発掘調査の際に出土した軒瓦からある程度の推測が可能となった。即ち七世紀前半に遡る時期の軒丸瓦と初源的な重弧文軒平瓦が出土し、塔の建立以前、七世紀前半代に造営工事が行われたことが明らかにされたのである。この発掘調査は、昭和十九年（一九四四）に雷火のために焼亡した三重塔再建に備えてのものである。

塔基壇の発掘調査では、中心部に空洞があることが分かった。[12] これは法隆寺西院伽藍五重塔と同様、心柱が腐朽したためにできたものである。基壇上面から心礎面まで約二・三メートルあるので、地下式心礎である。空洞は径約八〇センチの正八角形で、版築面には径七二センチの八角形の各辺に、添木を当てた痕跡があった。それらのことから、心柱差渡し七二センチ程の八角形であることが分かり、その各面に添木三本ずつを当てて、上下三段に縄で巻きつけていたことが判断された。心礎の上面には添木の残片が数本残っていた。心礎は花崗岩製で上面を平滑にしている。心柱の柱座は設けられていないが、直径三五センチと一五センチの孔を二段に彫っている。この孔は舎利納置のもので、上段の孔は四センチと浅く、これは蓋のためである。

海会寺《かいえじ》

昭和五十八年（一九八三）度から同六十一年（一九八六）度まで行われた海会寺の発掘調査では、当初、塔跡の調査が主として行われた。基壇上面には礎石が三個原位置を保っていたが、心礎はすでに抜き取られていた。しかし、心礎据え付けの際の根石によって据え付けの位置が確認された(13)。

心礎の底面は、基壇上面から約二・八メートル下にあり、明らかに地下式心礎である。そして基壇の築成状況からも、心礎を据え付けた後に版築によって基壇が築かれたことも明かになった。その基壇を築くにあたっては大規模な整地が行われている。基壇の西半分は地山が下がっていくために、盛り土による整地が行われているのである。土を互層に積み上げた整地が行われている。その整地土の中には縄文土器が含まれていた。海会寺の近辺には縄文時代の遺跡がないので、その土はかなり遠隔地から運ばれたものと考えられている。一口に寺院造営と言っても、寺院造営事業というものが大規模なものであったことが知られるのである。

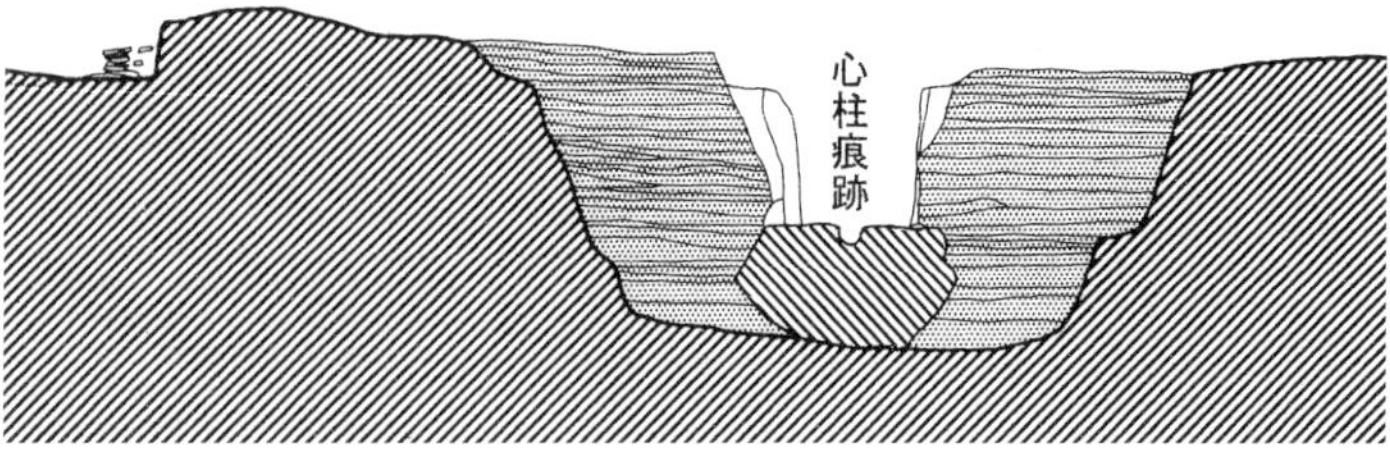

縄生廃寺塔心礎と心柱の痕跡

縄生《なお》廃寺

昭和六十一年（一九八六）から翌年にかけて行われた縄生《なお》廃寺の発掘調査では、現状の塔基壇面の約一・五メートル下で心礎が見つけられた。基壇は東西一〇メートル、南北一〇・二メートルの規模である。[14] 削平のために基壇面に礎石は残存しないが、一部で礎石据え付け痕跡が確認されている。基壇外装は瓦積みで、平瓦が主体であるが、軒丸瓦も含まれている。良好なところでは平瓦を一二枚積んだ状況が確認されている。

心礎の位置は基壇基底部から〇・五メートル下であるから、地下式心礎である。法隆寺五重塔のような空洞は見られなかったが、心柱が存在した位置の周囲が丁寧に版築されており、版築内面間に心柱が存在したことが明らかである。その直径は七二〜八〇センチであり、心柱の太さに近い値を示している。心柱に添えた板の痕跡は明らかでないが、心礎上に直径六〇〜七〇センチの範囲に根巻状の粘土が存在していた。また、基壇上面の心柱痕跡東半部に、根巻状に平瓦片を立てめぐらせていた。なお、後述するように、心礎舎利孔から舎利容器が見つけられた。

定林寺跡・吉備池廃寺

地下式心礎、あるいは半地下式心礎が据えられた遺跡として定林寺跡や吉備池廃寺を挙げることができるが、いずれも心柱の状況が明らかではない。定林寺跡では発掘調査で、基壇上面から「心礎に通ずるまでの空洞」があることが確認されているが[15]、空洞の状況に関しての記述は見られない。地表から心礎まで二メートルと記されているので、定林寺跡の塔心礎は地下式ということになる。吉備池廃寺では巨大な塔基壇の存在が確認されたのであるが、心礎は取り出されて他へ運ばれたと報告されている[16]。したがって、心柱の状況は全く分からない。

定林寺の塔心礎に関しては、橘寺の発掘と並行して行われ、心礎が地表下六尺七寸のところにあったと記されている。ここにいう地表も塔基壇の上面のことである。この寸法であれば、約二メートルの深さであるから、地下式心礎と考えてよかろう。心礎は東西約二メートル八二センチ、南北約一メートル七六センチで、上面に直径約八二センチ、深さ九センチの柱座が彫られている。心柱は橘寺のものより若干細い。この調査では、基壇上面から心礎までに空洞があり、塑像などの遺物が出土したと記されているが、その詳細についての記述は見られない。

二　半地下式心礎の心柱

半地下式心礎を据えて建立された塔の現存例もない。中間式心礎の塔跡としては山田寺、川原寺、尼寺廃寺等が代表例であろう。

山田寺

山田寺に関しては、『上宮聖徳法王帝説』の「裏書」によってその造営過程が知られていることについては再三ふれている。法号は浄土寺である。創建の年は舒明天皇十三年（六四一）でこの年に整地工事が行われ、皇極天皇二年（六四三）に金堂が建立されたが、塔の工事が始められたのが天智天皇二年（六六三）、心柱を立てたのが天武天皇二年（六七二）であった。その際に仏舎利とともに数々の荘厳具も納められた。工事が始められてから三〇年も経過している。

この寺は、蘇我倉山田石川麻呂の発願によって建立されたものである。しかし、さきに第三章で述べたように、石川麻呂が大化五年（六四九）に謀反の疑いをかけられ、一族が滅亡した。これは冤罪《えんざい》であった。石川麻呂の孫に当たる後の持統天皇の懇願によって、天智天皇二年に寺の再興が始められたのであろう。持統天皇の母は石川麻呂の娘遠智娘《おちのいらつめ》であり、石川麻呂事件の後、父の最期の状況を知り、傷心のあまり亡くなったと伝えられている。持統天皇は、石川麻呂の孫にあたる。天智天皇自らの判断の誤りによる、石川麻呂一族の追善の意味があったものと思われる。このように一旦は工事が再開されはしたが、近江大津への遷都という事情によって再び工事は停滞した。壬申の乱に勝利を収めた天武朝に至って、工事が本格的に進められたのである。天武天皇五年（六七六）に塔の露盤が上げられ、同天皇の十四年（六八五）に講堂本尊の開眼供養が行われた。発願からすでに四〇年余りが経過していた。

塔の基壇は東西約一五・七メートル、南北約一四・五メートルの範囲の掘込地業によって築かれている。深さは旧地表面から約八〇センチである。旧地表面近くまで版築し、心礎据え付けのための穴を掘り心礎を据える。そして心柱を立ててさらに版築し、高さ約一・七メートルの基壇が築かれた。基壇外装は花崗岩壇正積みである。

心礎は東西推定一・八メートル、南北一・七二メートル、厚さ八四センチの花崗岩である。[17]上面を平滑に加工してあるが特に柱座は造り出されていない。中央に直径三〇センチと二三センチの孔が二段に彫られている。上段の深さは三センチ、下段は一五センチである。これは舎利孔であり、上段の孔は蓋のためのものである。なお、『法王帝説』には蓋裏に「刹」の一文字を刻んだとあるが、発掘調査で見つけられた蓋裏には何も刻まれていなかった。「刹」は仏教徒が寄進する旗柱のことを意味するのであるが、寺そのものの意味にも用いられる。山田寺の場合は塔の心柱の意味であり、「刹柱」という表現で用いられることもある。

心礎上には心柱の痕跡は認められなかったが、心柱の周囲に根巻き粘土を巻きつけながら基壇土を積み上げていったことが明らかにされた。副柱の痕跡は認められなかった。四天柱の礎石は安山岩で、直径約一メートルの柱座が造り出されているが、これは四天柱の太さを示すものではなかろう。

川原寺

瑪瑙《めのう》の礎石があるということで有名な川原寺は、法号を弘福寺《ぐぶくじ》という。創建の年に関する明確なことは分からないが、現在では天智朝の創立で、近江遷都の前と考えられている。近江遷都は天智天皇

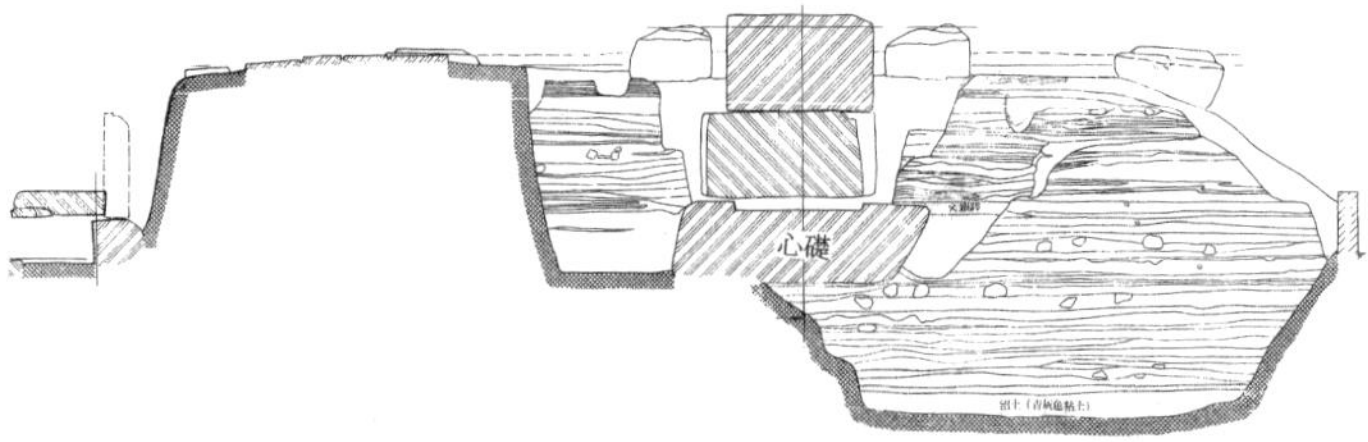

川原寺塔基壇と心礎

六年（六六七）であるから、同天皇の元年（六六二）から六年間の間におくことができる。直接示されてはいないが天皇の母、斉明天皇の追善の意味があったものと思われる。

昭和三十二年（一九五七）から始められた発掘調査によって、回廊内で塔に対面する形で南北棟の西金堂が建てられていたことが分かり、中金堂と共に一塔二金堂の伽藍配置であることが明らかにされ、新たな伽藍配置が発見されたのであった。残念なことに、大正年間に西金堂の礎石が抜き取られ、基壇上には一個も残っていなかった。

塔の基壇は花崗岩切石の壇正積みであり、一辺約一一・七メートル、高さ約一・五メートルである。基壇の周囲には幅約七三センチの犬走りがあり、その周囲に幅約五五センチの雨落溝がめぐっている。基壇中央の心礎の位置には、中世再建時の心礎が二個重なって据えられていた[18]。

基壇の築成にあたっては、基壇とほぼ同じ広さを約三〇センチ掘り下げ、版築によって積み上げていく。高さ約一メートルに至った時、その中央に西方からの傾斜面を付けた大きな穴を掘り、心礎を入れ込む。心礎の据え付けに際しては根石などを用いず、版築された基壇の築成土上に直接据えられている。心礎周辺を埋め戻した後、心礎に心柱を立てる。そして再び版築によって、丹念に所定の高さに築いていく。この作業の際、心柱の周囲に木炭を差し込んでいる。心柱の腐朽を防ぐためである。注目すべきは、心柱を立て基壇をさらに築いていく途中で、無文銀銭が納められていたことである。心柱が、そして塔の安穏を祈願した地鎮供養が行われたのである。基壇の部分的な掘り下げで見つけられたものであり、奈良時代の塔の事例からすれば他の部分でも埋納されている可能性が強いものと思われる。

心礎は花崗岩の自然石で、上面に直径約一メートル、深さ約六センチの柱座が彫られている。柱座の底面に朱が付着していた。心礎の上面は基壇床面から約一・一メートル下にある。

尼寺《にんじ》廃寺

平成八年（一九九六）四月、尼寺廃寺塔跡の心礎上面から金環（耳環）や水晶の切子玉などの舎利荘厳具が出土し、話題を呼び、新聞やテレビジョンで大きく報道された。心礎は他に例がないほど巨大であった。(19) 据え付けの引き込み作業の際に二つに割れてしまったのであるが、南北の長さが三・六九メートルの規模に復原されている。基壇上に側柱や四天柱の礎石が原位置にあるために、心礎の東西の規模は確認できなかったが、地下レーダーによる探査の結果、約三・八メートルであることが判明した。ずいぶんの巨石を使ったものである。基壇は掘込地業（一三二頁参照）によっている。掘込地業は基壇全体には及んでいない。旧地表から約五〇センチ掘り込み、その底から約一・五メートルの高さまで版築で築いている。そして中央部に南北七・二メートル、東西五・二〜五・三メートルの心礎を引き込むための穴を掘る。引き込み穴の底はほぼ掘込地業の底までである。引き込み穴のスロープの傾斜角度は心礎の南側で約四〇度、北側で約三〇度である。

柱座は一辺八〇センチ内外の正方形で、各角に副柱のための座が掘られている。柱座が正方形と記したが、各辺がやや円みを帯びているところから、報告書では心柱は直径七二センチほどの円柱が想定されると記されている。

橘　寺

橘寺では昭和二十八年（一九五三）の発掘調査によって心礎の存在が確認されている。[20] 心礎は地表から三尺八寸（約一メートル二〇センチ）のところにあったと記されている。その地表とは旧地表のことではなく、基壇上面のことであろう。すると、この寸法では地下式心礎というよりも半地下式の部類に入るかもしれない。そのあたりのところは微妙である。いずれにせよ、飛鳥時代創建のこの寺における塔建立の年代が問題である。

塔心礎は東西約一メートル九〇センチ、南北約二メートル九〇センチで、中央に一辺約一メートル五〇センチの造り出しがある。その中央に直径八九センチ、深さ九センチの柱座が彫られている。この柱座によって心柱の太さが分かる。なお、柱座の三方に半円形の副柱座が伴っている。

新堂廃寺

新堂廃寺の発掘調査は、かつて昭和三十四年（一九五九）に行われたが、その時には、堂塔の確認を主として進められ、金堂、塔、西方建物の存在が明らかにされた。また、金堂の北で建物遺構の一部を見つけ、講堂遺構の一部と判断された。塔に関しては後世の削平が著しく、基壇の存在が確認された程度であった(21)。

その後、新堂廃寺の発掘調査が富田林市教育委員会によって平成九年（一九九七）度から行われ、塔跡にも調査の手が及んだ。その結果、塔の造営に当たっては基壇全体の掘込地業は行われず、心礎を据えつける範囲だけの掘り込みが行われていることが明らかにされ、そのための掘形が見つけられている。その規模は東西約三メートル、南北約四・三メートル、深さ約一メートルである。掘り込みが飛鳥期の整地土からということからすれば、旧地表に近い高さと考えられ、半地下式心礎に相当する。心礎の中央部には、直径約八七センチ、深さ七センチ程の柱座が彫られているが、心柱の痕跡は確認されなかった。心礎には、上面にも側面にも舎利孔は認められなかった(22)。

三　地上式心礎の心柱

おおむね七世紀末以降に建立された塔では、心礎は基壇上に据えられる。平城京内に建立された寺々や、各国で造営工事が進められていった国分寺の塔心礎はすべて基壇の上面に据えられている。

法起寺《ほっきじ》

八世紀初頭に露盤が上げられた塔に、法起寺《ほっきじ》三重塔がある。法起寺は地名によって岡本寺とも呼ばれる。また池尻尼寺の名もあるように、尼寺であった。岡本寺の名は『日本霊異記』『法隆寺別当次第』『聖徳太子伝私記』（以下『私記』）などに見え、その名は聖徳太子が法華経を講じた岡本宮の跡に寺が営まれたことによるとされている。

法起寺三重塔は、法隆寺の初重・三重・五重の各層の規模と同じであり[23]、法隆寺五重塔に倣って建てられたとの見解が強い。法隆寺の五重塔はバランスのとれた感じをもたせるのに対し、この塔がずっしりと重い感じがするのは、そのためであろう。

法起寺創建に関する史料として常に取り上げられるのは、鎌倉時代に僧顕真が撰述した『私記』にみえる「法起寺塔露盤銘文」である。露盤そのものは現存せず、銘文だけが次のように伝えられている。

「上宮太子聖徳皇壬午年二
月廿二日臨崩之時於山代兄王
勅御願旨此山本宮殿宇即
処専為作寺及大倭国田十
二町近江国田卅町至宇戊戌年
福亮僧正聖徳皇御分敬造弥勒

像一躯構立金堂至于乙酉
年恵施僧正将竟御願構立
堂塔丙午年三月露盤作」

ここに示された内容は、以下のようである。聖徳太子が薨《こう》ぜられようとした推古天皇三十年（六二二）二月二十二日、山背大兄王に遺詔して、山本宮の建物を喜捨して寺を建てることを託された。そのため、大和の田十二町と近江の田三十町の収益を使って舒明天皇の十年（六三八）に弥勒像が造られ、金堂が建てられた。そして天武天皇の十四年（六八五）にも金堂と塔の工事が行われ、文武天皇の慶雲三年（七〇六）に塔の露盤が上げられたということである。

しかし、舒明天皇の十年に金堂が建てられ、天武天皇の十四年にも「堂塔」、すなわち金堂と塔が建てられたというのでは意味をなさないということから、「堂塔」は「宝塔」の誤りであろうという解釈が出され、その見解が一時期定着したのだが、その反論も出されている。(24)

法起寺の造営の経過を見れば、福亮僧正が金堂を建てたと記されている舒明天皇十年（六三八）から、恵施僧正が塔の工事を始めた天武天皇十四年（六八五）までに、五〇年近くも年月が経過している。寺の造営工事には長い年月を要するといっても、これはいかにも長すぎる。おそらく、露盤銘の記載が正しいのであって、舒明朝に金堂建立の工事が始められたのであったが、皇極天皇二年（六四三）十一月、かねて山背大兄王と確執のあった蘇我氏が差し向けた軍勢によって上宮王家が滅亡したということがあった。その事件によって寺の造営工事が中断されたのであろう。その後、天武朝に法隆寺の再建事業が始まり、それに伴って斑鳩地域の寺々の修理工事などが行なわれるようになり、法起寺に関しても恵施僧正によって工事が再開されたということと考えられる。

法起寺三重塔の心柱は基壇上面に据えられた心礎上に立てられており、三本継ぎである[25]。下方だけが当初材で、上方は弘長二年（一二六二）に行われた大修理の際のものである。中間は明治三十年（一八七九）と同三十一年に行われた修理の際のものである。当初材は現存の長さが一〇・五メートル、断面八角形で下部の差渡しが七〇センチである。下端は心礎の枘《ほぞ》穴に合わせて大きな丸枘を作ってそこに入れられている[26]。

心礎の柱座は円形であり、その中央に舎利孔を穿っている。さきに法隆寺五重塔心柱に添木を付けていたことを述べたが、法起寺三重塔では添木を付けた形跡は認められない。心柱の頂部は嘉永七年（一八五四）六月の地震で折れたため、継ぎ木されていたが、明治期の修理でその部分が銅版製に改められている。この修理の際に、心柱の中間に新材が補強されたのである。

薬師寺

平城京薬師寺には三重の東塔が建っている。薬師寺はもともと天武天皇九年（六八〇）十一月に皇后、後の持統天皇が病にかかり、その病気平癒を祈って発願されたと『書紀』に記されている。同じ内容のことは平城京薬師寺東塔の露盤銘にも見える。しかし、建立発願後間もなく皇后の病気が癒えたためか、当時進められていた大官大寺の造営工事が優先されたようで、『七大寺年表』や『僧綱補《そうごうぶ》任《にん》抄出』などには、天武天皇十一年（六八二）に着工されたことをうかがわせる記事があるが、もう少し遅れての工事ではなかろうかとも考えられる。しかし、持統天皇二年（六八八）正月八日に、天武天皇に対する無遮大会《かぎりなきおおえ》が薬師寺で行われているので、そのような法会を営むことができる程度には中心伽藍は出来上がっていたのであろう。

薬師寺の伽藍配置は、従来のものとは全く異なったものであった。すなわち、回廊内の金堂前面の東西に二塔を配置したものであった。

その伽藍配置に関しては、新羅の感恩寺に倣ったものと考えられている。感恩寺は朝鮮半島を統一した文武王が発願し、次の神文王代に完成した寺で、回廊内に東西両塔を備えた寺として建立された。発願の目的は国を仏教の力を借りて護るという、鎮護国家を標榜した寺であった。壬申の乱に勝利を収めて即位した天武天皇は、その思想に惹かれ、同じ伽藍配置の寺を造営する計画を立てたのである。ただ、その見解に対しては異論もある。すなわち、感恩寺建立の発願の事情は、倭兵から自国を護るためであると『三国遺事《さんごくいじ》』(27)にある。それは白村江の戦いを意識してのことと考えられる。したがって、本来敵対していた倭の国にそのような情報がもたらされるはずがないというものである。確かに一理ある。しかし、天武朝はすでに新羅との好《よしみ》を回復している。天武天皇二年（六七三）閏《うるう》六月には、天皇即位を寿《ことほ》ぐ使者が新羅から渡来する。併せて先の天皇、すなわち天智天皇に対する弔問使も渡来するのである。そのようなことからすれば、新羅から感恩寺のデータがもたらされたと考えることに違和感はない。

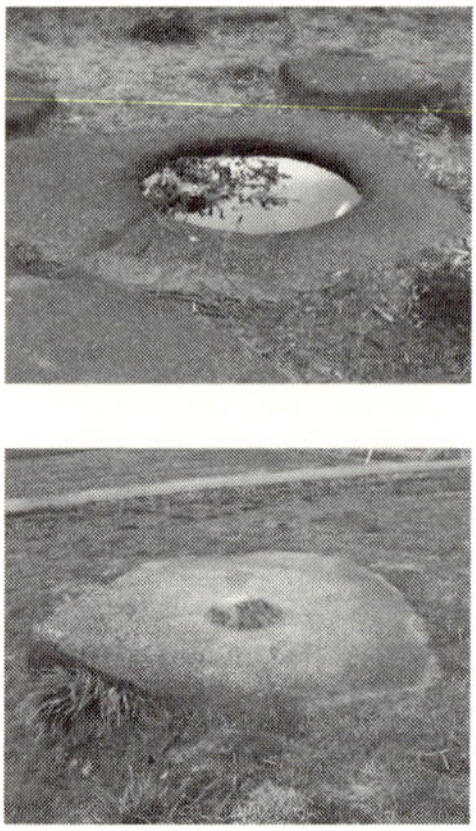

本薬師寺の塔心礎
東塔（上）と西塔（下）

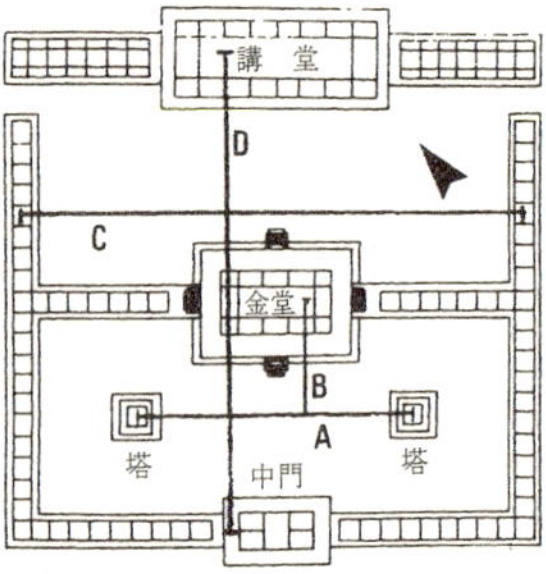

新羅 感恩寺

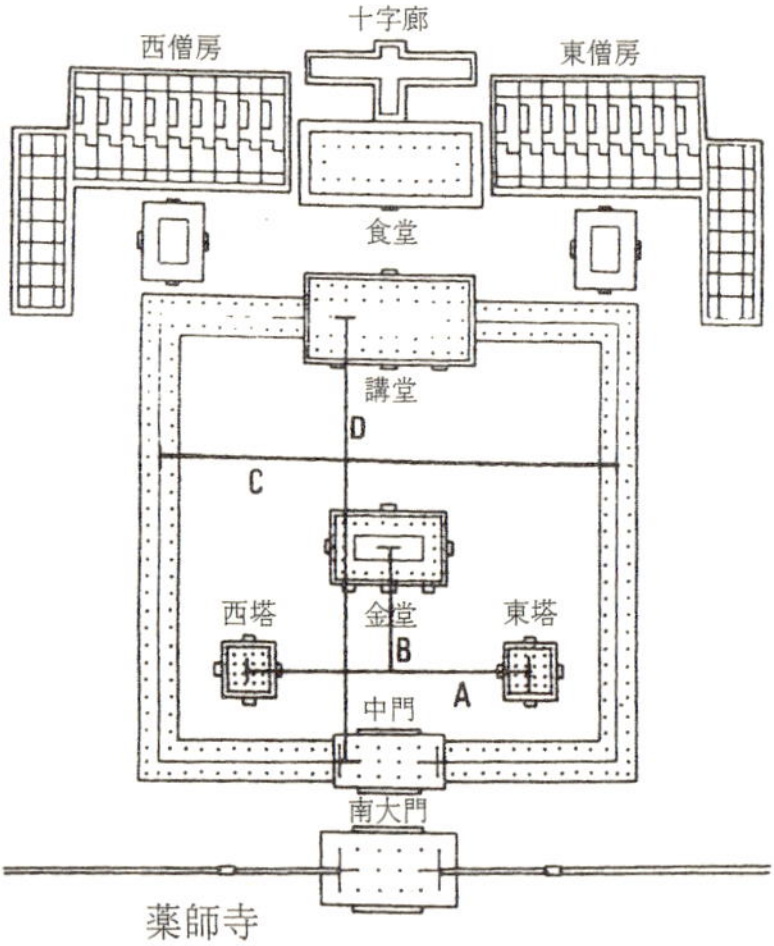

薬師寺

	感恩寺	薬師寺
A：B	1 : 0.4094	1 : 0.4079
C：D	1 : 0.9093	1 : 0.9096

新羅感恩寺と薬師寺の堂塔配置の比率

そのデータというのは、感恩寺と薬師寺とで堂塔配置の距離の比率が近接していること、両者の数値をくらべてみると、誤差がきわめて僅かだということからの見解であり、決して偶然そのようになったのではないということである。[28]

この薬師寺に関しては、藤原京から平城京へ移建したか否かという点がかねて問題視されていたが、現在では平城京に遷都した後に右京六条二坊の地に、新たに建立された可能性が高いとの見解が示されている。

それは中門地域の発掘調査によって本薬師寺中門と、平城薬師寺中門が規模の上で大きく異なることが分かったこと、両者の回廊寸法が異なることが分かったことなどによる。また本薬師寺の調査で奈良時代の瓦が出土しており、平城遷都後にも平城薬師寺から瓦の供給を受けていたことなどによる。そして東塔地域の発掘調査では、創建時の瓦以外に奈良時代から平安時代の瓦も出土し、それらが平城薬師寺や平城宮との同笵品であったことが分かった。[29] したがって、東塔は平城遷都後も創建時の位置に存在していたことが明らかなのである。

平城京で新たに薬師寺が建立されたことによって、藤原京に建立された薬師寺を本薬師寺と呼ぶようになった。

平城京薬師寺は現在までに天延元年（九七三）と享禄元年（一五二八）の二回大きな火災にあっている。そしてその後も何度か火災にあっているが、東塔はその姿を今に伝えている。塔は三重で、各重に裳階《もこし》が付けられており、一辺約一四・五メートルの花崗岩製の壇上積基壇の上に建っている。基壇の本来の高さは今よりも高く、一・五メートルあったものと推定されている。

　東塔の心礎の状況は分からないが、本薬師寺跡では東の塔心礎に舎利孔があり、西の塔心礎にはそれがないのに対して、平城京薬師寺では西の塔心礎に舎利孔が彫られている。そのことからの類推なのであるが、平城薬師寺東塔心礎には舎利孔がないのではないかと考えられている。現在、東塔の解体修理工事が進行中なので、いずれそのことが明らかにされるであろう。

　四天柱と側柱の礎石はいずれも方形で、方形の柱座を造り出している。地覆座はない。裳階《もこし》の礎石は本柱の礎石より小形で方形柱座をもち、これには地覆座が造り出されている。初重の側柱と四天柱はいずれも円柱で、上部を細めたふくらみをもっている。そのふくらみは他の事例と比べるとかなり強くあらわされているが、法隆寺の金堂や五重塔のような上下を細めたものではない。裳階には角柱が用いられている。

　心柱は心礎上に立っているが、心礎には根継ぎ石を据え、その上に厚板を敷いている。心柱は二本継ぎで、接合部には副木が付いている。いつの修理の際か定かではないが、二重の裳階部分に相当する位置で心柱に太い貫《ぬき》が通っている(30)。

当麻《たいま》寺

「当麻曼荼羅」で名高い当麻《たいま》寺には、古代に建立された三重塔が二基存在する。この寺の創建年代は明らかではないが、金堂本尊の塑像弥勒仏坐像は白鳳様式であり、寺域内から川原寺式軒丸瓦が出土する。その瓦当文様は、川原寺創建時のものに近似している。[31] その瓦当文様の状況からすれば、遅くとも川原寺創建直後、七世紀第Ⅳ四半期には造営工事が始められたものと思われる。

東塔の建立年代はさほど明確ではないが、初重の広さに比べて高さが高いことや、組物の形から天平時代の末頃と考えられている。[32] 修理工事が何度か行われているが、その年次はあまり明らかではない。鎌倉時代以前に大修理が行われ、鎌倉時代に三重の改造を含む大改造が、そして室町時代と江戸時代にも修理工事が行われ、明治三十五年（一九〇二）から翌年にかけても修理工事が行われている。

心柱は円形で、基壇上面に据えられている心礎上に立っており、三本継ぎである。中間が古いケヤキである。心柱の太さは西塔を参考にすれば、直径五〇センチほどであろう。塔の総高は二三・七メートルである。三重の上にある相輪の「宝輪」は、一般的には九個の輪「九輪」で構成されるのであ

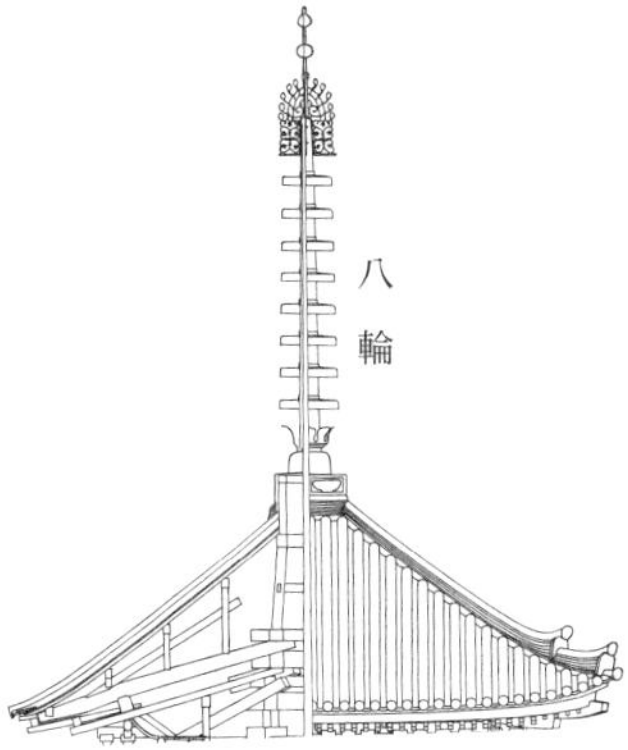

当麻寺西塔の相輪部

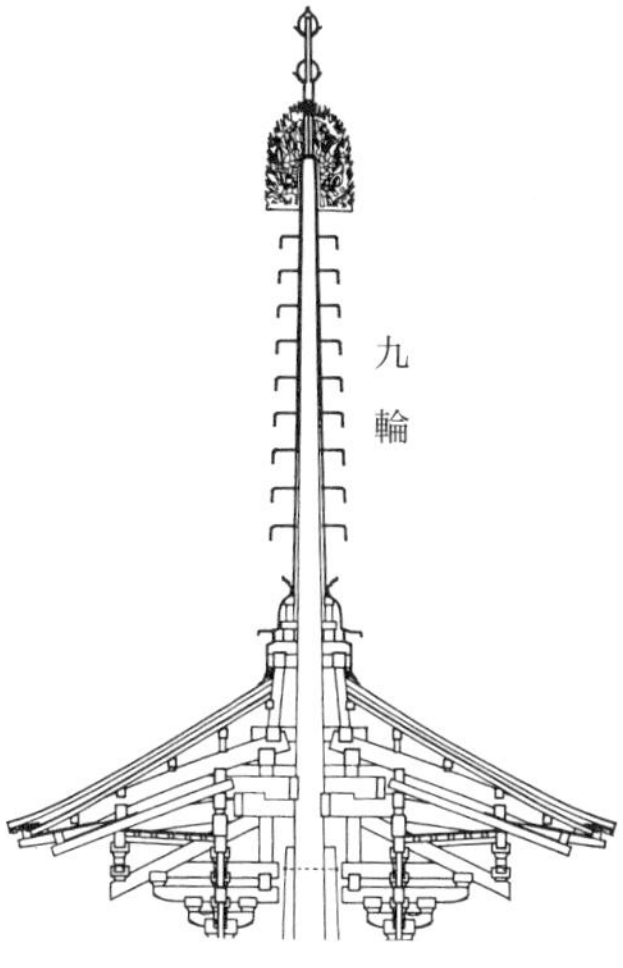

一般の塔の相輪部

るが、当麻寺の相輪は八輪なのが特徴である。その意味に関しては分からない。

西塔は平安時代の初め頃の建立と考えられている。[33] 建立後に修理工事が何度も行われており、建保七年（一二一九）、慶長十八年（一六一三）、正保三年（一六四六）、明和四年（一七六七）、そして明治四十四年（一九一一）から大正三年（一九一四）にかけての、都合五回修理工事が行われている。これらの修理工事のうち、明治以前では明和の工事がかなり大規模であったとみられている。

心柱は東塔と同様、心礎上面に立っており、三本継ぎである。中間のものは短く、これは大正修理の際の取り替え材である。それ以前は二本継ぎであった。下方の材はケヤキである。ケヤキが使われていることに、その呪術性との関わりから、ここでも興味が惹かれる。心礎には直径七〇・五センチ、深さ一六センチほどの柱座が穿たれているのであるが、心柱の直径は、根元で約四九センチである。心柱は心礎の柱座よりもかなり細いのでバランスがとれていない感じがする。他の塔の心柱から見ても細すぎるように思われる。塔の総高は二四・五メートルである。

心柱の須弥壇上の部分は、四方を板で囲んでいる。東と西は一枚、北は二枚、南が三枚である。そして東方の板には三千仏図、西方の板には浄土《じょうど》曼荼羅《まんだら》が描かれているが、剝落がはげしい。この上にも同じような位置に止釘痕があるので、ここでも板囲いがあり、彩画されていたものと考えられている。

なお、大正修理の際に心柱頂上に彫られたくぼみから舎利容器が発見されている。

法隆寺若草伽藍の塔心礎も、地上式であったことが発掘調査によって確認されているが、心柱座が特殊な形態であるので次節でそのことを含めて述べる。

四　心礎の添柱座

心柱に添木《そえぎ》を伴うものに関しては、法隆寺五重塔や法輪寺三重塔に見られることについてさきにふれた。添柱《そえばしら》が伴うものもあるはずなのであるが、実際には確認されていない。それは地下式心礎や、中間式心礎に伴うところから、残りにくいのである。しかし、心礎の中には円形の柱座の三方や四方に半円形の添柱用の柱座を伴うものがあるので、添柱をもつ心柱があったことは確実である。

二種の添柱座

心柱座に添木用の半円形の彫込みをもつ心礎には二種があり、心柱座の三方にあるものと、四方にあるものとが見られる。橘寺(34)、野中寺(35)の副柱は心柱の三方にあり、若草伽藍(36)、尼寺廃寺(37)、西琳寺(38)のでは心柱の四方に彫られている。心柱の柱座は添木座が三方のものは円形で、添木座が四方のものは方形である。このことからすれば、添木座が四方にあるものは心柱の断面が八角形の可能性がある。それは添木座と添木座との間の心柱座の一辺長と、添木座の幅とがほとんど同じ寸法であることからの判断である。したがって、四方に添木座をもつ心礎に立てられた心柱は八角形の可能性が強いと考えられている。

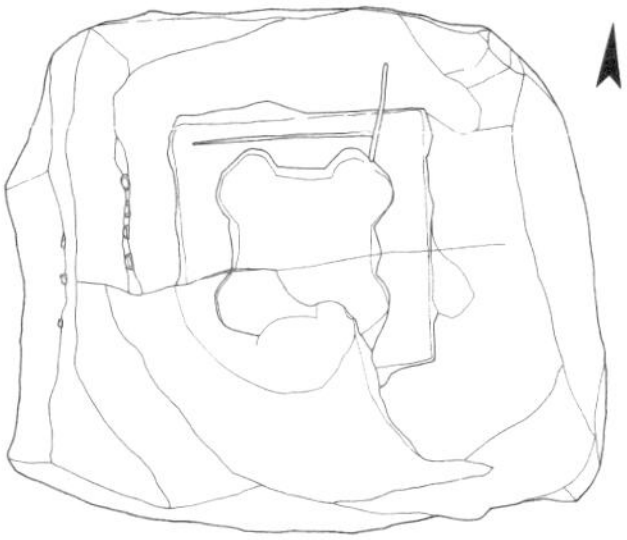

法隆寺若草伽藍の塔心礎

橘寺の塔心礎

それでは三方に添木座があるものの心柱はどうなのか、ということになる。可能性としては断面六角形の心柱を想定したい。ただ、橘寺の心礎では添木座と添木座との間の心柱座の一辺長と、添木座の幅とが一致しない。添木座の幅が狭いのである。それでは心柱の断面が正六角形にはならず、必然的に心柱が正六角形にならないことになる。広い辺と狭い辺が一辺おきになる。

地下式心礎、すなわち地下深くに心礎を据えるのは、心礎の根元をきちんと固定する必要があったからなのであろう。それに加えて添木が伴うのは、さらに強く固定することを求めたからなのであろう。そして中間式心礎、地上式心礎に変化してくるのは、軸部の組み方の発達に伴うものではなかろうか。

添木の規模も、その柱座からの復原では、例えば、若草伽藍の心礎では添木座の直径が心柱座の直径の二分の一の規模であり、尼寺廃寺でも添木座の直径は二分の一に近い数値を示しているのである。添木というより添柱と表現するのが適当という感じもする。いずれにせよ、添木用としてはずい分太い材を使っているという感じである。さらに法隆寺五重塔のように、添板を当てている場合もある。

山田寺のように、根巻き粘土が使われていたことが確認されている場合もあり、心礎と添木・添板の固定が考慮されているのである。そして堅固な版築によって心柱がさらに固定され、その堅固な基壇上に塔が建立されるのである。

若草伽藍塔心礎

七世紀前半の塔心礎では、地下式心礎がほとんどであり、地下式心礎の場合、基壇中に心柱の根元が埋め込まれることによって、心柱が固定されることを強調したが、ここに一つの例外がある。それは若草伽藍の塔心礎である。すでに記したように、若草伽藍の心礎の柱座には四方に添木用の彫り込み穴が穿たれている。しかし七世紀前半建立の塔でありながら、この心礎は地上式なのである。

その心礎は、明治年間のある時期に寺外に出されたものが、昭和十四年（一九三九）に寺に戻されることになったのである。『古今一陽集』[39]に心礎の図があり、これが編さんされた頃には確実に地上にあったのである。戻されることになった心礎の、その位置を決めるのに当時の佐伯定胤管長をはじめとする古老たちに尋ねて、子供の頃に心礎付近で遊んだ記憶などを思い出してもらったという。[40]そしてその推定地に幅約九〇センチ、長さ約九メートルのトレンチを十文字に入れて発掘したところ、心礎の下に敷きつめられたと思われる瓦や砂利層を見つけて、そこに据えられたのである。当時の国鉄法隆寺駅から寺まで、道路に丸太を並べてその上に礎石を据え、礎石に結びつけた鉄索を、人力で引いて滑らせて行くのに、七日間を要したという。[41]後の発掘調査で、その位置が中心から若干北に寄っていることが分かったが、ほぼ元の位置であった。

このようにして心礎は据えられたのであったが、大きな疑問点が一つある。それは七世紀前半に建立された塔の心礎がなぜ地上式なのか、という点である。前節で記してきたように、心礎を据える位置の大きな流れは、地下式から半地下式へ、そして地上式に変化しているのである。若草伽藍の塔は七世紀前半代、それも第Ⅰ四半期に遡る可能性もある。七世紀後半に再興された西院伽藍五重塔の心礎は地下式なのである。この方は古式の据え方に倣ったとみても差し支えないのであるが、若草伽藍の塔心礎の位置、すなわちその据えられた高さが大きな疑問なのである。なぜ七世紀前半代の塔心礎が、基壇上面に据えられたのであろうか。

わが国へ仏教文化が伝えられたルートは百済からであると、『書紀』や『元興寺資財帳』などには記されている。そして、寺造営の技術が伝えられたことに関しても同じように記されている。しかし、文化流入のルートは多様なのである。このことについて、若草伽藍の出土瓦からみてみよう。

平成四年(一九九二)に刊行された『法隆寺昭和資財帳』「瓦」[42]によれば、若草伽藍から二四種類の軒瓦が出土していることが明らかにされている。それらの軒瓦の文様は多様であり、多方面からの技術が導入された状況をうかがうことができる。若草伽藍の軒丸瓦(図1)は飛鳥寺で初期の段階に用いられたもの(図2)との同笵品であり、明らかに蘇我氏側から技術がもたらされたことを示している。軒平瓦に関しては、その創建時に生産された軒平瓦の文様が全パルメットである(図9)。本来パルメットは全パルメットと半パルメットとが組み合わされて用いられるものであるから、高句麗や中国南朝に見られる資料との関連が注目される。(43) 若草伽藍の軒丸瓦（図3・4）も注目すべき資料であり、中房の周囲に溝をめぐらせている。大和の七世紀代の軒丸瓦では、長林寺（図5）と片岡王寺（図6）に見られ、いずれも斑鳩に近い地域に営まれた寺である。これら二つの軒丸瓦のように中房の周囲に溝がめぐらされる事例は、全国的に見てもさほど多くない。

遺構の面ではすでにここで問題にしている塔心礎が地下式でないところであり、これが七世紀前半代の他の寺院と異なる点なのである。昭和四三・四四年（一九六八・六九）度に行われた発掘調査で、

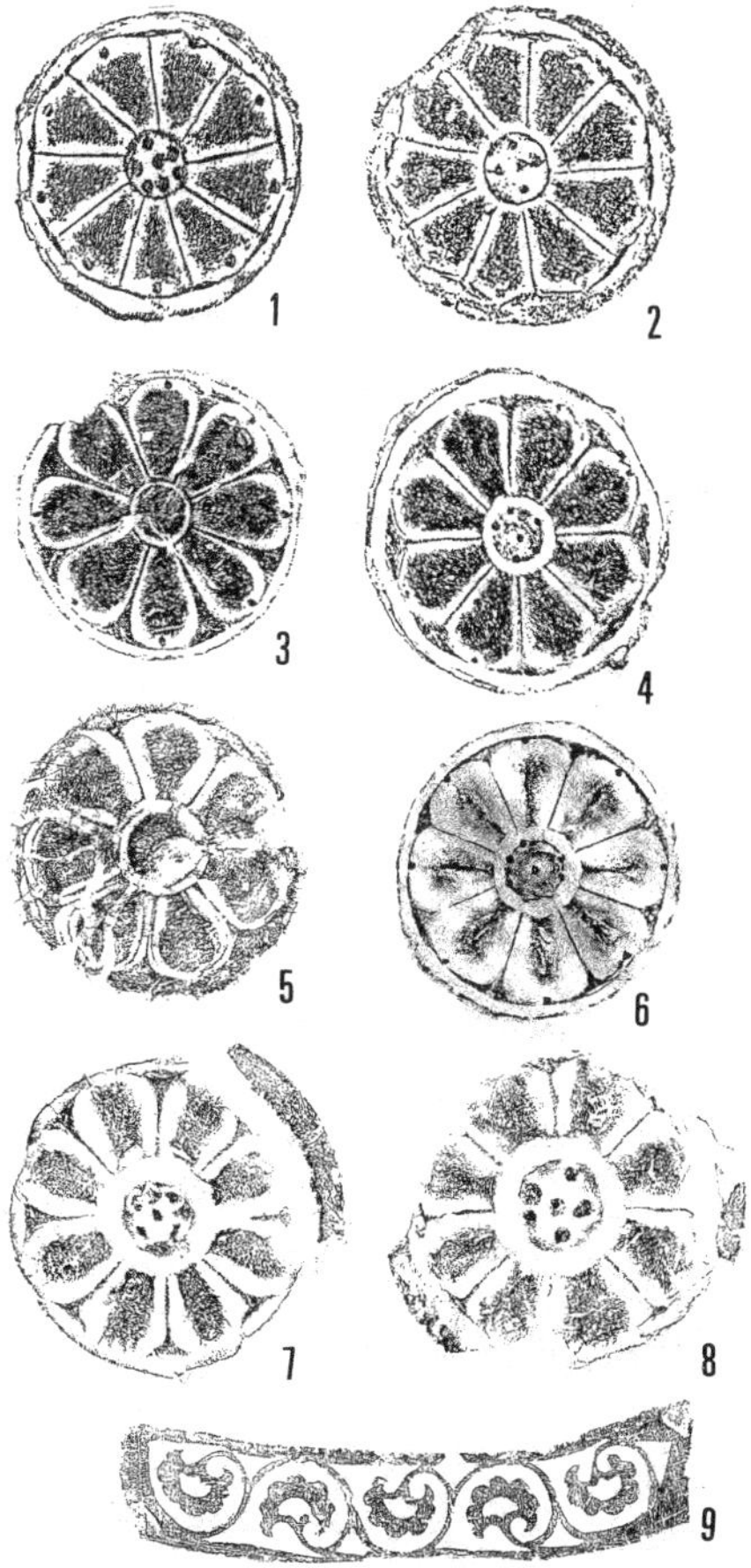

法隆寺若草伽藍と関連の軒瓦

この心礎が地下式でないことが確認された[44]。七世紀前半代に営まれた寺々、飛鳥寺、定林寺、中宮寺、四天王寺、山田寺等々いずれも心礎は掘込地業の底に据えられている。したがって、若草伽藍の塔心礎が地下式でないということから、若草伽藍の造営年代を引き下げる見解もあったほどである。しかし、同様な状況の事例を他に求めてみると、新羅皇龍寺の塔心礎が同様に地上式なのである[45]。皇龍寺は五六六年の創建であるが、第一次伽藍での塔の建立年代は明らかでない。しかし、第二次伽藍では塔の完成が六四五年のことであり、これは古新羅時代の造営である。

ここに、七世紀前半代の寺院における塔心礎が基壇上に置かれた事例のあることが分かったのであるが、単に心礎が地上式であるという共通点だけではなかろう。心礎が地下式か、地上式かということでは、当然のことながら建物部材の組み方、構造が異なるはずである。若草伽藍の心礎と皇龍寺の心礎が地上式であるという共通点が見られるということは、心柱や四天柱、側柱への組み物の状況も共通したものがあったのではなかろうか。すなわち、建築様式に当時わが国で採用されていたものとの違いがあったのではなかろうかというように、心礎の共通点から考えられるのである。

さきの軒丸瓦図3・4に見られる、中房の周囲に溝をめぐらすものは、古新羅の軒丸瓦に顕著に見られるのである（図7・8）。ここに若草伽藍の遺構・遺物に古新羅の要素が含まれていることが明らかになってきた。

その頃の摂政であった聖徳太子の政策を見てみよう。推古朝が成立すると同時に聖徳太子は皇太子・摂政となった。そして推古天皇の九年（六〇一）から斑鳩の地に宮殿を営み、同十三年（六〇五）から斑鳩宮に住まうことになる。この五年間に、新羅との関係に変化が生じたと考えられる。

聖徳太子が政権に関わるようになった時には、対新羅関係は緊張状態にあり、征討軍の派遣が決定されていた。しかし、それなりの理由があったとは言え、新羅征討軍が編成されながら、実際には派遣されなかった。むしろ中止されたと考えられるのである。東アジア世界の情勢を分析して、新羅と敵対することが得策ではないと判断されての政策変更と考えられるのである。その変更は聖徳太子による決断であったろう。そして、中国大陸に成立した隋から進んだ文化を取り入れることに力を注ぐ方針に変わったものと考えられる。しかも、冊封《さくほう》体制に組み込まれない形での国交であった。

推古天皇十五年（六〇七）に派遣された遣隋使が携えた国書の文面は、有名な「日出ずる国の天子、書を日没する処の天子に致す。恙《つつが》なきや」であった。隋の皇帝煬帝《ようだい》は「日出ずる国の天子、書を日没する処の天子」の「天子」の語に不快感をあらわしたが、隋は高句麗への外征や国内における大規模な土木工事によって、勢いに衰えが見え始めており、推古朝廷の申し出を認めざるを得ない状況であった。そして、実際に推古朝廷は遣隋使を派遣し、留学生・留学僧を送っているのである。やがて隋が滅び、その隋をはるかに凌駕《りょうが》する版図《はんと》を擁するに至った唐が成立したことによって、さらに先進文化受容の必要性を痛感したことであろう。

中国から留学僧が新羅船に乗って帰朝したこともあり、新羅との関係は良好なものであった。推古天皇十八年（六一〇）に新羅使が来朝した際の『書紀』の記事からは、朝廷での儀式がきわめて丁重なものであった様子をうかがうことができ、この記事は、小墾田宮《おはりだのみや》の殿舎配置復原の大きな手がかりとなっている。

聖徳太子が斑鳩に入る以前と、入ってから、そして太子薨去《こうきょ》後における新羅との関係は大きく変化している。聖徳太子薨去の翌年（六二三）、新羅使が渡来し、仏像や舎利をもたらしたが、その年にすでに新羅征討の事が議せられている。聖徳太子による親新羅政策が再び大きく変化することになったのである。すなわち、聖徳太子が斑鳩に居住していた時期は太子主導の政策、親新羅の政策が推し進められていたのである。太子薨去の翌年にすでに新羅征討の議が諮《はか》られることになった事情が、そのあたりの状況をよく示している。

五　相輪樘《そうりんとう》

特殊な塔に相輪樘《そうりんとう》がある。相輪塔とも言う。塔心柱の延長上に相輪がある。これを独立させて、相輪に柱を付けて地上に立てた形をしており、四本の支柱によって設置されている。下の柱の部分を塔に見たてて、内部に経典が納められるという。全国で十数ヶ所にしかなく、ほとんど三重塔や五重塔の相輪と同じように造られているが、水煙だけが伴っていない。

延暦寺西塔

延暦寺西塔は、伝教大師最澄《さいちょう》が留学先の唐から帰国した後、弘仁十一年（八二〇）に建てたと伝えられ、最古の相輪樘として重要文化財に指定されているが、後補の部分が多いとも、後世の復古作とも言われるが、その形式は信じられるとの見解もある。全体青銅製であり、高さは一〇・六五メートルである。

相輪樘は最澄によって広められたとされているが、奈良時代にすでにあったことが確認されている。それは法隆寺献納宝物の金銅仏光背に、相輪樘があらわされているものがあることによる。奈良時代には図柄として知られていただけであり、最澄によって実物が建てられ、広められたということなのであろう。

日光輪王寺の相輪樘は天海僧正が寛永二十年（一六四三）に、延暦寺のものを模して建てられたものである。(46) 当初は東照宮奥院に建てられたが、慶安三年（一六五〇）に二荒山《ふたらさん》神社近くに移建されたが、神仏分離令によって明治八年（一八七五）に現在の輪王寺山門の手前、東照宮への参道脇に移された。

備中国分寺

備中国分寺の発掘調査では、寺域の東南隅近くで太い掘立柱の遺構が見つけられた。それらは東西に二本、南北に二本で、東西のものは四・二メートル、南北のものは三・七五メートルを隔てて十文字に配置された形であった。それらのうち東以外の三ヶ所では柱根が残っており、直径約七〇センチの太さであった(47)。

この遺構に関しては幢竿《とうかん》支柱との見解もある。幢竿支柱では支柱は二本なので、ここの場合、東西方向と南北方向の二種となるが、東西・南北幢・幡が同時に立てられることはないので、ある時期に東西方向、すなわち幢あるいは幡を南面して立て、ある時期には東面して立てたことになる。しかし、調査結果では、四本の柱が同時に存在したとされている。わが国で確認されている、平城宮や長岡宮などの幢竿支柱では二本の支柱の中央に幢・幡を取りつける柱を建てた痕跡や柱の抜き取り穴がある。したがって、備中国分寺のこの事例では、幢竿支柱の可能性は若干低くなる。

四本柱の構造物というもの、しかも直径約七〇センチもの柱を使った構造物ということでは、単な

日光輪王寺の相輪樘

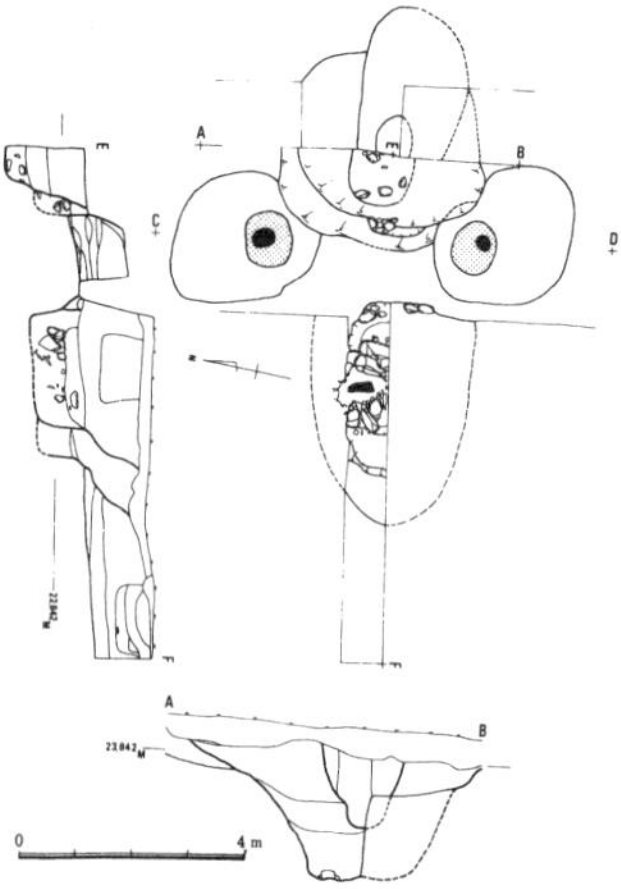

備中国分寺の大型掘立柱遺構

る建物とは考えられず、相輪橖を候補に挙げることができよう。この項の冒頭にふれたように、相輪橖の基礎はおおむね四本柱である。したがって備中国分寺の事例は、相輪橖の遺構と考えることができよう。

相輪橖を記した刊行物には、東大寺大仏殿回廊の東脇に据えられている相輪の複製品をその一つに挙げられているものもある。しかし、それは昭和四十五年（一九七〇）に開催された日本万国博覧会（大阪万博）の際に、ある企業によって奈良時代の七重塔の相輪が復元されたものであって、相輪橖として造られたものではない。

第六章　舎利納置

寺のそもそもの起こりは前章の冒頭でもふれたように、仏舎利を納める施設としての塔、すなわちストゥパが設けられ、それを護り、それに祈りを捧げるための僧侶が住まいする僧坊が附置されたことによる。したがって、寺は塔が起源なのである。そのストゥパは当初は単なる半球状のものであったが、基壇を設け、傘を設置するというように次第に変化し、仏教が東方に伝えられるとともに中国に至って楼閣建築となり、我々が目にする三重塔、五重塔になったのである。その塔の頂部に露盤、伏鉢、九輪があり、ストゥパの原形をとどめている。

そして仏舎利は塔の心柱の頂部や、心柱を支える礎石、すなわち心礎に舎利孔を穿って納められた。

一　柱頭への納置

大野丘北塔

舎利が「柱頭《はしらがみ》」に納められたという記事が『書紀』にある。仏教がわが国に伝えられた、その四六年後のことであるが、敏達天皇十三年（五八四）という年の『日本書紀』の記事は、仏教関係に終始している。敏達紀の冒頭には「天皇、仏法を信《う》けたまはずして」とあるにも関わらず、である。

その年九月の記事には鹿深《かふかのおみ》臣某が弥勒の石像をもっていたこと、佐伯連某が仏像をもっていたことが記され、その二躯の仏像を蘇我馬子が譲り受けたのだという。弥勒の石像というものが石像の弥勒菩薩なのか、弥勒菩薩に似た石像なのかよく分からない。佐伯某がもっていた仏像も、金銅仏なのか、木像なのか、またどのような種類の仏像なのかも分からない。

馬子は人を方々へ遣わして仏像を祭ることのできる僧侶を探させた。そして播磨国で還俗《げんぞく》していた高句麗僧恵便《えべん》を見つけ出し、彼を招くことができた。還俗僧ということは、わが国での布教を志して高句麗から渡来しながら、その目的を達しえなかったということであろうか。僧恵便については『元興寺資財帳』にもその名が見え、そこには「比丘尼法明」と並べられている。いずれにせよ、馬子はそれらの仏像を祭るために邸の東に仏殿を営んだ。

馬子が厚く仏教を敬ったためか、司馬達等が舎利を得たという。翌年二月にその舎利を祭るために、大野丘の北に塔を建立した。ところが再び疫病が流行したために、物部守屋《もののべのもりや》と中臣勝海《なかとみのかつみ》とが塔を倒して火をつけ、仏像を難波の堀江に棄てたという。この説話は、仏教公伝の際に蘇我稲目《いなめ》が仏像を祭ったために疫病が流行したとして、物部尾輿《おこし》と中臣鎌子とが仏像を祭った向原の寺を焼き、仏像を難波の堀江に棄てたという記事と、関わった人物の名が異なるだけで、筋書きが全く一致している。おそらくどちらかが、あるいは両者とも単なる説話なのであろう。仏教伝来から三〇年を経てもなお、仏教をめぐって豪族間の争いが絶えなかったことを示すものである。

和田廃寺塔基壇
大野丘北塔跡の伝承のあった土壇

司馬達等が得たという仏舎利は、大野丘の北に建立した塔に納められた。『書紀』には「塔の柱頭に蔵《おさ》む」と記されている。「大野の丘の北の塔」に関しては、和田廃寺の塔跡が「大野塚」と呼ばれていたことから、その土壇がそうであろうと昔から考えられていた。しかし、昭和五〇年（一九七五）に発掘調査が行われ、確かに塔の基壇ではあったが、出土した瓦の年代観から、敏達朝には遡らないことが確認された[1]。

「柱頭」という表現は、塔の心柱の頂上の意味に解することができる。現に後述するように、当麻寺の西塔では心柱の頂部に納められた舎利を発見している。または、相輪部の可能性もある。

司馬達等が得た仏舎利に関しては、同じ内容の記事が『聖徳太子伝暦《でんりゃく》』（以下『伝暦』）にも見えるのであるが、『書紀』の記事とは若干異なっており、理解しにくい面がある。

敏達天皇十三年（五八四）に蘇我馬子が手にした仏像を祭ったことによって、司馬達等が舎利を得たことまでは『書紀』と同一の内容なのである。しかし翌年の記事が異なっている。蘇我大臣とあるから、馬子のことであるが、二月に彼が大野岳の北に塔を建てるべく斎会《さいえ》を設けた。そこに聖徳太子との関わりが出てくるのであり、太子がその儀式に臨み塔の心柱を立てるに及んだ時に、太子が「塔は仏舎利の器であるから仏舎利を安置しなければ塔にあらず。もし大臣が舎利を得なければ塔は必ず倒れるであろう」と述べたことによって、大臣が舎利感得を祈ったところ、その三七日後に舎利を感得できたという。そして、その舎利を瑠璃《るり》の壺に納めて「塔心柱下」に安んじたとある。ここにいう心柱下は、舎利を「比及立心柱」に感得したということからすれば、心柱を立てる直前ともとれるし、立てた直後ともとれる。したがって、前者であれば心礎であるし、後者であれば、心柱のどこかということになろう。

ここに見える聖徳太子は、史料によって異なるが、この時十二歳ないし十三歳の少年である。『伝暦』によれば敏達天皇元年に生まれたとされているので、十三歳である。太子が仏教に精通していたからといって、そのようなことを述べたとは考えられない。おそらく後に盛んになっていく、太子信仰の高まりから挿入された説話なのであろう。『伝暦』は平安時代の中期に作られた太子の伝記であり、これにより聖徳太子信仰が高まっていった。

当麻寺西塔

実際に塔の心柱頂上から舎利が発見された事例としては、大和当麻寺西塔のものがある。これは明治末年（一九一二）から大正三年（一九一四）にかけて行われた修理工事の際に発見されたものであり、心柱の頂上のくぼみから発見されたと報告されている。(2) 舎利がその位置に納められたのは、修理の際に発見された建保七年（一二一九）四月七日付けの文書に、このことが記されている。発見された品々は金銅の壺、金の壺、銀の壺、水晶の五輪塔、水晶玉、古銭などであり、舎利は金の壺と水晶の五輪塔に一粒ずつ、そして一粒は紙に包んであった。古銭には奈良時代鋳造の和同開珎、万年通宝、神功開宝の三種があるが、その他に宋銭が八種含まれていた。それらの宋銭は、建保七年に加えられたのではなかろうか。心礎には中心に直径七〇・五センチ、深さ一六センチの穴が穿たれているが、これは心柱を大入れとする孔であって、舎利孔ではない。したがって塔の創建当初に真身舎利《しんしんしゃり》（本当の舎利、又は舎利に見立てた真珠や宝石、ガラスなどを納めたものを真心舎利といい、舎利の代りに経典などを収めたものを法身舎利という）が納められたかどうかは分からない。

心柱への舎利納置の事例は、この当麻寺西塔のものしか見当たらない。しかし、舎利荘厳具が心柱に納められたことが明らかなものが、中宮寺と尼寺廃寺に見られるのである。このことは、舎利もまた心柱に納められた可能性を示すものでもある。中宮寺では心礎上面の、心柱が立てられた位置から金環二、金糸一、金延板小塊一、琥珀棗玉片二、ガラス捩玉一、丸玉二、水晶角柱一などの、後に五宝とか七宝と称するようなものが見つけられ、尼寺廃寺でも中宮寺と同じように心柱が立てられた位置の心礎上面から金環一二、水晶切子玉四、ガラス玉三などが見つけられた。

両者共に共通していることは、それらの荘厳具が完全な形で見つけられたことである。心礎上面で心柱が立てられた位置からの発見ということは、その位置に当初からそれらの荘厳具が置かれていたとしたならば、心柱によって押しつぶされたはずである。しかし、両者ともに発見された品々は完全な形を保っていたのである。両寺ともに塔の心柱の根元は基壇の中にあった。このことは、法隆寺西院伽藍五重塔にみられるように、長い年月の間に基壇内の心柱は腐朽していったと考えて差し支えない。その状況から考えられることは、発見された荘厳具が心柱の下部で、基壇内に含まれる位置のどこかに孔を穿って納められていたということである。

舎利及び舎利容器は両寺ともに見られなかったので、舎利は基壇より高い位置の心柱のどこかに、あるいは当麻寺の西塔と同じように心柱の頂部に孔を穿って納められたものと考えられよう。

東大寺東塔

『要録』の「権別当《ごんのべっとう》実忠和尚二十九介《か》条事」に、実忠が僧正の命によって東大寺の東塔の露盤を上げた際に、七重塔の匏形《ひさごがた》に舎利十粒と金字最勝王経一部を納めたと記されている。(3) 実忠は権別当とあるから、その時彼は東大寺の副住職であった。ここに記されている多くの事柄をみると、実忠という僧侶はやはりきわめて自己顕示欲が強い性格のように感じられる。

例えば大仏の光背を造るべき国中公磨《くになかのきみまろ》等が「その造り方を知らず」と言って辞退してしまい、そのことが自分に任された。その命を拒み得ず「至心誠を投じて」諸々の大工を指揮して造りおえた。また、その光背を取り付けるに際に問題が生じた。天井と大仏の頂が近すぎるので光背を取り付けることが出来ない、というのである。光背を切り縮めたいと大工等が申した。しかし自分は、天井を一丈切り上げたら良かろうとの考えを示した。工人たちはそのような難しいことは出来ないと主張したが、自分は天皇に奏聞《そうもん》して天井を切り上げて見事光背を納めた。その時から三八年を経ているが、揺るぎもしないと記している。また、称徳天皇の命で造られた百萬塔を納める小塔殿に関しても、その「様《よう》」、すなわち模型が大工等から出されてきたが、甚だ醜いものであった。そこで自分が新たに模型を造った。それは誠に良いものであったので、諸寺は自分の造った模型にしたがって、小塔殿を造ったとも述べている。

東塔の心柱上に露盤を上げるに際しても、同じような調子で記している。東塔の工事が進んで、露盤を上げる段になったが、露盤が「甚だ重く」塔が「甚だ高」かったために工人たちが皆尻込みをしてしまった。確かに高かったであろう。『要録』（巻第二）によれば東塔は高さ二十三丈八寸とある。約七〇メートルの高さである。これは塔本体の高さであり、これに相輪の高さが加わる。やはり『要録』によれば露盤の高さが八丈八尺二寸とある。(4) 二六メートルを少し超える。したがって総高約九六メートルもある。いずれにせよ塔本体の頂上での作業、地上七〇メートルもの高所での作業である。工人たちが怖気《おじけ》づくのも無理はなかろう。その時、実忠は僧正の命を受けて自ら塔に登り、工人たちを督励し二、三ヶ月の間にやり遂げたとある。

そして、ここに露盤とはあるが、相輪をそのように言う場合がある。相輪を設置する作業を命じられたのであろう。そして舎利を実際に納めたところは「匏形《ひさごがた》」とあるので、これは一番上の宝珠とその下の龍車である。この二つは、下から仰ぎ見ると匏の形に見える。ここは心柱そのものではないが、その延長部であるから、心柱に納めたことと同じ意味なのである。すなわち「柱頭」と考えてよかろう。

二　塔心礎への納置

古代の舎利納置の場所として、多く認められるのは塔の心柱を支える礎石、心礎である。それは舎利孔が穿たれていることによって知られるのである。実際に舎利孔から仏舎利が発見された事例としては、法隆寺西院伽藍五重塔からのものがあり、発掘調査の際に見つけられた事例としては近江崇福寺跡の場合と、伊賀縄生《なお》廃寺の事例がある。また、かつて取り出されて舎利容器が伝えられているものに大和斑鳩の法輪寺、摂津太田廃寺、美濃山田寺跡等がある。

飛鳥寺

飛鳥寺の舎利は第五章の塔心柱「地下式心礎の心柱」の項でふれたように、建久七年（一一九六）六月の雷火による焼亡の際に取り出されてしまった。その後心礎ではなく基壇内に木箱に納めた舎利容器が戻されているが、舎利容器そのものがガラス製ではなく金銅製のため、本来のものかどうか分からない。また外容器を伴っていたかどうかも分からない。しかし、心礎に舎利が納められていたことは確かである。

飛鳥寺での舎利納置で注意しなければならないのは、推古天皇元年正月十五日に舎利が納められた時に、合せて各種の荘厳具が多数添えられたと考えられていることである。納められたそれらのうち、発掘調査で見つけられたものは硬玉製、瑪瑙《めのう》製、ガラス製の勾玉《まがたま》などが三個、碧玉製の管玉が五個、水晶製の切子玉が二個、ガラス製の小玉が一四九三個、金環二三個以上、金銀の延板が七枚、金の小粒が七個などのほかに馬具、挂甲《けいこう》（肩にかけて着るよろい）、刀子（小刀）などである。

実に膨大な量である。これらの品々が舎利を納めた時に合せて心礎上に置かれたとすると、心柱を立てる際の作業に差しさわりとなるのではなかろうか。心柱は、舎利を納めた翌日の十六日に立てられたことが『書紀』に記されている。心柱を立て終わってから、心柱の周囲に置かれたと考えるべきではなかろうか。したがって、仏舎利納置の時と、荘厳具を置く時とは日を違えたと考えざるを得ない。

飛鳥寺の檀越《だんおつ》（施主）は蘇我馬子であるから、馬子が日ごろ大切にしていた品々が納められたものに違いない。武具である挂甲が伴っているのは、それが敵から身を護る武具であることから、塔を悪霊から護り、末永い安穏を願う意図があったのであろう。その挂甲も馬子の所持していたものと考えられる。数多く出土している古墳時代の短甲《たんこう》や挂甲の中で、唯一所有者の分かるものである。

法隆寺

法隆寺の舎利は、第五章で述べたように、五重塔心柱の基壇から下に空洞の存在が確認されたことによって発見されたものである。舎利孔は、心礎のほぼ中央に円錐形に近い形で穿たれており、上縁に蓋受けの段を造り出し、鋳銅製の蓋が嵌《は》められていた。

大正十五年(一九二六)と、昭和二十四年(一九四九)に調査が行われた(5)。舎利容器は緑色のガラス製で、口には銀製宝珠形の栓《せん》が嵌められていたが、この舎利容器は信仰上の立場から調査の対象外であったために、詳細はわからない。ただ、大正十五年の調査では舎利不明とされている。外容器は金製容器、銀製容器、金銅製合子《ごうす》を順次入れ子にして納め、さらに金銅製合子を鏡銅製の鋺《わん》に納めていた。金製容器、銀製容器は卵形であり、唐草様の文様を透かし彫りしている。金銅製合子には銀製の兵庫鎖がかけられていた。そして金銅製合子と鏡銅製の鋺には海獣葡萄鏡、玉類、香木などが納められていた。これらは舎利に添えた荘厳具である。海獣葡萄鏡は白銅製で、同笵品と思われるものが中国陝西《せんせい》省出土のものにあると報告されている。

崇福寺跡

近江崇福寺跡の発掘調査は、昭和三年(一九二八)と同十三年(一九三八)に行われた。その調査は、大津京の所在地を求める一環として行われたものであった。調査の結果二つの谷を隔てて、南北三つの尾根で六棟の遺構が見つけられた。そのうち、中尾根に一辺約一〇メートルの塔の基壇遺構があった。

　昭和三年の調査では、基壇上の礎石はすべて残っていることが確認され、それらの礎石には円柱座が造り出されていた。昭和十三年の再調査の際に基壇中央で、基壇面から一・二メートル下に心礎が残っていることが確認された(6)。すなわち半地下式心礎であり、岩盤を掘り込んで据えられていた。心礎は東西約一・八メートル、東西約一・五メートルの石で、ほぼ中央に直径五三センチ、深さ一〇センチの柱座を彫っている。この心礎の南側面を平滑にし、幅二一センチ、高さ一八センチ、奥行約二七センチの孔を穿っており、蓋石で入り口をふさいでいた。これが舎利孔である。

　心礎の上面には、柱座のまわりを取り囲むかのように栗石が積まれており、心柱の根巻きと考えられている。心柱の直径は九〇センチ前後と推定されている。柱座の刳《く》り込みが直径五三センチであることと一致しないが、刳り込みは心柱底に造り出した枘《ほぞ》の寸法なのであろうか。また、根巻きの栗石との関係であろうか。

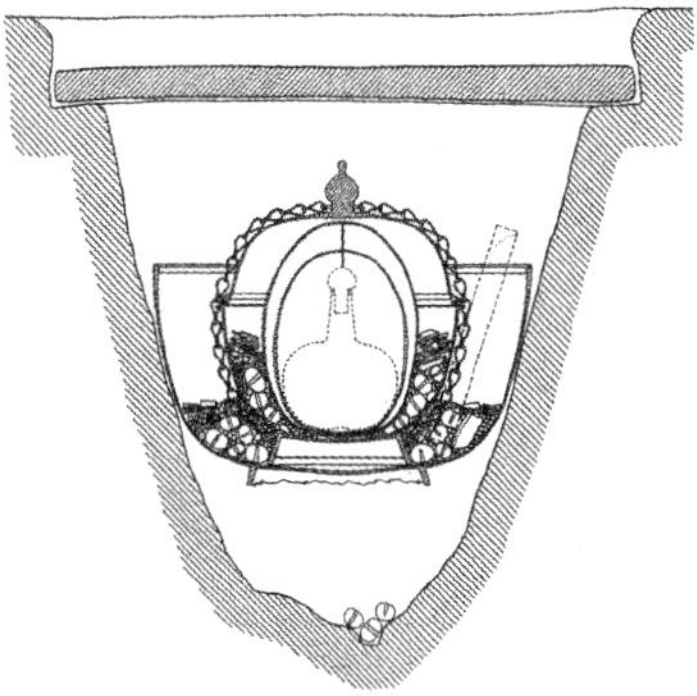
法隆寺西院伽藍五重塔心礎
舎利孔と舎利容器納置状況

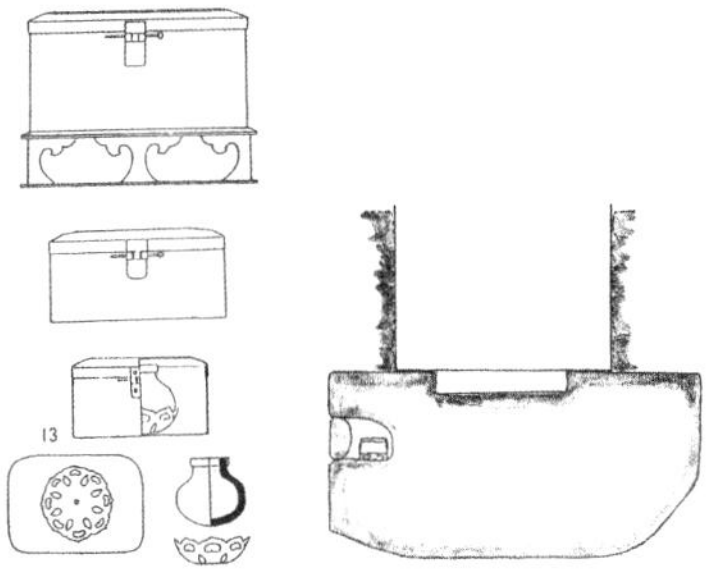
崇福寺塔心礎舎利孔と舎利容器

舎利孔と蓋石の内面には朱が塗られ、金箔が押されていた。朱には呪術性があると考えられているので、そうしたあらわれなのであろう。舎利孔の中には舎利容器と荘厳具が納められていた。舎利容器は緑色のガラス製で、高さ約三センチ、金製の蓋をかぶせている。舎利として水晶粒三点、紫水晶二個、ガラス玉一四個が納められていた。外容器は金製の箱、銀製の箱、金銅製の箱を順次入れ子にして納められていた。金製の箱と銀製の箱は隅丸に作られ、かぶせ蓋をし、前後に留め金を伴っている。いずれも底は平坦である。金製の箱の内面底部中央に金製の八稜の請花《うけばな》を鋲留めしている。ここにガラスの舎利容器を安置していたのである。金銅製の箱には、格狭間《こうざま》（特殊な刳り方をした装飾）を透かし彫りした台脚が伴っている。

これらと共に荘厳具として銀銭十二枚、鉄背で表面に唐草文を打ち出した金銅板で覆っている鏡一面、銅製の鈴一個、硬玉製の丸玉三個が伴っていた。銀銭はいわゆる無文銀銭で、小さな銀片が付着している。一枚だけやや大きなものがあり、これに関しては無文銀銭ではなく、単なる銀の円板だとの見解も見られる。

このように、ガラスの容器に舎利を納め、金製、銀製、金銅製の外容器に順次入れ子にして納めるのが正式な納入法なのである。

縄生《なお》廃寺

縄生《なお》廃寺では舎利孔に唐三彩の椀をかぶせた、滑石製の蓋付壺が納められていた。滑石製の壺には黄緑色のガラス製舎利容器が納められていた。(7) これが舎利内容器で、唐三彩の椀と滑石製の蓋付壺は外容器である。このような舎利の納め方は他には見られない。法隆寺や崇福寺の事例のように、また山田寺に関する史料のように、ガラスの内容器を金、銀、金銅製の外容器に、さらには銅製の容器に入れ子にして納めるのが本来の納置法なのである。もちろん、すべての場合がそのようであったとは言えない。摂津太田廃寺では石製の櫃形外容器であった。いずれにせよ、縄生廃寺塔跡において、ガラスの内容器に舎利が納められていたこと、さらには外容器を用いていたことは、この寺の発願者、造営者が仏教に精通していたことを示すものと言えよう。また、当時貴重であった唐三彩の椀を所持していたこと、それを舎利外容器に使用したことも特筆に値することである。舎利に関しては、発掘調査報告書にその記載が見られない。

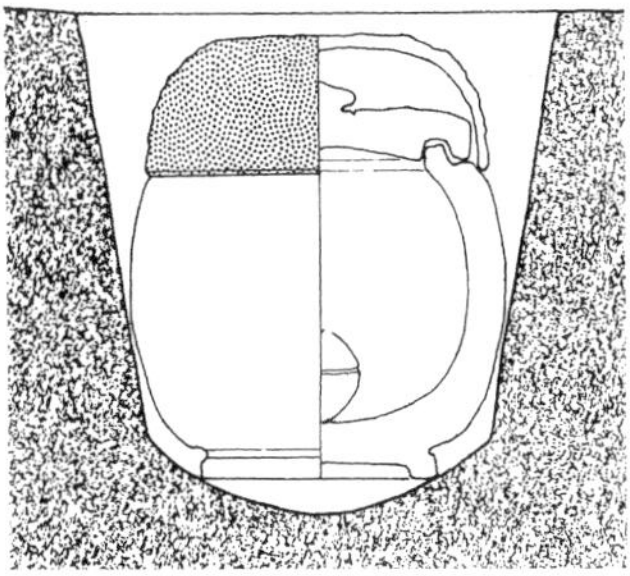
縄生廃寺塔心礎
舎利孔と舎利容器納置状況

山田寺

山田寺の塔心礎への舎利納置に関しては、第五章の塔心礎「半地下式心礎の心柱」の項で少しふれたように、『法王帝説』の「裏書」に記されている。それによると、癸酉の年すなわち天武天皇二年（六七三）に立柱の供養が行われ、舎利孔に舎利が納められたことが記されている。その状況は「其の中に蓋有る大鋺一口を置き、内に種々の珠玉を盛れり。其の中に金を塗れる壺あり。

壺の中に亦種々の珠玉を盛れり。其の中に銀の壺有り。壺の中内に純金の壺有り。其の中に青玉玉《ママ》の瓶有り。其の内に舎利八粒納めたり。」というものである。ここに示された納置法はまさに正式なものであり、ガラス、金、銀、金銅、銅の容器を入れ子にして納めた状況である。銅、金銅の壺に「珠玉を盛れり」の表現は、大量な玉類が荘厳具として納められたことを示しているのであろう。荘厳具として、玉類が納められたことしか記されていないが、それ以外にも荘厳具として多くのものが納められたのではなかろうか。飛鳥寺の状況が想い浮かんでくる。

法輪寺

昭和十九年（一九四四）に、雷火のために焼失した三重塔復興のための事前発掘調査が昭和四十七年（一九七二）に行われ、心礎が基壇上面から約二・三メートル下で見つけられた。第五章の塔心礎「地下式心礎の心柱」でふれたように、基壇上面近くから心礎まで空洞があり、心柱は八角形で、その差し渡しが八〇センチ前後であることが明らかになった。(8) 心礎の中央には直径七五センチ、深さ四センチの孔と直径一五センチ、深さ一〇センチの孔が二段に彫られていた。下段は舎利納置の孔で、上段は蓋のための彫り込みである。蓋穴には鉄錆が付着していたので、鉄蓋が置かれていたと考えられている。

舎利容器は、元文四年（一七三九）にこの塔が修理された際に取り出された。寛保元年（一七四一）に『仏舎利縁起』が作られた際に、その内容とともに図面が作られており、おおよその内容を知ることができる。それらは銅の壺、白銀の箱、瑠璃玉が入れ子になっていた。瑠璃玉に仏舎利が二粒入っていたというから、それはガラスの舎利内容器に納められていたのであろう。また「ひらきみれば霊香塔の内外に馥郁《ふくいく》たり」とあるので、荘厳具の一部として香木が納められていた可能性も考えられている。

三　舎利孔の形と舎利孔のない心礎

塔の心礎に舎利容器を納めるために穿たれる舎利孔があり、それはおおむね心礎の上面中央、すなわち心柱の中心に当たる部分である。舎利孔は円形が多いが、時に方形のものも見られる。丁寧に彫られた舎利孔では二段に作られ、上段に石蓋を落としこむように工夫されている。舎利孔のことをここで述べているが、舎利孔のない心礎も各地に見られるのである。

舎利孔の形と位置

ごく普通に見られる舎利孔は、前節で見てきたように、円形である。しかし、中には方形の舎利孔をもつ心礎もある。

伯耆《ほうき》上淀《かみよど》廃寺中塔心礎の舎利孔は方形である。上淀廃寺ではその心礎が原位置から西に二メートルほど移動されていたが、心礎そのものは原状を保っている。心礎上面に直径七〇センチ、深さ二〇センチの心柱を据える柱座が穿たれている。その中央に長方形の舎利孔がある。上下二段に彫られており、上段は長辺三〇・五センチ、短辺二三センチ、深さ二センチで、下段は長辺二三センチ、短辺一六・五センチ、深さ五センチである。[9]

　摂津太田廃寺（三島廃寺）の心礎は明治の末、開墾の際に発見された。三角形の心礎中央に直径一メートル弱の円形の柱座が穿たれており、その中央に長辺三〇センチ、短辺二一センチ、深さ一五センチの舎利孔が彫られている。心礎が発見された際に舎利容器が伴っていた。出土した舎利外容器は大理石製の四脚をもった櫃《ひつ》である。[10]その形から、舎利孔が方形であったことが肯かれる。石櫃には銅製有蓋鋺、銀製箱、金製箱が入れ子に納められていた。他にみられるような、ガラスの舎利容器についての記録はない。

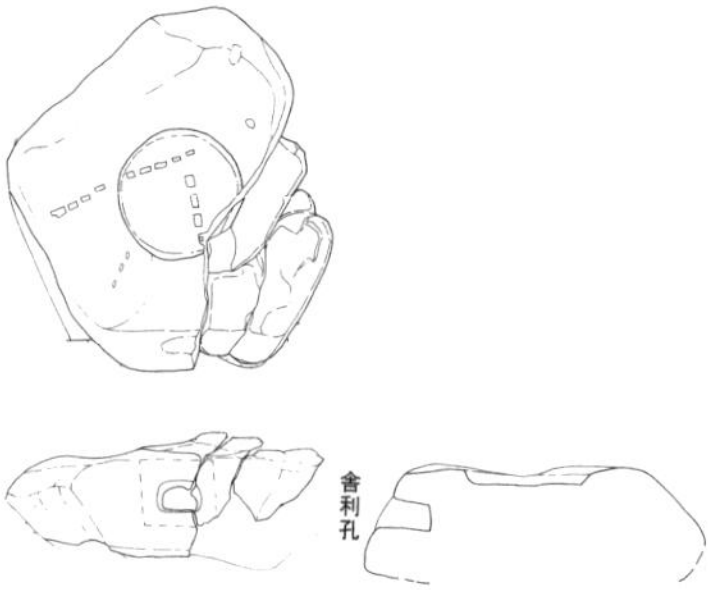

高麗寺塔心礎と舎利孔

　この他、和泉坂本寺[11]（禅寂寺）や備後本郷平《ほんごうびら》廃寺[12]等の舎利孔も方形である。坂本寺の舎利孔は一辺約二〇センチの正方形である。

　今まで見てきた舎利孔は心礎の上面に穿たれたものであるが、心礎の側面に舎利孔を穿ったものもある。さきの崇福寺跡の心礎がそうであるし、山背高麗寺跡の心礎でもその東側面に舎利孔が穿たれている。[13]飛鳥寺では、心礎上面に彫られた正方形の舎利孔の壁面に龕《がん》様の孔が彫られている。

舎利孔のない心礎

舎利孔のない心礎も各地に見られる。すでにふれてきたように、舎利荘厳具が心礎上で見つけられた。中宮寺や尼寺廃寺の心礎には、舎利孔が見られない。したがって舎利は心柱のどこかに納められたのであろうと述べた。ところが、東西二塔を備えた寺が出現し、一方の心礎には舎利孔があり、他方の心礎には舎利孔が見られないというものがある。その代表的な事例は本薬師寺である。この寺は天武天皇九年（六八〇）に建立が発願された。造営に着手されたのは若干遅れ、持統天皇二年（六八八）正月に天武天皇のために無遮大会《かぎりなきおおえ》を薬師寺で営んでいるので、この頃には法会を行なうことができる程度には出来ていたのであろう。

現在、本薬師寺跡に東西両塔の基壇跡が残っており、両塔跡ともに心礎が見られる。そして東塔心礎には舎利孔が見られるものの、西塔心礎にはそれが見られない。西塔では心柱のどこかに舎利を納めた可能性がないとは言えないが、舎利には真身舎利《しんしんしゃり》と法身舎利《ほうしんしゃり》の二種があることにも注意しなければならない。真身舎利はさきにあげたガラスの舎利容器に納められている真珠や水晶などであり、それを舎利に見立てているのである。法身舎利は、その寺にふさわしい経典である。二塔を構える寺で心礎に舎利孔をもつものと、もたないものの両者がある場合には、真身舎利と法身舎利をそれぞれの塔に納めたと考えられるのである。したがって、本薬師寺が発願されたその頃にはそうした思想というか、考え方が存在したのである。

さきにあげた東大寺東塔で、心柱のさらに上にある相輪頂部の匏形《ひさごがた》に舎利十粒と最勝王経とを納

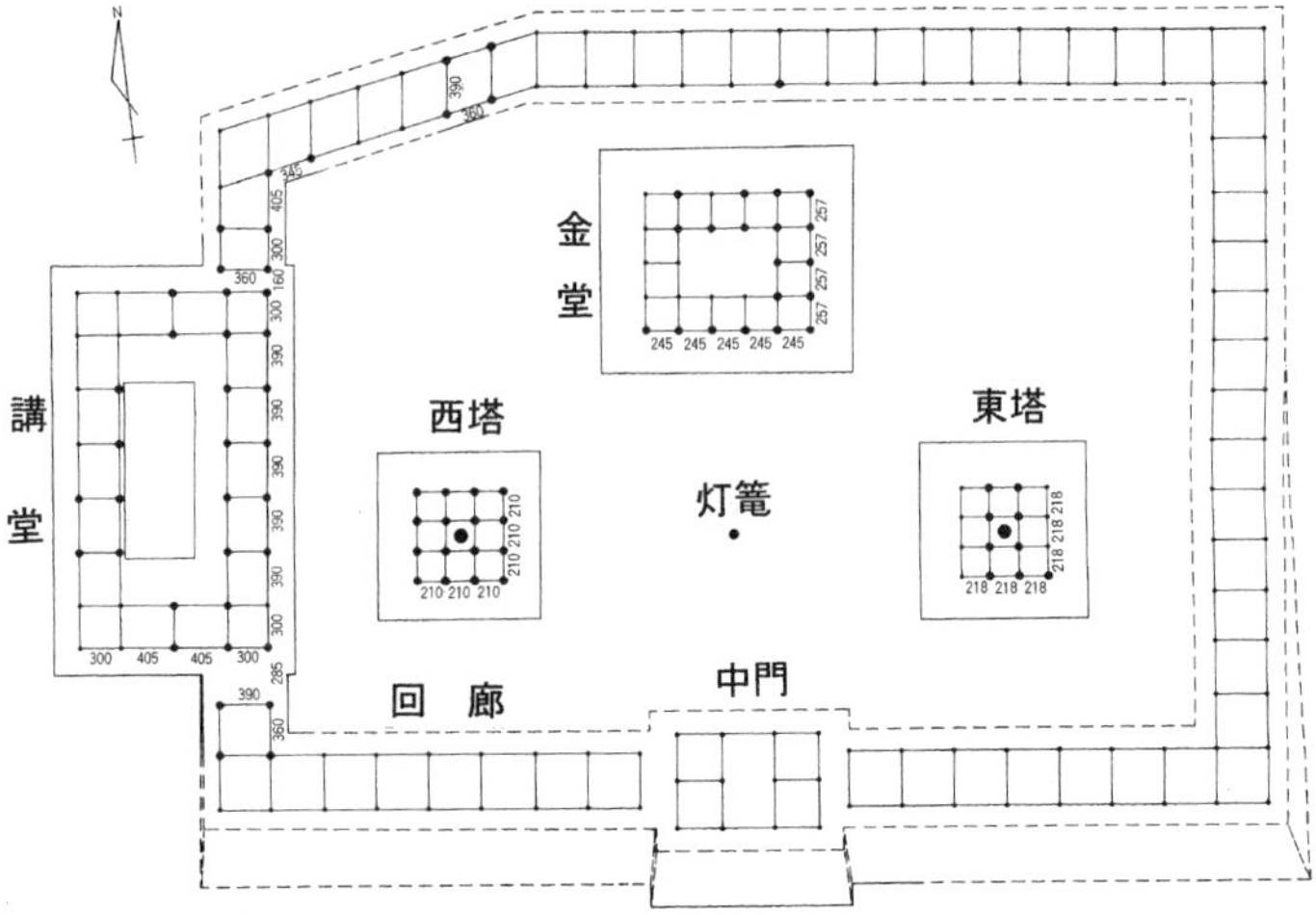

上野廃寺伽藍配置図

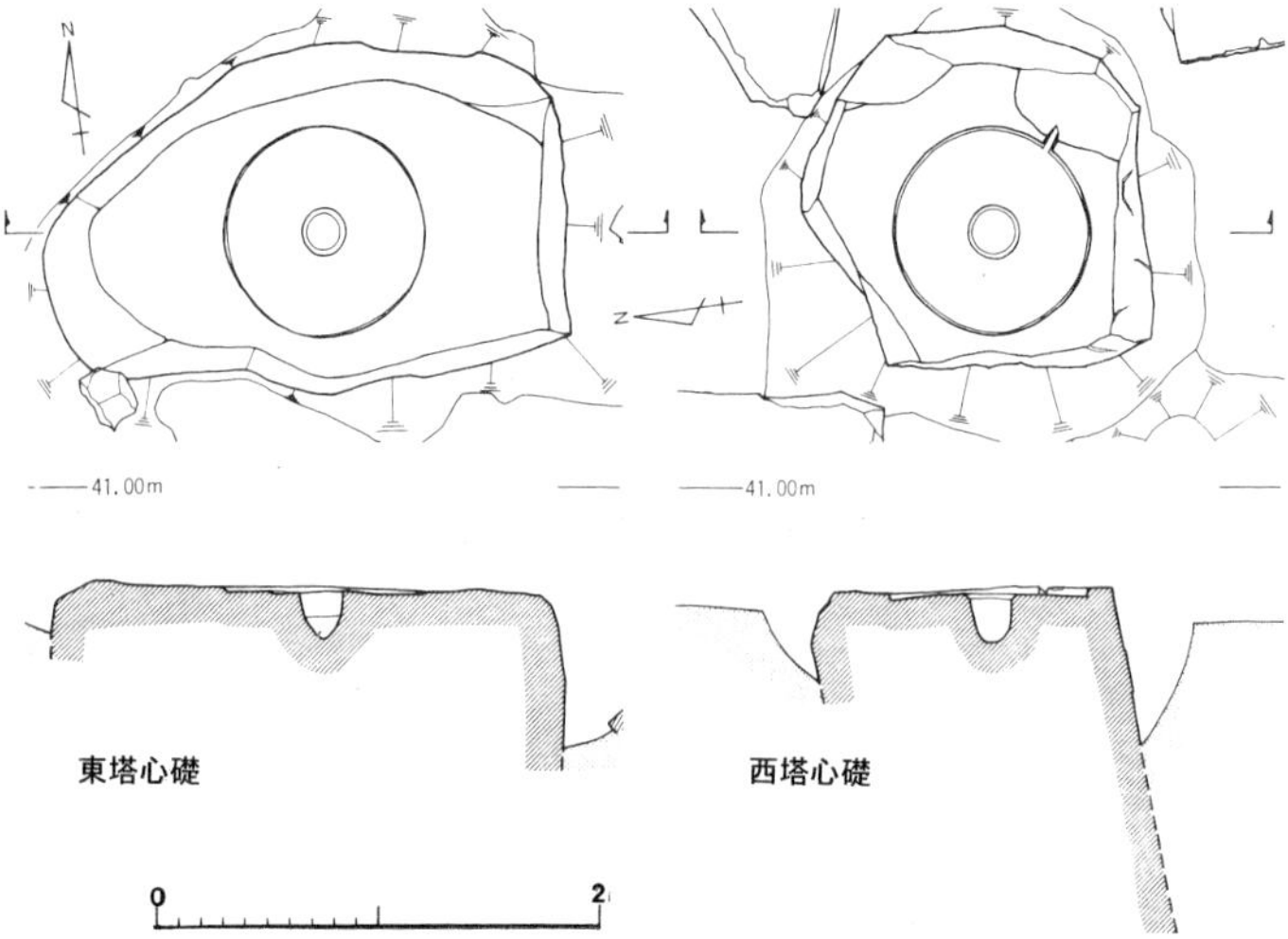

上野廃寺の塔心礎

めたということは、まさに真身舎利と法身舎利の両者を納めた事例と言えるものである。西塔に関しては記録がないので全く分からないが、東塔と同じように心柱の上、相輪部に真身舎利、法身舎利の両者が納められたのではないかと思われる。

本薬師寺の場合には、寺の名が示すように法身舎利として薬師経が納められたと考えられるのであるが、第五章の塔心礎「薬師寺」の項でふれたように、持統天皇の病気平癒のために発願されたと『書紀』に記されているとはいうものの、この寺は鎮護国家を標榜した寺として建立されたものであることからすれば、そうした方面の経典が納められた可能性も考えられる。

紀伊薬師寺の名でも呼ばれている和歌山市の上野廃寺は、東西両塔を備えた寺である。この寺跡では東西両塔ともに心礎に舎利孔がある。(14) したがって、この寺では両塔に真身舎利が納められたのである。

大安寺式伽藍配置の最後の寺、そして奈良時代最後の天皇である光仁天皇発願による秋篠寺の東塔跡にある心礎には、舎利孔が見られない。西塔の心礎は原位置から移動しているが、境内に残っている。この心礎にも舎利孔が見られない。両塔ともに法身舎利を納めたのであろうか。そうであれば、その経典は鎮護国家を説いた二種の経典だったものと考えられる。光仁朝にはその即位の年から蝦夷の反乱があったり、宝亀三年(七七二)以降、毎年のように天災にみまわれ、賑恤《しんじゅつ》(罹災者に金品を施与すること)が繰り返し行われている。その七年には諸国で蝗害《いなご》も発生している。このようなことが度重なったために、国家財政が逼迫していたにも関わらず天皇としては、国家鎮護のために秋篠寺を建立せざるを得なかったのであろう。軒瓦には秋篠寺専用に作られたものが見られないので、柱をはじめとするかなりの建築資材も他からの転用されたものだったのではなかったろうか。

きわめて特殊な事例として、三つの塔心礎が見られる上淀廃寺をあげることができる。上淀廃寺では、南北に三個の塔心礎が据えられていた。発掘調査の結果、中塔と南塔は建立されたが、北塔では心礎は据えられたものの、基壇の築成には至っていなかったと報告されている(15)。柱座の直径は中塔が七〇センチ、南塔と北塔が六四センチである。柱座はいずれも彫り込まれており、深さは中塔が二〇センチ、南北はいずれも五センチである。中塔では柱座からさらに、上辺で縦三〇・五センチ、横二三センチ、深さ七センチの舎利孔が穿たれている。

北塔は心礎を据えただけというものの、それぞれの心礎が一二・三メートルを隔てて据えられているというように、等距離でということは、当初から塔三基を建立する計画だったことは明らかである。すると、上淀廃寺では中塔心礎に釈迦の舎利、すなわち真身舎利が納められたのである。そして南塔には法身舎利を納めたのである。そして北の塔にもやはりこの寺にふさわしい経典、法身舎利を納めようとしたと考えられるのである。

では、上淀廃寺にふさわしい経典は何であろうか。これが東西両塔であれば東塔には東方瑠璃光世界に坐《いま》す薬師如来を説いた経典、西塔には西方極楽浄土に坐す阿弥陀如来を説いた経典を納めたというように考えることができる。そのことからの発想なのであるが、南北の浄土を求めてみると、南には文殊菩薩の、北には普賢菩薩の浄土があると説かれている。それぞれの経典は、文殊菩薩の浄土を説いた経典は「文殊師利仏土《ど》厳浄経《ごんじょうきょう》」[16]で、普賢菩薩の浄土を説いた経典は「悲《ひ》華《げ》経《きょう》」である。[17] したがって、上淀廃寺では真身舎利を納めた中塔の南側の塔に「文殊師利仏土厳浄経」を法身舎利として納め、北側の塔には「悲華経」納めるべく用意を整えていたものと考えられる。[18] 釈迦如来の脇侍が文殊菩薩と普賢菩薩であることも、この見解を補強するものとなろう。

上淀廃寺では中塔の西に金堂が置かれている。試みに釈迦如来の浄土所在地を求めてみると、「大《だい》般涅《はつね》槃経《はんぎょう》巻第二十四」[19]にその浄土は西方にあると説かれている。このことからすれば、上淀廃寺の本尊は釈迦如来の可能性が高いと考えられる。西方浄土には阿弥陀如来の浄土も存在する。距離の基準がどこであるのか分からないが、阿弥陀如来の浄土では、おそらくその距離が異なるのであろう。

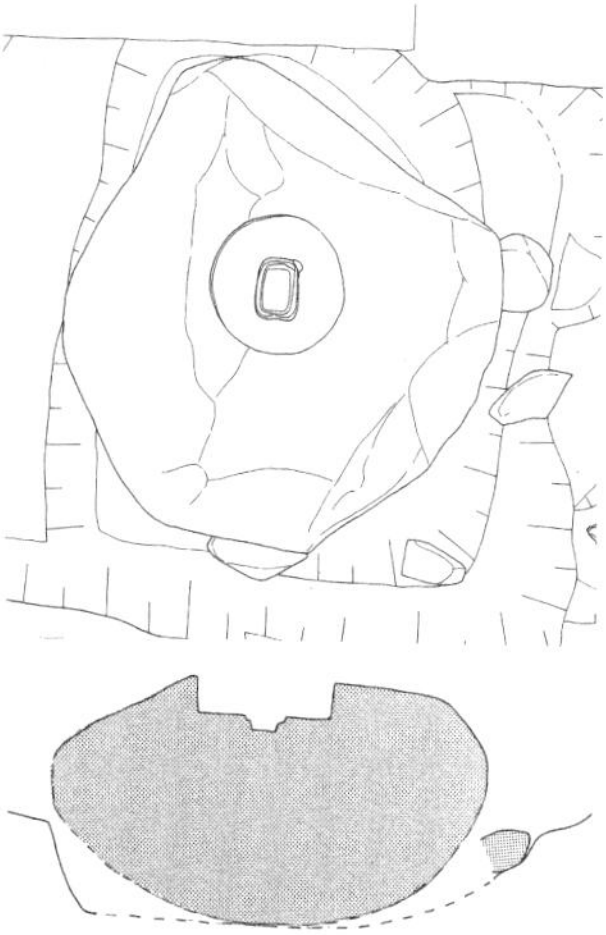
上淀廃寺中塔の心礎

国分寺の塔跡はかなりの数で各地に残っているが、いずれの心礎にも舎利孔が見られない。国分寺造営の詔で、聖武天皇自らが書写した金字の金光明最勝王経を各国分寺に頒布することを述べ、その経典を塔に安置せよと指示している。天平十三年（七四一）の国分寺造営の詔では天皇自らが「金字の金光明最勝王経を写して塔毎に置」かせること、同十九年の督促の詔では「金字の金光明経を塔裏に安置」させると述べている。本来、塔心礎、心柱、相輪などに納めるべき真身舎利と同等の法身舎利である経典を塔に納めさせ、塔を支える心柱に添わせるという意味が込められているように感じられる。

註

第一章　柱の効用

(1)『古事記祝詞』(岩波書店『日本古典文学大系1』一九五八年)
(2)『延喜式』「神祇式」(『新訂増補　国史大系』本)
(3)『日本書紀』(岩波書店『日本古典文学大系　67』一九六五年)
(4) 小松茂美編「一遍上人絵伝」(中央公論社『日本絵巻大成　別巻』一九七八年)
(5)『続日本紀』(『新訂増補　国史大系』本　一九三五年)
(6) 奈良国立博物館『おん祭と春日信仰の美術』二〇一二年
(7) 関野貞『平城京及び大内裏考』一九〇七年
(8) 鈴木嘉吉「金堂」(岩波書店『奈良六大寺大観　第一巻　法隆寺　一』一九七二年)
(9) 法隆寺『回顧・金堂罹災』小学館　一九九八年
(10) 沢村仁「中門」(岩波書店『奈良六大寺大観　第一巻　法隆寺　一』一九七二年)
(11) 奈良国立文化財研究所『飛鳥寺発掘調査報告』(『同研究所学報　第五冊』一九五八年)
(12) 奈良国立文化財研究所「大官大寺第2次の調査」(同研究所『飛鳥・藤原宮発掘調査報告6』一九七六年)
(13) 奈良文化財研究所『山田寺発掘調査報告』(『同研究所学報　第63冊』二〇〇二年)
(14) 大韓民国文化財管理局『皇龍寺遺蹟発掘調査報告』一九八四年
(15) 大岡実・浅野清「西大寺東西両塔」(『日本建築学会論文報告集　54』一九五六年)
西大寺『西大寺防災施設工事・発掘調査報告書』一九九〇年

(16)「延暦僧録」(「日本高僧伝要文抄」三『新訂増補国史大系』31)
(17)「元興寺伽藍縁起幷流記資財帳」(『寧楽遺文中巻』東京堂　一九六二年)
(18)「塔の階を減じ、寺の幢を仆して、悪報を得る縁第三十六」(『日本霊異記』岩波書店　日本古典文学大系70 一九六七年)
(19)国立慶州文化財研究所『芬皇寺　発掘調査報告書　I』二〇〇五年
(20)「第二次大極殿院地区の調査」(奈良国立文化財研究所『昭和五八年度　平城宮跡発掘調査部　発掘調査概報』一九八四年)
(21)「長岡宮跡　第三四三次調査」(向日市埋蔵文化財センター『年報都城　九』一九九八年)
(22)前掲註(13)に同じ
(23)富田林市教育委員会『新堂廃寺跡　オガンジ池瓦窯跡・お亀石古墳』二〇〇三年
(24)栃木県南河内町教育委員会『史跡　下野薬師寺跡I―史跡整備にともなう調査―』二〇〇四年三月
(25)桜井満『現代語訳対照　万葉集(上)』旺風社　一九七四年
(26)「山作所」に関しては『大日本古文書』十五、一四四・一四九などに見える。
(27)『大日本古文書』十六、二七五頁
(28)福山敏男「奈良時代に於ける法華寺の造営」(『日本建築史の研究』一九四四年)
(29)『大日本古文書』五、一四八・二二一頁
(30)『大日本古文書』十五、二五九頁
(31)『大日本古文書』五、一三七頁
(32)『大日本古文書』二五、七七頁
(33)「本願章第一　聖武天皇御宇年表」(筒井英俊『東大寺要録』一九四四年)
(34)太田博太郎「金堂」(岩波書店『奈良六大寺大観第九巻　東大寺一』一九七〇年)
(35)「本願章第一孝謙天皇」(筒井英俊『東大寺要録』一九四四年)
(36)「東大寺権別当実忠二十九介条事」(筒井英俊『東大寺要録』一九四四年)

第二章　柱を立てる

(1) 前掲第一章註(11)に同じ
(2) 「上宮聖徳法王帝説」(『寧楽遺文中巻』東京堂　一九六二年)
(3) 前掲第一章註(13)に同じ
(4) 「平城京左京三条二坊」(奈良国立文化財研究所『同研究所学報　第二十五冊』一九七五年)
(5) 「律令　職員令第二　中務省　陰陽寮」(岩波書店『日本思想史大系三』一九七六年)
(6) 法華寺阿弥陀浄土院　『大日本古文書』十六、二八四・二九二・三〇〇、二十五―三三二
石山寺　『大日本古文書』十五、四四四・四四七
(7) 奈良国立文化財研究所『平城京長屋王邸宅と木簡』一九九一年
(8) 史跡池上曽根遺跡整備委員会『史跡池上曽根遺跡　九十五』一九九六年
(9) 「相撲と祓いと鎮め」(森郁夫・甲斐弓子共著『鎮めとまじないの考古学　上』雄山閣　二〇一三年)
(10) 大社町教育委員会『出雲大社境内遺跡』二〇〇四年
(11) 前掲註(10)
(12) 前掲第一章註(6)に同じ
(13) 「清水寺本堂」(毎日新聞社　『国宝　十四　建造物Ⅱ』一九八四年)
(14) 「二月堂」(岩波書店『奈良六大寺大観第九巻　東大寺一』一九七〇年)
(15) 斑鳩町教育委員会
(16) 鳥取県淀江町教育委員会「上淀廃寺」(『淀江町埋蔵文化財調査報告書第三十五集』一九九五年)
(17) 藤田盟児「法華寺旧境内の調査」(奈良国立文化財研究所『平城宮跡発掘調査部発掘調査概報』一九九三年)
(18) 財団法人群馬県埋蔵文化財調査事業団編『群馬県遺跡大事典』上毛新聞社　一九九九年
(19) 前掲第一章註(13)に同じ
(20) 井上正「金堂の文様」(岩波書店『奈良六大寺大観　第十二巻　唐招提寺　一』一九六九年)

第三章　遺跡にみる掘立柱建物

(1)『最古の狩人　古代史発掘　一』講談社　一九七四年
(2)青森県教育委員会「山崎遺跡」(『青森県埋蔵文化財調査報告書　第六十八集』一九八二年)
(3)工楽善通「住居と集落」(『古代史発掘四　稲作の始まり』講談社　一九七五年)
(4)奈良国立文化財研究所『平城京左京四条二坊一坪』一九八七年三月
(5)前掲註(4)に同じ
(6)小林達雄『縄文人追跡』日本経済新聞社　二〇〇〇年三月
(7)前掲第二章註(8)に同じ
(8)奈良国立文化財研究所『平城宮発掘調査報告XI第一次大極殿地域の調査』(『同研究所三十周年記念学報　第四十冊』一九八一年)
(9)前掲第一章註(13)に同じ
(10)前掲第二章註(2)に同じ
(11)奈良国立文化財研究所『平城宮発掘調査報告Ⅲ』(『同研究所学報　第冊』一九六四年)
(12)上田三平「東大寺大仏殿須弥壇内に於て発見せる遺宝に就いて」(『寧楽』八　一九二七年)
(13)前掲註(11)に同じ
(14)前掲第一章註(25)に同じ
(15)前掲第二章註(4)に同じ
(16)奈良国立文化財研究所『平城宮発掘調査報告Ⅵ』(『同研究所学報　第二十三冊』一九七四年)
(17)奈良国立文化財研究所『平城京左京二条二坊・三条二坊発掘調査報告—長屋王邸・藤原麻呂邸の調査—』(『同研究所学報　第五十四冊』一九九五年)
(18)前掲第一章註(25)に同じ
(19)前掲註(8)に同じ
(20)前掲註(11)に同じ

(21) 奈良国立文化財研究所『平城宮発掘調査報告XV—東院庭園地区の調査—』(『同研究所学報　第六十九冊』二〇〇三年)
(22) 小谷徳彦「史跡紫香楽宮内裏野地区の回廊について—礎石と掘立柱を併用した建物の比較検討—」(淡海文化財刊行会『淡海文化財論聡　第四輯』二〇一二年)
(23) 大岡信「相模」(角田文衞編『新修　国分寺の研究　第二巻　畿内と東海道』一九九一年)
(24) 『聖徳太子伝私記』(『続続群書類従』)
(25) 国立博物館『法隆寺東院に於ける発掘調査報告書』一九四八年
(26) 前掲註(25)に同じ
(27) 太田博太郎「法華寺の歴史」(岩波書店『大和古寺大観　法華寺』一九七八年)
(28) 和歌山県教育委員会『紀伊国分寺—紀伊国分寺跡・西国分廃寺の調査—』一九七九年
(29) 前掲註(23)に同じ
(30) 名張市教育委員会『夏見廃寺』一九八八年
(31) 前掲註(21)に同じ
(32) 前掲註(21)に同じ
(33) 前掲註(8)に同じ
(34) 太田博太郎「伝法堂」(岩波書店『奈良六大寺大観　第五巻　法隆寺　五』一九七一年)
(35) 鈴木嘉吉「講堂」(岩波書店『奈良六大寺大観　第十二巻　唐招提寺　一』一九六九年)
(36) 『大日本古文書』五、七五・一四八・三六〇・四〇〇頁。十五、一七九・三八九・四三三頁。十六、一一一・二一〇・二一五・二二七・二四七・二四九頁
(37) 森郁夫「わが国古代における造営技術僧」(京都国立博物館『学叢　十一号』一九八四年　後に「造営技術僧の活躍」として『日本古代寺院造営の研究』法政大学出版局　一九九八年に補正再録)
(38) 日本考古学協会編『登呂』毎日新聞社　一九四九年
(39) 日本考古学協会編『登呂　本編』毎日新聞社　一九五四年

(40) 田原本町教育委員会『唐古・鍵遺跡 I—範囲確認調査—（『田原本町文化財調査報告書 第5集』二〇〇九年）
(41) 和歌山県教育委員会『鳴滝遺跡発掘調査概報』一九八三年
(42) 関市教育委員会『国指定史跡 弥勒寺官衙遺跡群 弥勒寺東遺跡 I—郡庁区域—』二〇一二年
(43) 「伊豆国正税帳」（『寧楽遺文 上巻』一九六二年）
(44) 「和泉監正税帳」（『寧楽遺文 上巻』一九六二年）
(45) 前掲第三章註（25）に同じ
(46) 法隆寺『法隆寺防災施設工事・発掘調査報告書』一九八五年
(47) 太田博太郎（『日本古寺美術全集』）
(48) 「西大寺資財流記帳」（『寧楽遺文中巻』東京堂 一九六二年）
(49) 西大寺『西大寺防災施設工事・発掘調査報告書』一九九〇年
(50) 奈良国立文化財研究所『平城宮発掘調査報告VI』（同研究所学報 第二十三冊 一九七五年）
(51) 群馬県教育委員会・群馬県埋蔵文化財調査事業団『鳥羽遺跡G・H・I区』一九八六年
(52) 島根県教育委員会『青木遺跡II（弥生〜平安時代編）』二〇〇六年
(53) 群馬県教育委員会他『三ツ寺I遺跡 古墳時代居館の調査』一九八八年
(54) 奈良県教育委員会「藤原宮—国道一六五号線バイパスに伴う宮域調査—」（『奈良県史跡名勝天然記念物調査報告二十五冊』一九六九年）
(55) 「昭和三十九年度平城宮跡発掘調査概要 第二十三次調査」（『奈良国立文化財研究所年報』一九六五年）
(56) 甲斐弓子『わが国古代寺院にみられる軍事的要素の研究』雄山閣 二〇一一年
(57) 文化財保護委員会「四天王寺」（『埋蔵文化財発掘調査報告六』一九六七年）
(58) 奈良国立文化財研究所「飛鳥寺北方の調査」（『飛鳥・藤原宮発掘調査概報 八』一九七八年）
(59) 奈良国立文化財研究所「飛鳥寺および周辺地の調査」（『飛鳥・藤原宮発掘調査概報 13』一九八三年）
(60) 前掲註（46）に同じ
(61) 清水昭博

(62) 前掲註第一章(13)に同じ
(63) 奈良国立文化財研究所「奥山久米寺の調査」(『飛鳥・藤原宮発掘調査概報 八』一九七八年四月)
(64) 前掲註(30)に同じ
(65) 古川町教育委員会「杉崎廃寺跡発掘調査報告書」(『古川町埋蔵文化財調査報告 五』一九九八年)
(66) 前掲第一章註(24)に同じ

第四章 棟持柱を伴う建物

(1) 前掲第三章註(40)に同じ
(2) 前掲第二章註(8)に同じ
(3) 史跡池上曽根遺跡整備委員会『史跡池上曽根遺跡九十七』一九九九年三月
(4) 神戸市教育委員会『松野遺跡』一九八三年
(5) 財団法人静岡県埋蔵文化財調査研究所『大平遺跡 II』二〇〇一年
(6) 財団法人静岡県埋蔵文化財調査研究所『坂尻遺跡—昭和六三年度袋井バイパス(袋井地区)埋蔵文化財発掘調査概報』一九八九年三月
(7) 豊田市教育委員会『堂外戸遺跡』(『豊田市埋蔵文化財発掘調査報告書 第四十四集』二〇一〇年)

第五章 塔心柱

(1) 工藤圭章「三重塔」(岩波書店『奈良六大寺大観 第七巻 興福寺 一』一九六九年)
(2) 前掲第一章註(11)に同じ
(3) 金誠亀「韓国古代寺院の伽藍配置」(帝塚山大学考古学研究所『同研究所研究報告 II』二〇〇〇年二月)
(4) 前掲註(2)同じ
(5) 『法隆寺伽藍縁起并流記資財帳』(『寧楽遺文中巻』東京堂 一九六二年)
(6) 前掲第三章註(21)に同じ

(7) 岸熊吉「法隆寺五重塔空洞の第一次調査」(『大和文化研究十―十二』一九六五年)
(8) 光谷拓実『年輪年代法と文化財』(至文堂『日本の美術 四二一』二〇〇一年六月)
(9) 塩地潤一・井上信正「佐野を掘る―脇道遺跡第二次調査―」(古都大宰府を守る会『都府楼第十五号』一九九三年)
(10) 浅野清「中篇西院伽藍の外延部 第五章僧房」(中央公論美術出版『昭和修理を通して見た法隆寺建築の研究』一九八三年)
(11) 稲垣晋也「旧中宮寺跡の発掘と現状」(『日本歴史 二九九号』一九七三年)
(12) 宮本長二郎「法輪寺塔基壇の調査」『奈良国立文化財研究所年報 一九七三』一九七四年三月
(13) 泉南市教育委員会『海会寺 海会寺跡発掘調査報告書』一九八七年
(14) 朝日町教育委員会「縄生廃寺跡発掘調査報告」(朝日町文化財調査報告第1冊 一九八八年)
(15) 石田茂作「橘寺・定林寺の発掘」(近畿日本鉄道株式会社『飛鳥 近畿日本叢書』一九六四年八月)
(16) 奈良文化財研究所「吉備池廃寺発掘調査報告―百済大寺の調査―」(『同研究所創立五十周年記念学報 第六十八冊』二〇〇三年)
(17) 前掲第一章註(13)に同じ
(18) 奈良国立文化財研究所「川原寺発掘調査報告」(『同研究所学報第九冊』一九六〇年)
(19) 香芝市教育委員会『尼寺廃寺I―北廃寺の調査―』(『香芝市文化財調査報告書四集』二〇〇三年三月)
(20) 前掲註(14)に同じ
(21) 大阪府教育委員会『河内新堂・烏含寺跡の調査』(『大阪府文化財調査報告書 第十二輯 一九六一年三月)
(22) 前掲第一章註(23)に同じ
(23) 町田甲一「法起の歴史」(岩波書店『大和古寺大観 第一巻 法起寺』一九七七年十月)
(24) 福山敏男「法起寺」(『奈良朝寺院の研究』一九四八年)
(25) 岡田英男「三重塔」(岩波書店『大和古寺大観 第一巻 法起寺・法輪寺・中宮寺』一九七七年十月)
(26) 前掲註(24)に同じ

(27)「万波息笛」(『三国遺事』国書刊行会　一九七一年)
(28)岡田英男「薬師寺と感恩寺」(奈良国立文化財研究所『薬師寺発掘調査報告　奈良国立文化財研究所学報　第四十五冊』一九八七年三月)
(29)奈良国立文化財研究所「本薬師寺の調査」(『飛鳥・藤原宮発掘調査概報　二四』一九九四年五月)「本薬師寺の調査」(『飛鳥・藤原宮発掘調査概報　二五』一九九五年五月)
(30)伊藤延男「東塔」(岩波書店『奈良六大寺大観第六巻　薬師寺全』一九七〇年)
(31)森郁夫「瓦」(岩波書店『大和古寺大観　第二巻　当麻寺』一九七八年十二月)
(32)岡田英男「東塔」(岩波書店『大和古寺大観　第二巻　当麻寺』一九七八年十二月)
(33)前掲註(32)に同じ
(34)前掲註(14)に同じ
(35)藤澤一夫「野中寺塔刹礎石の調査」(『大阪府の文化財』一九六二年)
(36)奈良文化財研究所「法隆寺若草伽藍跡発掘調査報告」(『同研究所学報第七十六冊』二〇〇七年)
(37)前掲註(18)に同じ
(38)石田茂作「西琳寺」(『飛鳥時代寺院址の研究』一九三六年)
(39)法隆寺『影印本　古今一陽集』一九八三年
(40)浅野清「若草伽藍跡発掘の回想」(『伊珂留我　法隆寺昭和資財帳調査概報　十一』一九八九年)
(41)髙田良信「若草の礎石について」(『伊珂留我　法隆寺昭和資財帳調査概報　十一』一九八九年)
(42)「瓦」(法隆寺昭和資財帳編集委員会『法隆寺の至宝第十五巻』一九九二年)
(43)森郁夫「若草伽藍の瓦」(『法隆寺発掘調査概報Ⅱ』一九八三年後に補訂して『日本の古代瓦』雄山閣出版　一九九一年に再録)
(44)前掲註(35)に同じ
(45)前掲第一章註(14)に同じ
(46)毎日新聞社『重要文化財　建造物』

(47) 高橋護他「第八　備中」(角田文衛編『新修　国分寺の研究　第四巻　山陰道と山陽道』一九九一年五月)

第六章　舎利納置

(1) 奈良国立文化財研究所「和田廃寺の調査」(『飛鳥・藤原宮発掘調査概報　六』一九七六年)
(2) 前掲第五章註(32)に同じ
(3) 前掲第一章註(36)に同じ
(4) 筒井英俊『東大寺要録　巻二』一九四四年)
(5) 法隆寺『法隆寺五重塔秘宝の調査』一九五四年
(6) 柴田実「大津京阯　下　崇福寺阯」(『滋賀県史蹟調査報告　第十冊』一九四一年)
(7) 前掲第五章註(13)に同じ
(8) 前掲第五章註(11)に同じ
(9) 前掲第二章註(16)に同じ
(10) 西村兵部「三島廃寺舎利容器」(奈良国立博物館『天平の地宝』一九六一年)
(11) 石田茂作「禅寂寺」(『飛鳥時代寺院址の研究』一九三六年)
(12) 広島県教育委員会『備後工業整備特別地域埋蔵文化財調査概報』一九六七年
(13) 山城町教育委員会『史跡　高麗寺跡』一九八九年
(14) 和歌山県教育委員会『上野廃寺発掘調査報告書　和歌山市上野所在』一九八六年
(15) 前掲第二章註(16)に同じ
(16) 『大正新脩大蔵経　十一』
(17) 『大正新脩大蔵経　三』
(18) 森郁夫「古代寺院における特殊伽藍配置」(『法明上人六百五十回御遠忌　記念論文集』一九九八年)
(19) 『大正新脩大蔵経　十二』

おわりに

(1) 第八代海商濱崎弥太郎を顕彰する会。鹿児島県指宿市に所在。

参考文献

浅野清『日本建築の構造』（至文堂『日本の美術 245』一九八六年）
天沼俊一『日本建築史図録 飛鳥奈良平安』星野書店 一九三三年
稲垣栄三『古代の神社建築』（至文堂『日本の美術 81』一九七三年）
太田静六『日本の古建築』一九四三年
太田博太郎『南都七大寺の歴史と年表』岩波書店 一九七九年
岡田英男『門』（至文堂『日本の美術 212』一九八四年）
鈴木嘉吉『上代の寺院建築』（至文堂『日本の美術 65』一九七一年）
鈴木嘉吉『古代の寺院を復元する』学習研究社 二〇〇二年
原田多加司『屋根 桧皮葺と柿葺』法政大学出版局 ものと人間の文化史 112 二〇〇三年
藤井恵介・玉井哲雄『中公文庫 建築の歴史』二〇〇六年
「仏経幷資財条（法隆寺縁起幷資財帳）」（岩波書店『奈良六大寺大観 五 法隆寺 五』一九七一年）
文化庁監修『文化財講座 日本の建築 一 古代一』第一法規 一九七七年
渡辺保忠『伊勢と出雲』（平凡社『日本の美術 3』一九六四年）

おわりに

　昨年の五月頃だったと思うが、ずっと以前、平成十三年（二〇〇一）にこのシリーズで『瓦』を刊行していただき、すでに十年以上も過ぎているので続編をと考えて、臆面もなく編集部にそのことを電話でお願いをした。編集部に、当時の方がおられるわけでもなく、奥田のぞみ氏が対応して下さった。当初から二部構成であれば可能だが、時をおいてという形はとっていないとのことであった。

　暫くしてから奥田氏から『柱』を書いてみないかとのお誘いを受けた。我々の分野、文化財の分野で「柱」は、建築史学である。若い頃に平城宮跡の発掘調査に関わり、建物遺構をずい分多く見つけたとはいうものの、自分は考古専攻であり、建物の上部構造の知識はほとんど無いと言っても良い。これはお断りするのが筋ではないかと考えていたところ、ここ二、三年に出版した『平城京を歩く』（淡交社）と『僧寺と尼寺』（帝塚山大学出版会）の共著者甲斐弓子さん（帝塚山大学考古学研究所特別研究員）に「暫く考えてみたらどうか」とアドバイスを受けた。そこで、考古学の立場で書くとしたらどのような形があるのか、と考えてみた。そして章立てを考え、二、三章分の一部を文章にして奥田氏にお送りしたところ、「これでいきましょう」ということになった。

執筆中に常に感じたことは、発掘調査で見つけられた建物遺構がもともとどのような建物であったのか、というおおよそのことは分かるのだが、上部構造の具体的なことの理解が全くと言ってもよいほどないということであった。したがって、本書では上部構造に関しては、基本的な用語しか使っていない。もし誤った使い方があれば、筆者である森の責任である。

本書の編集を『瓦』と『日本古代寺院造営の研究』の編集を担当して下さった松永辰郎氏が担当して下さることになった。誠にありがたい御配慮である。電話での打ち合わせではあったが、松永氏とは久し振りの会話であった。執筆期間は一年間ということで了解し、早速資料集めを始め、執筆を開始した次第である。

執筆期間中、柱そのものというより柱に関わる事柄では甲斐さんからずい分教えられた。私が知らない「柱」が次々とあがってくるのである。それらが本書第一章でも取り上げた「粥柱」「太陽柱」「柱松」「長柄の人柱」「脚本の柱」等々であり、また黒木の鳥居のある場所などもアドバイスしてくれた。甲斐さんの博識ぶりには驚くほかはない。また上記の事柄の他にも、柱について話し合っている際になるほどと感じたことが一再ならずあった。感謝申し上げる。

この執筆期間には、各地へ資料の収集と写真撮影に出かけた。飛鳥や京都という近辺はもとより、伊勢の国崎へ黒木の鳥居を調べにも赴いた。小形の鳥居なので、寸法を測ることができた。相輪樘についいては、比叡山延暦寺にあるのだが後補の部分が多いということで、日光輪王寺の相輪樘を見に行ったりもした。鹿児島県指宿市へ所用で出かけた折には、ここならば木の電柱があるのではないかと、市の文化財審議会委員森田秋弘氏と「ヤマキの会[1]」事務局長西野実氏にお願いし、畑の中の狭い道を車で走りながら見つけて頂いたというようなこともあった。思えば、多くの方々の御協力をいただいた。感謝申し上げたい。

この企画を提供してくださった奥田のぞみ氏、そして編集についての煩わしい多くのことを担当して下さった松永辰郎氏、編集部長勝康裕氏に厚く御礼を申し上げる。

二〇一三年二月二十五日

森　郁　夫

（付記）

森郁夫先生、ご逝去を悼んで

森先生のご業績は幅が広く、学術研究に向かわれる姿勢は謙虚で深く、その足跡は功績に等しいといえましょう。

先生は本著「はじめに」でも書いておられますが、編集部の奥田のぞみ氏から本著執筆のお話をいただき、熱心に資料収集に当たられておりました。また、ご担当が松永辰郎氏と知り喜ばれました。松永氏は以前、このシリーズの『瓦』を出された時のご担当で、大変お世話になられた方だと伺いました。

ご体調が思わしくない時でも、本著に導かれて執筆を続けられていたこともありました。本著が先生に気力を与えて下さっていたと言っても過言ではありません。この世に先生がご不在のまま、ご著書の刊行が続く事となります。本著を手になさる事は叶いませんでしたが、調査に現地に赴いて執筆された最後の著書には、一歩一歩歩まれる先生の足音が聞こえそうに思えます。

まだまだ書き足らない想いが先生にはおありだったかと思います。体力の限界を感じられ、中途半端な執筆になることを案じ、松永氏に本原稿のままで刊行するようにとお願いされました。

本書の刊行に至りますまで、詳細なお心配りをして下さった法政大学出版局編集部の奥田のぞみ氏、松永辰郎氏、編集部長勝康裕氏に心からお礼を申し上げます。

甲斐弓子（森郁夫先生門下）

主要神社・寺院・遺跡所在地一覧

（50 音順）

青木遺跡	島根県出雲市東林木町
飛鳥宮殿跡	奈良県高市郡明日香村岡
飛鳥寺	奈良県高市郡明日香村飛鳥
安楽寺	長野県上田市別所温泉
池上曽根遺跡	大阪府和泉市池上町。泉大津市曽根町
胆沢城《いさわじょう》	岩手県奥州市水沢区佐倉
石山寺	滋賀県大津市石山一丁目
出雲大社	島根県出雲市大社町杵築東
伊勢神宮	内宮　伊勢市宇治舘町
	外宮　伊勢市豊町
上野《うえの》廃寺	和歌山市上野
上場《うわば》遺跡	鹿児島県出水市上大川内字池之段
栄山寺	奈良県五条市小島町
延暦寺	滋賀県大津市坂本本町
太田廃寺	大阪府茨木市太田
大平遺跡	静岡県駿東郡長泉町南一色大平
大神《おおみわ》神社	奈良県桜井市三輪
奥山廃寺	奈良県高市郡明日香村奥山
海会寺《かいえじ》跡	大阪府泉南市信達
春日大社	奈良市春日野町
上淀廃寺	鳥取県米子市淀江町福岡
唐古《からこ》・鍵遺跡	奈良県磯城郡田原本町大字唐古・鍵
川原寺	奈良県高市郡明日香村川原
元興寺《がんごうじ》	奈良市中院町・芝新屋町
紀伊国分寺跡	和歌山県紀の川市東国分
喜光寺	奈良市菅原町
城輪柵《きのわのさく》	山形県酒田市城輪
吉備池廃寺	奈良県桜井市吉備
清水寺	京都市東山区清水

金峯山寺《きんぷせんじ》	奈良県吉野郡吉野町吉野山
恭仁《くに》宮	京都府木津川市加茂町例幣
甲賀寺跡	滋賀県甲賀市信楽町黄瀬
興福寺	奈良市登大路町
高麗寺跡	京都府木津川市山城
西大寺	奈良市西大寺芝町
西琳寺	大阪府羽曳野市古市二丁目
坂尻遺跡	静岡県袋井市国本
相模国分寺	神奈川県海老名市国分南
阪本寺	和泉市阪本町
山田寺《さんでんじ》	岐阜県各務原市蘇原寺島町
三内丸山遺跡	青森市大字三内字丸山
山王廃寺	群馬県前橋市総社町総社
三仏寺奥院	鳥取県東伯郡三朝町三徳
四天王寺	大阪市天王寺区四天王寺
芝遺跡	奈良県桜井市芝
清水谷遺跡	奈良県高市郡高取町大字清水谷
下野国分尼寺跡	栃木県下野市国分寺
下野薬師寺	栃木県下野市薬師寺
定林寺	奈良県高市郡明日香村立部
新堂廃寺	大阪府富田林市緑ヶ丘町
崇福寺跡	滋賀県大津市滋賀里町甲
杉崎廃寺	岐阜県飛騨市古川町杉崎
角田《すみだ》遺跡	鳥取県米子市稲吉角田
諏訪大社	上社　長野県諏訪市中洲宮山
	下社　長野県茅野市宮川
瀬野遺跡	青森県下北郡脇野沢村瀬野
大安寺	奈良市大安寺二丁目
大官大寺	奈良県高市郡明日香村小山
当麻寺	奈良県葛城市当麻
橘寺	奈良県高市郡明日香村橘
中宮寺	奈良県生駒郡斑鳩町法隆寺東二丁目
長光寺	愛知県稲沢市六角堂東町
堂外戸《どうがいと》遺跡	愛知県豊田市木町
唐招提寺	奈良市五条町

(2)　主要神社・寺院・遺跡所在地一覧

東大寺	奈良市雑司町
徳丹城《とくたんじょう》	岩手県紫波郡矢巾町徳田
鳥羽《とりば》遺跡	群馬県前橋市鳥羽町
登呂《とろ》遺跡	静岡市駿河区登呂五丁目
縄生《なお》廃寺	三重県三重郡朝日町縄生畑ケ谷
夏井廃寺	福島研いわき市平下大越
夏見《なつみ》廃寺	三重県名張市夏見
難波宮	大阪市中央区法円坂他
尼寺《にんじ》廃寺	奈良県香芝市藤山一丁目
能登国分寺	石川県七尾市国分町
野宮《ののみや》神社	京都市右京区嵯峨野
白山神社	岐阜県関市池尻
備中国分寺	岡山県総社市上林
檜原神社	奈良県桜井市三輪字檜原
平等寺	奈良県桜井市三輪字平等寺
藤原宮	奈良県橿原市高殿他
平城宮	奈良市佐紀町他
法隆寺	奈良県生駒郡斑鳩町法隆寺山内
法輪寺	奈良県生駒郡斑鳩町三井
法起寺	奈良県生駒郡斑鳩町岡本
法華寺	奈良市法華寺町
本郷平《ほんごうびら》廃寺	広島県御調郡御調町丸門田
松野遺跡	神戸市長田区日吉町２丁目他
三河国分尼寺	愛知県豊川市八幡町忍地
水落《みずおち》遺跡	奈良県高市郡明日香村飛鳥
三ツ寺Ｉ遺跡	群馬県群馬郡群馬町大字三ツ寺字藤塚道上
南滋賀廃寺	大津市南滋賀三丁目
美濃弥勒寺跡	岐阜県関市池尻字弥勒寺
宮町遺跡	滋賀県甲賀市信楽町宮町
弥勒寺東遺跡	岐阜県関市池尻字弥勒寺
武蔵国分寺跡	東京都国分寺市西元町・東元町
本薬師寺	奈良県橿原市城殿町
桃生城《もものうのき》跡	宮城県石巻市桃生町太田
野中寺《やちゅうじ》	大阪府羽曳野市野々上五丁目
薬師寺	奈良市西の京町

山崎遺跡	青森県東津軽郡今別町山崎
山田寺	奈良県桜井市山田
弓波廃寺	石川県加賀市弓波町寺田
輪王寺《りんのうじ》	栃木県日光市山内
和田廃寺	奈良県橿原市和田町

著者略歴

森　郁夫（もり　いくお）

1938年名古屋市に生まれる．國學院大學文学部史学科卒業．奈良国立文化財研究所，京都国立博物館考古室長を経て，帝塚山大学大学院名誉教授．和歌山県文化財センター理事長等を歴任．歴史考古学専攻．著書：『瓦と古代寺院』（六興出版，1983），『続・瓦と古代寺院』（同，1991），『日本の古代瓦』（雄山閣出版，1991），『東大寺の瓦工』（臨川書店，1994），『日本古代寺院造営の研究』（法政大学出版局，1998），『瓦』（法政大学出版局，2001），『日本古代寺院造営の諸問題』（雄山閣，2009），『平城京を歩く―奈良朝の面影を求めて』（甲斐弓子共著，淡交社，2010）ほか．2013年5月30日死去．

ものと人間の文化史　163・柱（はしら）

2013年9月20日　初版第1刷発行

著　者 © 森　郁　夫

発行所 財団法人 法政大学出版局

〒102-0071 東京都千代田区富士見2-17-1

電話03(5214)5540／振替00160-6-95814

印刷／三和印刷　製本／誠製本

Printed in Japan

ISBN978-4-588-21631-2

⚜ ものと人間の文化史

★第9回梓会出版文化賞受賞

人間が〈もの〉とのかかわりを通じて営々と築いてきた暮らしの足跡を具体的に辿りつつ文化・文明の基礎を問いなおす。手づくりの〈もの〉の記憶が失われ、〈もの〉離れが進行する危機の時代におくる豊穣な百科叢書。

1 **船** 須藤利一編

海国日本では古来、漁業・水運・交易はもとより、大陸文化も船によって運ばれた。本書は造船技術、航海の模様の推移を中心に、漂流、船霊信仰、伝説の数々を語る。四六判368頁 '68

2 **狩猟** 直良信夫

人類の歴史は狩猟から始まった。本書は、わが国の遺跡に出土する獣骨、猟具の実証的考察をおこないながら、狩猟をつうじて発展した人間の知恵と生活の軌跡を辿る。四六判272頁 '68

3 **からくり** 立川昭二

〈からくり〉は自動機械であり、驚嘆すべき庶民の技術的創意がこめられている。本書は、日本と西洋のからくりを発掘・復元・遍歴し、埋もれた技術の水脈をさぐる。四六判410頁 '69

4 **化粧** 久下司

美を求める人間の心が生みだした化粧―その手法と道具に語らせた人間の欲望と本性、そして社会関係。歴史を遡り、全国を踏査して書かれた比類ない美と醜の文化史。四六判368頁 '70

5 **番匠** 大河直躬

番匠はわが国中世の建築工匠。地方・在地を舞台に開花した彼らの造型・装飾・工法等の諸技術、さらに信仰と生活等、職人以前の独自で多彩な工匠的世界を描き出す。四六判288頁 '71

6 **結び** 額田巌

〈結び〉の発達は人間の叡知の結晶である。本書はその諸形態および技法を作業・装飾・象徴の三つの系譜に辿り、〈結び〉のすべてを民俗学的・人類学的に考察する。四六判264頁 '72

7 **塩** 平島裕正

人類史に貴重な役割を果たしてきた塩をめぐって、発見から伝承・製造技術の発展過程にいたる総体を歴史的に描き出すとともに、その多彩な効用と味覚の秘密を解く。四六判272頁 '73

8 **はきもの** 潮田鉄雄

田下駄・かんじき・わらじなど、日本人の生活の礎となってきた伝統的はきものの成り立ちと変遷を、二〇年余の実地調査と細密な観察・描写によって辿る庶民生活史 四六判280頁 '73

9 **城** 井上宗和

古代城塞・城柵から近世代名の居城として集大成されるまでの日本の城の変遷を辿り、文化の各領野で果たしてきたその役割を再検討。あわせて世界城郭史に位置づける。四六判310頁 '73

10 **竹** 室井綽

食生活、建築、民芸、造園、信仰等々にわたって、竹と人間との交流史は驚くほど深く永い。その多岐にわたる発展の過程を個々に辿り、竹の特異な性格を浮彫にする。四六判324頁 '73

11 **海藻** 宮下章

古来日本人にとって生活必需品とされてきた海藻をめぐって、その採取・加工法の変遷、商品としての流通史および神事・祭事での役割に至るまでを歴史的に考証する。四六判330頁 '74

12 **絵馬** 岩井宏實

古くは祭礼における神への献馬にはじまり、民間信仰と絵画のみごとな結晶として民衆の手で描かれ祀り伝えられてきた各地の絵馬を豊富な写真と史料によってたどる。四六判３０２頁 '74

13 **機械** 吉田光邦

畜力・水力・風力などの自然のエネルギーを利用し、幾多の改良を経て形成された初期の機械の歩みを検証し、日本文化の形成における科学・技術の役割を再検討する。四六判２４２頁 '74

14 **狩猟伝承** 千葉徳爾

狩猟には古来、感謝と慰霊の祭祀がともない、人獣交渉の豊かで意味深い歴史があった。狩猟用具、巻物、儀式具、またけものたちの生態を通して語る狩猟文化の世界。四六判３４６頁 '75

15 **石垣** 田淵実夫

採石から運搬、加工、石積みに至るまで、石垣の造成をめぐって積み重ねられてきた石工たちの苦闘の足跡を掘り起こし、その独自な技術の形成過程と伝承を集成する。四六判２２４頁 '75

16 **松** 高嶋雄三郎

日本人の精神史に深く根をおろした松の伝承に光を当て、食用、薬用等の実用の松、祭祀・観賞用の松、さらに文学・芸能・美術に表現された松のシンボリズムを説く。四六判３４２頁 '75

17 **釣針** 直良信夫

人と魚との出会いから現在に至るまで、釣針がたどった一万有余年の変遷を、世界各地の遺跡出土物を通して実証しつつ、漁撈によって生きた人々の生活と文化を探る。四六判２７８頁 '76

18 **鋸** 吉川金次

鋸鍛冶の家に生まれ、鋸の研究を生涯の課題とする著者が、出土遺品や文献・絵画により各時代の鋸を復元・実験し、庶民の手仕事にみられる驚くべき合理性を実証する。四六判３６０頁 '76

19 **農具** 飯沼二郎／堀尾尚志

鍬と犂の交代・進化の歩みとして発達したわが国農耕文化の発展経過を世界史的視野において再検討しつつ、無名の農民たちによる驚くべき創意のかずかずを記録する。四六判２２０頁 '76

20 **包み** 額田巌

結びとともに文化の起源にかかわる〈包み〉の系譜を人類史的視野において捉え、衣・食・住をはじめ社会・経済史、信仰、祭事などにおけるその実際と役割とを描く。四六判３５４頁 '77

21 **蓮** 阪本祐二

仏教における蓮の象徴的位置の成立と深化、美術・文芸等に見る人間とのかかわりを歴史的に考察。また大賀蓮はじめ多様な品種とその来歴を紹介しつつその美を語る。四六判３０６頁 '77

22 **ものさし** 小泉袈裟勝

ものをつくる人間にとって最も基本的な道具であり、数千年にわたって社会生活を律してきたその変遷を実証的に追求し、歴史の中で果たしてきた役割を浮彫りにする。四六判３１４頁 '77

23-I **将棋I** 増川宏一

その起源を古代インドに、我国への伝播の道すじを海のシルクロードに探り、また伝来後一千年におよぶ日本将棋の変化と発展を盤、駒、ルール等にわたって跡づける。四六判２８０頁 '77

23-Ⅱ 将棋Ⅱ　増川宏一

わが国伝来後の普及と変遷を貴族や武家・豪商の日記等に博捜し、遊戯者の歴史をあとづけると共に、中国伝来説の誤りを正し、将棋宗家の位置と役割を明らかにする。四六判３４６頁　'85

24 湿原祭祀　第2版　金井典美

古代日本の自然環境に着目し、各地の湿原聖地を稲作社会との関連において捉え直して古代国家成立の背景を浮彫にしつつ、水と植物にまつわる日本人の宇宙観を探る。四六判４１０頁　'77

25 臼　三輪茂雄

臼が人類の生活文化の中で果たしてきた役割を、各地に遺る貴重な民俗資料・伝承と実地調査にもとづいて解明。失われゆく道具のなかに、未来の生活文化の姿を探る。四六判４１２頁　'78

26 河原巻物　盛田嘉徳

中世末期以来の被差別部落民が生きる権利を守るために偽作し護り伝えてきた河原巻物を全国にわたって踏査し、そこに秘められた最底辺の人びとの叫びに耳を傾ける。四六判２２６頁　'78

27 香料　日本のにおい　山田憲太郎

焼香供養の香から趣味としての薫物へ、さらに沈香木を焚く香道へと変遷した日本の「匂い」の歴史を豊富な史料に基づいて辿り、我国風俗史の知られざる側面を描く。四六判３７０頁　'78

28 神像　神々の心と形　景山春樹

神仏習合によって変貌しつつも、常にその原型＝自然を保持してきた日本の神々の造型を図像学的方法によって捉え直し、その多彩な形象に日本人の精神構造をさぐる。四六判３４２頁　'78

29 盤上遊戯　増川宏一

祭具・占具としての発生を『死者の書』をはじめとする古代の文献にさぐり、形状・遊戯法を分類しつつその〈進化〉の過程を考察。〈遊戯者たちの歴史〉をも跡づける。四六判３２６頁　'78

30 筆　田淵実夫

筆の里・熊野に筆づくりの現場を訪ねて、筆匠たちの境涯と製筆の由来を克明に記録しつつ、筆の発生と変遷、種類、製筆法、さらには筆塚、筆供養にまで説きおよぶ。四六判２０４頁　'78

31 ろくろ　橋本鉄男

日本の山野を漂移しつづけ、高度の技術文化と幾多の伝説とをもたらした特異な旅職集団＝木地屋の生態を、その呼称、地名、伝承、文書等をもとに生き生きと描く。四六判４６０頁　'79

32 蛇　吉野裕子

日本古代信仰の根幹をなす蛇巫をめぐって、祭事におけるさまざまな蛇の「もどき」や各種の蛇の造型・伝承に鋭い考証を加え、忘れられたその呪性を大胆に暴き出す。四六判２５０頁　'79

33 鋏（はさみ）　岡本誠之

梃子の原理の発見から鋏の誕生に至る過程を推理し、日本鋏の特異な歴史的位置を明らかにするとともに、刀鍛冶等から転進した鋏職人たちの創意と苦闘の跡をたどる。四六判３９６頁　'79

34 猿　廣瀬鎮

嫌悪と愛玩、軽蔑と畏敬の交錯する日本人とサルとの関わりあいの歴史を、狩猟伝承や祭祀・風習、美術・工芸や芸能のなかに探り、日本人の動物観を浮彫りにする。四六判２９２頁　'79

35 鮫　矢野憲一

神話の時代から今日まで、津々浦々につたわるサメの伝承とサメをめぐる海の民俗を集成し、神饌、食用、薬用等に活用されてきたサメと人間のかかわりの変遷を描く。四六判２９２頁　'79

36 枡　小泉袈裟勝

米の経済の枢要をなす器として千年余にわたり日本人の生活の中に生きてきた枡の変遷をたどり、記録・伝承をもとにこの独特な計量器が果たした役割を再検討する。四六判３２２頁　'80

37 経木　田中信清

食品の包装材料として近年まで身近に存在した経木の起源を、こけら経や塔婆、木簡、屋根板等に遡って明らかにし、その製造・流通に携った人々の労苦の足跡を辿る。四六判２８８頁　'80

38 色　染と色彩　前田雨城

わが国古代の染色技術の復元と文献解読をもとに日本色彩史を体系づけ、赤・白・青・黒等におけるわが国独自の色彩感覚を探りつつ日本文化における色の構造を解明。四六判３２０頁　'80

39 狐　陰陽五行と稲荷信仰　吉野裕子

その伝承と文献を渉猟しつつ、中国古代哲学＝陰陽五行の原理の応用という独自の視点から、謎とされてきた稲荷信仰と狐との密接な結びつきを明快に解き明かす。四六判２３２頁　'80

40-Ⅰ 賭博Ⅰ　増川宏一

時代、地域、階層を超えて連綿と行なわれてきた賭博。――その起源を古代の神判、スポーツ、遊戯等の中に探り、抑圧と許容の歴史を物語る。全Ⅲ分冊の〈総説篇〉。四六判２９８頁　'80

40-Ⅱ 賭博Ⅱ　増川宏一

古代インド文学の世界からラスベガスまで、賭博の形態・用具・方法の時代的特質を明らかにし、夥しい禁令に賭博の不滅のエネルギーを見る。全Ⅲ分冊の〈外国篇〉。四六判４５６頁　'82

40-Ⅲ 賭博Ⅲ　増川宏一

聞香、闘茶、笠附等、わが国独特の賭博を中心にその具体例を網羅し、方法の変遷に賭博の時代性を探りつつ禁令の改廃に時代の賭博観を追う。全Ⅲ分冊の〈日本篇〉。四六判３８８頁　'83

41-Ⅰ 地方仏Ⅰ　むしゃこうじ・みのる

古代から中世にかけて全国各地で作られた無銘の仏像を訪ね、素朴で多様なノミの跡に民衆の祈りと地域の願望を探る。宗教の伝播、文化の創造を考える異色の紀行。四六判２５６頁　'80

41-Ⅱ 地方仏Ⅱ　むしゃこうじ・みのる

紀州や飛驒を中心に草の根の仏たちを訪ねて、その相好と像容の魅力を探り、技法を比較考証して仏像彫刻史に位置づけつつ、中世地域社会の形成と信仰の実態に迫る。四六判２６０頁　'97

42 南部絵暦　岡田芳朗

田山・盛岡地方で「盲暦」として古くから親しまれてきた独得の絵解き暦を詳しく紹介しつつその全体像を復元する。その無類の生活暦は、南部農民の哀歓をつたえる。四六判２８８頁　'80

43 野菜　在来品種の系譜　青葉高

蕪、大根、茄子等の日本在来野菜をめぐって、その渡来・伝播経路、品種分布と栽培のいきさつを各地の伝承や古記録をもとに辿り、畑作文化の源流とその風土を描く。四六判３６８頁　'81

44 つぶて　中沢厚

弥生投弾、古代・中世の石戦と印地の様相、投石具の発達を展望しつつ、願かけの小石、正月つぶて、石こづみ等の習俗を辿り、石塊に託した民衆の願いや怒りを探る。四六判３３８頁　’81

45 壁　山田幸一

弥生時代から明治期に至るわが国の壁の変遷を壁塗＝左官工事の側面から辿り直し、その技術的復元・考証を通じて建築史・文化史における壁の役割を浮き彫りにする。四六判２９６頁　’81

46 簞笥（たんす）　小泉和子

近世における簞笥の出現＝箱から抽斗への転換に着目し、以降近現代に至るその変遷を社会・経済・技術の側面からあとづける。著者自身による簞笥製作の記録を付す。四六判３７８頁　’82

47 木の実　松山利夫

山村の重要な食糧資源であった木の実をめぐる各地の記録・伝承を集成し、その採集・加工における幾多の試みを実地に検証しつつ、稲作農耕以前の食生活文化を復元。四六判３８４頁　’82

48 秤（はかり）　小泉袈裟勝

秤の起源を東西に探るとともに、わが国律令制下における中国制度の導入、近世商品経済の発展に伴う秤座の出現、明治期近代化政策による洋式秤受容等の経緯を描く。四六判３２６頁　’82

49 鶏（にわとり）　山口健児

神話・伝説をはじめ遠い歴史の中の鶏を古今東西の伝承・文献に探り、特に我国の信仰・絵画・文学等に遺された鶏の足跡を追って、鶏をめぐる民俗の記憶を蘇らせる。四六判３４６頁　’83

50 燈用植物　深津正

人類が燈火を得るために用いてきた多種多様な植物との出会いと個個の植物の来歴、特性及びはたらきを詳しく検証しつつ「あかり」の原点を問いなおす異色の植物誌。四六判４４２頁　’83

51 斧・鑿・鉋（おの・のみ・かんな）　吉川金次

古墳出土品や文献・絵画をもとに、古代から現代までの斧・鑿・鉋を復元・実験し、労働体験によって生まれた民衆の知恵と道具の変遷を蘇らせる異色の日本木工具史。四六判３０４頁　’84

52 垣根　額田巌

大和・山辺の道に神々と垣との関わりを探り、各地に垣の伝承を訪ねて、寺院の垣、民家の垣、露地の垣など、風土と生活に培われた生垣の独特のはたらきと美を描く。四六判２３４頁　’84

53-Ⅰ 森林Ⅰ　四手井綱英

森林生態学の立場から、森林のなりたちとその生活史を辿りつつ、産業の発展と消費社会の拡大により刻々と変貌する森林の現状を語り、未来への再生のみちをさぐる。四六判３０６頁　’85

53-Ⅱ 森林Ⅱ　四手井綱英

森林と人間との多様なかかわりを包括的に語り、人と自然が共生するための森や里山をいかにして創出するか、森林再生への具体的な方策を提示する21世紀への提言。四六判３０８頁　’98

53-Ⅲ 森林Ⅲ　四手井綱英

地球規模で進行しつつある森林破壊の現状を実地に踏査し、森と人が共存する日本人の伝統的自然観を未来へ伝えるために、いま何が必要なのかを具体的に提言する。四六判３０４頁　’00

54 **海老**（えび） 酒向昇

人類との出会いからエビの科学、漁法、さらには調理法を語り、めでたい姿態と色彩にまつわる多彩なエビの民俗を、地名や人名、詩歌・文学、絵画や芸能の中に探る。 四六判４２８頁 '85

55-Ⅰ **藁**（わら）Ⅰ 宮崎清

稲作農耕とともに二千年余の歴史をもち、日本人の全生活領域に生きてきた藁の文化を日本文化の原型として捉え、風土に根ざしたそのゆたかな遺産を詳細に検討する。 四六判４００頁 '85

55-Ⅱ **藁**（わら）Ⅱ 宮崎清

床・畳から壁・屋根にいたる住居における藁の製作・使用のメカニズムを明らかにし、日本人の生活空間における藁の役割を見なおすとともに、藁の文化の復権を説く。 四六判４００頁 '85

56 **鮎** 松井魁

清楚な姿態と独特な味覚によって、日本人の目と舌を魅了しつづけてきたアユ——その形態と分布、生態、漁法等を詳述し、古今のアユ料理や文芸にみるアユにおよぶ。 四六判２９６頁 '86

57 **ひも** 額田巌

物と物、人と物とを結びつける不思議な力を秘めた「ひも」の謎を追って、民俗学的視点から多角的なアプローチを試みる。『結び』、『包み』につづく三部作の完結篇。 四六判２５０頁 '86

58 **石垣普請** 北垣聰一郎

近世石垣の技術者集団「穴太」の足跡を辿り、各地城郭の石垣遺構の実地調査と資料・文献をもとに石垣普請の歴史的系譜を復元しつつ石工たちの技術伝承を集成する。 四六判４３８頁 '87

59 **碁** 増川宏一

その起源を古代の盤上遊戯に探ると共に、定着以来二千年の歴史を時代の状況や遊び手の社会環境との関わりにおいて跡づける。逸話や伝説を排して綴る初の囲碁全史。 四六判３６６頁 '87

60 **日和山**（ひよりやま） 南波松太郎

千石船の時代、航海の安全のために観天望気した日和山——多くは忘れられ、あるいは失われた船舶・航海史の貴重な遺跡を追って、全国津々浦々におよんだ調査紀行。 四六判３８２頁 '88

61 **篩**（ふるい） 三輪茂雄

臼とともに人類の生産活動に不可欠な道具であった篩、箕(み)、笊(ざる)の多彩な変遷を豊富な図解入りでたどり、現代技術の先端に再生するまでの歩みをえがく。 四六判３３４頁 '89

62 **鮑**（あわび） 矢野憲一

縄文時代以来、貝肉の美味と貝殻の美しさによって日本人を魅了し続けてきたアワビ——その生態と養殖、神饌としての歴史、漁法、螺鈿の技法からアワビ料理に及ぶ。 四六判３４４頁 '89

63 **絵師** むしゃこうじ・みのる

日本古代の渡来画工から江戸前期の菱川師宣まで、時代の代表的絵師の列伝で辿る絵画制作の文化史。前近代社会における絵画の意味や芸術創造の社会的条件を考える。 四六判２３０頁 '90

64 **蛙**（かえる） 碓井益雄

動物学の立場からその特異な生態を描き出すとともに、和漢洋の文献資料を駆使して故事・習俗・神事・民話・文芸・美術工芸にわたる蛙の多彩な活躍ぶりを活写する。 四六判３８２頁 '89

65-I **藍**（あい）I　風土が生んだ色　竹内淳子

全国各地の〈藍の里〉を訪ねて、藍栽培から染色・加工のすべてにわたり、藍とともに生きた人々の伝承を克明に描き、風土と人間が生んだ〈日本の色〉の秘密を探る。四六判４１６頁　'91

65-II **藍**（あい）II　暮らしが育てた色　竹内淳子

日本の風土に生まれ、伝統に育てられた藍が、今なお暮らしの中で生き生きと活躍しているさまを、手わざに生きる人々との出会いを通じて描く。藍の里紀行の続篇。四六判４０６頁　'99

66 **橋**　小山田了三

丸木橋・舟橋・吊橋から板橋・アーチ型石橋まで、人々に親しまれてきた各地の橋を訪ねて、その来歴と築橋の技術伝承を辿り、土木文化の伝播・交流の足跡をえがく。四六判３１２頁　'91

67 **箱**　宮内悊

日本の伝統的な箱（櫃）と西欧のチェストを比較文化史の視点から考察し、居住・収納・運搬・装飾の各分野における箱の重要な役割とその多彩な文化を浮彫りにする。四六判３９０頁　'91

68-I **絹I**　伊藤智夫

養蚕の起源を神話や説話に探り、伝来の時期とルートを跡づけ、記紀・万葉の時代から近世に至るまで、それぞれの時代・社会・階層が生み出した絹の文化を描き出す。四六判３０４頁　'92

68-II **絹II**　伊藤智夫

生糸と絹織物の生産と輸出が、わが国の近代化にはたした役割を描くと共に、養蚕の道具、信仰や庶民生活にわたる養蚕と絹の民俗、さらには蚕の種類と生態におよぶ。四六判２９４頁　'92

69 **鯛**（たい）　鈴木克美

古来「魚の王」とされてきた鯛をめぐって、その生態・味覚から漁法、祭り、工芸、文芸にわたる多彩な伝承文化を語りつつ、鯛と日本人とのかかわりの原点をさぐる。四六判４１８頁　'92

70 **さいころ**　増川宏一

古代神話の世界から近現代の博徒の動向まで、さいころの役割を各時代・社会に位置づけ、木の実や貝殻のさいころから投げ棒型や立方体のさいころへの変遷をたどる。四六判３７４頁　'92

71 **木炭**　樋口清之

炭の起源から炭焼、流通、経済、文化にわたる木炭の歩みを歴史・考古・民俗の知見を総合して描き出し、独自で多彩な文化を育んできた木炭の尽きせぬ魅力を語る。四六判２９６頁　'93

72 **鍋・釜**（なべ・かま）　朝岡康二

日本をはじめ韓国、中国、インドネシアなど東アジアの各地を歩きながら鍋・釜の製作と使用の現場に立ち会い、調理をめぐる庶民生活の変遷とその交流の足跡を探る。四六判３２６頁　'93

73 **海女**（あま）　田辺悟

その漁の実際と社会組織、風習、信仰、民具などを克明に描くとともに海女の起源・分布・交流を探り、わが国漁撈文化の古層としての海女の生活と文化をあとづける。四六判２９４頁　'93

74 **蛸**（たこ）　刀禰勇太郎

蛸をめぐる信仰や多彩な民間伝承を紹介するとともに、その生態・分布・捕獲法・繁殖と保護・調理法などを集成し、日本人と蛸との知られざるかかわりの歴史を探る。四六判３７０頁　'94

75 **曲物**（まげもの）　岩井宏實

桶・樽出現以前から伝承され、古来最も簡便・重宝な木製容器として愛用された曲物の加工技術と機能・利用形態の変遷をさぐり、手づくりの「木の文化」を見なおす。　四六判３１８頁　'94

76-Ⅰ **和船Ⅰ**　石井謙治

江戸時代の海運を担った千石船（弁才船）について、その構造と技術、帆走性能を綿密に調査し、通説の誤りを正すとともに、海難と信仰、船絵馬等の考察にもおよぶ。　四六判４３６頁　'95

76-Ⅱ **和船Ⅱ**　石井謙治

造船史から見た著名な船を紹介し、遣唐使船や遣欧使節船、幕末の洋式船における外国技術の導入について論じつつ、船の名称と船型を海船・川船にわたって解説する。　四六判３１６頁　'95

77-Ⅰ **反射炉Ⅰ**　金子功

日本初の佐賀鍋島藩の反射炉と精練方＝理化学研究所、島津藩の反射炉と集成館＝近代工場群を軸に、日本の産業革命の時代における人と技術を現地に訪ねて発掘する。　四六判２４４頁　'95

77-Ⅱ **反射炉Ⅱ**　金子功

伊豆韮山の反射炉をはじめ、全国各地の反射炉建設にかかわった有名無名の人々の足跡をたどり、開国か攘夷かに揺れる幕末の政治と社会の悲喜劇をも生き生きと描く。　四六判２２６頁　'95

78-Ⅰ **草木布**（そうもくふ）**Ⅰ**　竹内淳子

風土に育まれた布を求めて全国各地を歩き、木綿普及以前に山野の草木を利用して豊かな衣生活文化を築き上げてきた庶民の知られざる知恵のかずかずを実地にさぐる。　四六判２８２頁　'95

78-Ⅱ **草木布**（そうもくふ）**Ⅱ**　竹内淳子

アサ、クズ、シナ、コウゾ、カラムシ、フジなどの草木の繊維から、どのようにして糸を採り、布を織っていたのか――聞書きをもとに忘れられた技術と文化を発掘する。　四六判２８２頁　'95

79-Ⅰ **すごろくⅠ**　増川宏一

古代エジプトのセネト、ヨーロッパのバクギャモン、中近東のナルド、中国の双陸などの系譜に日本の盤雙六を位置づけ、遊戯・賭博としてのその数奇なる運命を辿る。　四六判３１２頁　'95

79-Ⅱ **すごろくⅡ**　増川宏一

ヨーロッパの鵞鳥のゲームから日本中世の浄土双六、近世の華麗な絵双六、さらには近現代の少年誌の附録まで、絵双六の変遷を追って時代の社会・文化を読みとる。　四六判３９０頁　'95

80 **パン**　安達巖

古代オリエントに起ったパン食文化が中国・朝鮮を経て弥生時代の日本に伝えられたことを史料と伝承をもとに解明し、わが国パン食文化二〇〇〇年の足跡を描き出す。　四六判２６０頁　'96

81 **枕**（まくら）　矢野憲一

神さまの枕・大嘗祭の枕から枕絵の世界まで、人生の三分の一を共に過す枕をめぐって、その材質の変遷を辿り、伝説と怪談、俗信と民俗、エピソードを興味深く語る。　四六判２５２頁　'96

82-Ⅰ **桶・樽**（おけ・たる）**Ⅰ**　石村真一

日本、中国、朝鮮、ヨーロッパにわたる厖大な資料を集成してその豊かな文化の系譜を探り、東西の木工技術史を比較しつつ世界史的視野から桶・樽の文化を描き出す。　四六判３８８頁　'97

82-II **桶・樽**（おけ・たる）**II**　石村真一

多数の調査資料と絵画・民俗資料をもとにその製作技術を復元し、東西の木工技術を比較考証しつつ、技術文化史の視点から桶・樽製作の実態とその変遷を跡づける。　四六判372頁　'97

82-III **桶・樽**（おけ・たる）**III**　石村真一

樹木と人間とのかかわり、製作者と消費者とのかかわりを通じて桶樽と生活文化の変遷を考察し、木材資源の有効利用という視点から桶樽の文化史的役割を浮彫にする。　四六判352頁　'97

83-I **貝I**　白井祥平

世界各地の現地調査と文献資料を駆使して、古来至高の財宝とされてきた宝貝のルーツとその変遷を探り、貝と人間とのかかわりの歴史を「貝貨」の文化史として描く。　四六判386頁　'97

83-II **貝II**　白井祥平

サザエ、アワビ、イモガイなど古来人類とかかわりの深い貝をめぐって、その生態・分布・地方名、装身具や貝貨としての利用法などを豊富なエピソードを交えて語る。　四六判328頁　'97

83-III **貝III**　白井祥平

シンジュガイ、ハマグリ、アカガイ、シャコガイなどをめぐって世界各地の民族誌を渉猟し、それらが人類文化に残した足跡を辿る。参考文献一覧／総索引を付す。　四六判392頁　'97

84 **松茸**（まつたけ）　有岡利幸

秋の味覚として古来珍重されてきた松茸の由来を求めて、稲作文化と里山（松林）の生態系から説きおこし、日本人の伝統的生活文化の中に松茸流行の秘密をさぐる。　四六判296頁　'97

85 **野鍛冶**（のかじ）　朝岡康二

鉄製農具の製作・修理・再生を担ってきた農鍛冶の歴史的役割を探り、近代化の大波の中で変貌する職人技術の実態をアジア各地のフィールドワークを通して描き出す。　四六判280頁　'98

86 **稲**　品種改良の系譜　菅　洋

作物としての稲の誕生、稲の渡来と伝播の経緯から説きおこし、明治以降主として庄内地方の民間育種家の手によって飛躍的発展をとげたわが国品種改良の歩みを描く。　四六判332頁　'98

87 **橘**（たちばな）　吉武利文

永遠のかぐわしい果実として日本の神話・伝説に特別の位置を占めて語り継がれてきた橘をめぐって、その育まれた風土とかずかずの伝承の中に日本文化の特質を探る。　四六判286頁　'98

88 **杖**（つえ）　矢野憲一

神の依代としての杖や仏教の錫杖に杖と信仰とのかかわりを探り、人類が突きつつ歩んだその歴史と民俗を興味ぶかく語る。多彩な材質と用途を網羅した杖の博物誌。　四六判314頁　'98

89 **もち**（糯・餅）　渡部忠世／深澤小百合

モチイネの栽培・育種から食品加工、民俗、儀礼にわたってそのルーツと伝承の足跡をたどり、アジア稲作文化という広範な視野からこの特異な食文化の謎を解明する。　四六判330頁　'98

90 **さつまいも**　坂井健吉

その栽培の起源と伝播経路を跡づけるとともに、わが国伝来後四百年の経緯を詳細にたどり、世界に冠たる育種と栽培・利用法を築いた人々の知られざる足跡をえがく。　四六判328頁　'99

91 珊瑚（さんご） 鈴木克美

海岸の自然保護に重要な役割を果たす岩石サンゴから宝飾品として知られる宝石サンゴまで、人間生活と深くかかわってきたサンゴの多彩な姿を人類文化史として描く。四六判３７０頁 '99

92-I 梅I 有岡利幸

万葉集、源氏物語、五山文学などの古典や天神信仰に表れた梅の足跡を克明に辿りつつ日本人の精神史に刻印された梅を浮彫にし、梅と日本人の二〇〇〇年史を描く。四六判２７４頁 '99

92-II 梅II 有岡利幸

その植生と栽培、伝承、梅の名所や鑑賞法の変遷から戦前の国定教科書に表れた梅まで、梅と日本人との多彩なかかわりを探り、桜との対比において梅の文化史を描く。四六判３３８頁 '99

93 木綿口伝（もめんくでん） 第2版 福井貞子

老女たちからの聞書を経糸とし、厖大な遺品・資料を緯糸として、母から娘へと幾代にも伝えられた手づくりの木綿文化を掘り起し、近代の木綿の盛衰を描く。増補版 四六判３３６頁 '00

94 合せもの 増川宏一

「合せる」には古来、一致させるの他に、競う、闘う、比べる等の意味があった。貝合せや絵合せ等の遊戯・賭博を中心に、広範な人間の営みを「合せる」行為に辿る。四六判３００頁 '00

95 野良着（のらぎ） 福井貞子

明治初期から昭和四〇年までの野良着を収集・分類・整理し、それらの用途と年代、形態、材質、重量、呼称などを精査して、働く庶民の創意にみちた生活史を描く。四六判２９２頁 '00

96 食具（しょくぐ） 山内昶

東西の食文化に関する資料を渉猟し、食法の違いを人間の自然に対するかかわり方の違いとして捉えつつ、食具を人間と自然をつなぐ基本的な媒介物として位置づける。四六判２９２頁 '00

97 鰹節（かつおぶし） 宮下章

黒潮からの贈り物・カツオの漁法から鰹節の製法や食法、商品としての流通までを歴史的に展望するとともに、沖縄やモルジブ諸島の調査をもとにそのルーツを探る。四六判３８２頁 '00

98 丸木舟（まるきぶね） 出口晶子

先史時代から現代の高度文明社会まで、もっとも長期にわたり使われてきた刳り舟に焦点を当て、その技術伝承を辿りつつ、森や水辺の文化の広がりと動態をえがく。四六判３２４頁 '01

99 梅干（うめぼし） 有岡利幸

日本人の食生活に不可欠の自然食品・梅干をつくりだした先人たちの知恵に学ぶとともに、健康増進に驚くべき薬効を発揮する、その知られざるパワーの秘密を探る。四六判３００頁 '01

100 瓦（かわら） 森郁夫

仏教文化と共に中国・朝鮮から伝来し、一四〇〇年にわたり日本の建築を飾ってきた瓦をめぐって、発掘資料をもとにその製造技術、形態、文様などの変遷をたどる。四六判３２０頁 '01

101 植物民俗 長澤武

衣食住から子供の遊びまで、幾世代にも伝承された植物をめぐる暮らしの知恵を克明に記録し、高度経済成長期以前の農山村の豊かな生活文化を愛惜をこめて描き出す。四六判３４８頁 '01

102 **箸**（はし）　向井由紀子／橋本慶子

そのルーツを中国、朝鮮半島に探るとともに、日本人の食生活に不可欠の食具となり、日本文化のシンボルとされるまでに洗練された箸の文化の変遷を総合的に描く。　四六判３３４頁　'01

103 **採集**　ブナ林の恵み　赤羽正春

縄文時代から今日に至る採集・狩猟民の暮らしを復元し、動物の生態系と採集生活の関連を明らかにしつつ、民俗学と考古学の両面から山に生かされた人々の姿を描く。　四六判２９８頁　'01

104 **下駄**　神のはきもの　秋田裕毅

古墳や井戸等から出土する下駄に着目し、下駄が地上と地下の他界を結ぶ聖なるはきものであったという大胆な仮説を提出、日本の神々の忘れられた側面を浮彫にする。　四六判３０４頁　'02

105 **絣**（かすり）　福井貞子

膨大な絣遺品を収集・分類し、絣産地を実地に調査して絣の技法と文様の変遷を地域別・時代別に跡づけ、明治・大正・昭和の手づくりの染織文化の盛衰を描き出す。　四六判３１０頁　'02

106 **網**（あみ）　田辺悟

漁網を中心に、網に関する基本資料を網羅して網の変遷と網をめぐる民俗を体系的に描き出し、網の文化を集成する。「網に関する小事典」「網のある博物館」を付す。　四六判３１６頁　'02

107 **蜘蛛**（くも）　斎藤慎一郎

「土蜘蛛」の呼称で畏怖される一方「クモ合戦」など子供の遊びとしても親しまれてきたクモと人間との長い交渉の歴史をその深層に遡って追究した異色のクモ文化論。　四六判３２０頁　'02

108 **襖**（ふすま）　むしゃこうじ・みのる

襖の起源と変遷を建築史・絵画史の中に探りつつその用と美を浮彫にし、衝立・障子・屏風等と共に日本建築の空間構成に不可欠の建具となるまでの経緯を描き出す。　四六判２７０頁　'02

109 **漁撈伝承**（ぎょろうでんしょう）　川島秀一

漁師たちからの聞き書きをもとに、寄り物、船霊、大漁旗など、漁撈にまつわる〈もの〉の伝承を集成し、海の道によって運ばれた習俗や信仰の民俗地図を描き出す。　四六判３３４頁　'03

110 **チェス**　増川宏一

世界中に数億人の愛好者を持つチェスの起源と文化を、欧米における膨大な研究の蓄積を渉猟しつつ探り、日本への伝来の経緯から美術工芸品としてのチェスにおよぶ。　四六判２９８頁　'03

111 **海苔**（のり）　宮下章

海苔の歴史は厳しい自然とのたたかいの歴史だった――採取から養殖、加工、流通、消費に至る先人たちの苦難の歩みを史料と実地調査によって浮彫にする食物文化史。　四六判１７２頁　'03

112 **屋根**　檜皮葺と柿葺　原田多加司

屋根葺師一〇代の著者が、自らの体験と職人の本懐を語り、連綿として受け継がれてきた伝統の手わざを体系的にたどりつつ伝統技術の保存と継承の必要性を訴える。　四六判３４０頁　'03

113 **水族館**　鈴木克美

初期水族館の歩みを創始者たちの足跡を通して辿りなおし、水族館をめぐる社会の発展と風俗の変遷を描き出すとともにその未来像をさぐる初の〈日本水族館史〉の試み。　四六判２９０頁　'03

114 **古着**（ふるぎ）　朝岡康二

仕立てと着方、管理と保存、再生と再利用等にわたり衣生活の変容を近代の日常生活の変化として捉え直し、衣服をめぐるリサイクル文化が形成される経緯を描き出す。　四六判２９２頁　'03

115 **柿渋**（かきしぶ）　今井敬潤

染料・塗料をはじめ生活百般の必需品であった柿渋の伝承を記録し、文献資料をもとにその製造技術と利用の実態を明らかにして、忘れられた豊かな生活技術を見直す。　四六判２９４頁　'03

116-Ⅰ **道Ⅰ**　武部健一

道の歴史を先史時代から説き起こし、古代律令制国家の要請によって駅路が設けられ、しだいに幹線道路として整えられてゆく経緯を技術史・社会史の両面からえがく。　四六判２４８頁　'03

116-Ⅱ **道Ⅱ**　武部健一

中世の鎌倉街道、近世の五街道、近代の開拓道路から現代の高速道路網までを通観し、道路を拓いた人々の手によって今日の交通ネットワークが形成された歴史を語る。　四六判２８０頁　'03

117 **かまど**　狩野敏次

日常の煮炊きの道具であるとともに祭りと信仰に重要な位置を占めてきたカマドをめぐる忘れられた伝承を掘り起こし、民俗空間の壮大なコスモロジーを浮彫りにする。　四六判２９２頁　'04

118-Ⅰ **里山Ⅰ**　有岡利幸

縄文時代から近世までの里山の変遷を人々の暮らしと植生の変化の両面から跡づけ、その源流を記紀万葉に描かれた里山の景観や大和・三輪山の古記録・伝承等に探る。　四六判２７６頁　'04

118-Ⅱ **里山Ⅱ**　有岡利幸

明治の地租改正による山林の混乱、相次ぐ戦争による山野の荒廃、エネルギー革命、高度成長による大規模開発など、近代化の荒波に翻弄される里山の見直しを説く。　四六判２７４頁　'04

119 **有用植物**　菅　洋

人間生活に不可欠のものとして利用されてきた身近な植物たちの来歴と栽培・育種・品種改良・伝播の経緯を平易に語り、植物と共に歩んだ文明の足跡を浮彫にする。　四六判３２４頁　'04

120-Ⅰ **捕鯨Ⅰ**　山下渉登

世界の海で展開された鯨と人間との格闘の歴史を振り返り、「大航海時代」の副産物として開始された捕鯨業の誕生以来四〇〇年にわたる盛衰の社会的背景をさぐる。　四六判３１４頁　'04

120-Ⅱ **捕鯨Ⅱ**　山下渉登

近代捕鯨の登場により鯨資源の激減を招き、捕鯨の規制・管理のための国際条約締結に至る経緯をたどり、グローバルな課題としての自然環境問題を浮き彫りにする。　四六判３１２頁　'04

121 **紅花**（べにばな）　竹内淳子

栽培、加工、流通、利用の実際を現地に探訪して紅花とかかわってきた人々からの聞き書きを集成し、忘れられた〈紅花文化〉を復元しつつその豊かな味わいを見直す。　四六判３４６頁　'04

122-Ⅰ **もののけⅠ**　山内昶

日本の妖怪変化、未開社会の〈マナ〉、西欧の悪魔やデーモンを比較考察し、名づけ得ぬ未知の対象を指す万能のゼロ記号〈もの〉をめぐる人類文化史を跡づける博物誌。　四六判３２０頁　'04

122-Ⅱ **もののけⅡ** 山内昶

日本の鬼、古代ギリシアのダイモン、中世の異端狩り・魔女狩り等々をめぐり、自然＝カオスと文化＝コスモスの対立の中で〈野生の思考〉が果たしてきた役割をさぐる。 四六判２８０頁 '04

123 **染織**（そめおり） 福井貞子

自らの体験と厖大な残存資料をもとに、糸づくりから織り、染めにわたる手づくりの豊かな生活文化を見直す。創意にみちた手わざのかずかずを復元する庶民生活誌。 四六判２９４頁 '05

124-Ⅰ **動物民俗Ⅰ** 長澤武

神として崇められたクマやシカをはじめ、人間にとって不可欠の鳥獣や魚、さらには人間を脅かす動物など、多種多様な動物たちと交流してきた人々の暮らしの民俗誌。 四六判２６４頁 '05

124-Ⅱ **動物民俗Ⅱ** 長澤武

動物の捕獲法をめぐる各地の伝承を紹介するとともに、全国で語り継がれてきた多彩な動物民話・昔話を渉猟し、暮らしの中で培われた動物フォークロアの世界を描く。 四六判２６６頁 '05

125 **粉**（こな） 三輪茂雄

粉体の研究をライフワークとする著者が、粉食の発見からナノテクノロジーまで、人類文明の歩みを〈粉〉の視点から捉え直した壮大なスケールの〈文明の粉体史観〉 四六判３０２頁 '05

126 **亀**（かめ） 矢野憲一

浦島伝説や「兎と亀」の昔話によって親しまれてきた亀のイメージの起源を探り、古代の亀卜の方法から、亀にまつわる信仰と迷信、鼈甲細工やスッポン料理におよぶ。 四六判３３０頁 '05

127 **カツオ漁** 川島秀一

一本釣り、カツオ漁場、船上の生活、船霊信仰、祭りと禁忌など、カツオ漁にまつわる漁師たちの伝承を集成し、黒潮に沿って伝えられた漁民たちの文化を掘り起こす。 四六判３７０頁 '05

128 **裂織**（さきおり） 佐藤利夫

木綿の風合いと強靭さを生かした裂織の技と美をすぐれたリサイクル文化として見なおす。東西文化の中継地・佐渡の古老たちからの聞書をもとに歴史と民俗をえがく。 四六判３０８頁 '05

129 **イチョウ** 今野敏雄

「生きた化石」として珍重されてきたイチョウの生い立ちと人々の生活文化とのかかわりの歴史をたどり、この最古の樹木に秘められたパワーを最新の中国文献にさぐる。 四六判３１２頁〔品切〕 '05

130 **広告** 八巻俊雄

のれん、看板、引札からインターネット広告までを通観し、いつの時代にも広告が人々の暮らしと密接にかかわって独自の文化を形成してきた経緯を描く広告の文化史。 四六判２７６頁 '06

131-Ⅰ **漆**（うるし）**Ⅰ** 四柳嘉章

全国各地で発掘された考古資料を対象に科学的解析を行ない、縄文時代から現代に至る漆の技術と文化を跡づける試み。漆が日本人の生活と精神に与えた影響を探る。 四六判２７４頁 '06

131-Ⅱ **漆**（うるし）**Ⅱ** 四柳嘉章

遺跡や寺院等に遺る漆器を分析し体系づけるとともに、絵巻物や文学作品の考証を通じて、職人や産地の形成、漆工芸の地場産業としての発展の経緯などを考察する。 四六判２１６頁 '06

132 **まな板** 石村眞一

日本、アジア、ヨーロッパ各地のフィールド調査と考古・文献・絵画・写真資料をもとにまな板の素材・構造・使用法を分類し、多様な食文化とのかかわりをさぐる。 四六判３７２頁 '06

133-Ⅰ **鮭・鱒**（さけ・ます）Ⅰ 赤羽正春

鮭・鱒をめぐる民俗研究の前史から現在までを概観するとともに、原初的な漁法から商業的漁法にわたる多彩な漁法と用具、漁場と社会組織の関係などを明らかにする。 四六判２９２頁 '06

133-Ⅱ **鮭・鱒**（さけ・ます）Ⅱ 赤羽正春

鮭漁をめぐる行事、鮭捕り衆の生活等を聞き取りによって再現し、人工孵化事業の発展とそれを担った先人たちの業績を明らかにするとともに、鮭・鱒の料理におよぶ。 四六判３５２頁 '06

134 **遊戯** その歴史と研究の歩み 増川宏一

古代から現代まで、日本と世界の遊戯の歴史を概説し、内外の研究者との交流の中で得られた最新の知見をもとに、研究の出発点と目的を論じ、現状と未来を展望する。 四六判２９６頁 '06

135 **石干見**（いしひみ） 田和正孝編

沿岸部に石垣を築き、潮汐作用を利用して漁獲する原初的漁法を日・韓・台に残る遺構と伝承の調査・分析をもとに復元し、東アジアの伝統的漁撈文化を浮彫りにする。 四六判３３２頁 '07

136 **看板** 岩井宏實

江戸時代から明治・大正・昭和初期までの看板の歴史を生活文化史の視点から考察し、多種多様な生業の起源と変遷を多数の図版をもとに紹介する〈図説商売往来〉。 四六判２６６頁 '07

137-Ⅰ **桜Ⅰ** 有岡利幸

そのルーツと生態から説きおこし、和歌や物語に描かれた古代社会の桜観から「花は桜木、人は武士」の江戸の花見の流行まで、日本人と桜のかかわりの歴史をさぐる。 四六判３８２頁 '07

137-Ⅱ **桜Ⅱ** 有岡利幸

明治以後、軍国主義と愛国心のシンボルとして政治的に利用されてきた桜の近代史を辿るとともに、日本人の生活と共に歩んだ「咲く花、散る花」の栄枯盛衰を描く。 四六判４００頁 '07

138 **麴**（こうじ） 一島英治

日本の気候風土の中で稲作と共に育まれた麴菌のすぐれたはたらきの秘密を探り、醸造化学に携わった人々の足跡をたどりつつ醱酵食品と日本人の食生活文化を考える。 四六判２４４頁 '07

139 **河岸**（かし） 川名登

近世初頭、河川水運の隆盛と共に物流のターミナルとして賑わい、船旅や遊廓などをもたらした河岸（川の港）の盛衰を河岸に生きる人々の暮らしの変遷としてえがく。 四六判３００頁 '07

140 **神饌**（しんせん） 岩井宏實／日和祐樹

土地に古くから伝わる食物を神に捧げる神饌儀礼に祭りの本義を探り、近畿地方主要神社の伝統的儀礼をつぶさに調査して、豊富な写真と共にその実際を明らかにする。 四六判３７４頁 '07

141 **駕籠**（かご） 櫻井芳昭

その様式、利用の実態、地域ごとの特色、車の利用を抑制する交通政策との関連から駕籠かきたちの風俗までを明らかにし、日本交通史の知られざる側面に光を当てる。 四六判２９４頁 '07

142 追込漁（おいこみりょう）　川島秀一

沖縄の島々をはじめ、日本各地で今なお行なわれている沿岸漁撈を実地に精査し、魚の生態と自然条件を知り尽した漁師たちの知恵と技を見直しつつ漁業の原点を探る。四六判368頁 '08

143 人魚（にんぎょ）　田辺悟

ロマンとファンタジーに彩られて世界各地に伝承される人魚の実像をもとめて東西の人魚誌を渉猟し、フィールド調査と膨大な資料をもとに集成したマーメイド百科。四六判352頁 '08

144 熊（くま）　赤羽正春

狩人たちからの聞き書きをもとに、かつては神として崇められた熊と人間との精神史的な関係をさぐり、熊を通して人間の生存可能性にもおよぶユニークな動物文化史。四六判384頁 '08

145 秋の七草　有岡利幸

『万葉集』で山上憶良がうたいあげて以来、千数百年にわたり秋を代表する植物として日本人にめでられてきた七種の草花の知られざる伝承を掘り起こす植物文化誌。四六判306頁 '08

146 春の七草　有岡利幸

厳しい冬の季節に芽吹く若菜に大地の生命力を感じ、春の到来を祝い新年の息災を願う「七草粥」などとして食生活の中に巧みに取り入れてきた古人たちの知恵を探る。四六判272頁 '08

147 木綿再生　福井貞子

自らの人生遍歴と木綿を愛する人々との出会いを織り重ねて綴り、優れた文化遺産としての木綿衣料を紹介しつつ、リサイクル文化としての木綿再生のみちを模索する。四六判266頁 '09

148 紫（むらさき）　竹内淳子

今や絶滅危惧種となった紫草（ムラサキ）を育てる人びと、伝統の紫根染を今に伝える人びとを全国にたずね、貝紫染の始原を求めて吉野ヶ里におよぶ「むらさき紀行」。四六判324頁 '09

149-Ⅰ 杉Ⅰ　有岡利幸

その生態、天然分布の状況から各地における栽培・育種、利用にいたる歩みを弥生時代から今日までの人間の営みの中で捉えなおし、わが国林業史を展望しつつ描き出す。四六判282頁 '10

149-Ⅱ 杉Ⅱ　有岡利幸

古来神の降臨する木として崇められるとともに生活のさまざまな場面で活用され、絵画や詩歌に描かれてきた杉の文化をたどり、さらに「スギ花粉症」の原因を追究する。四六判278頁 '10

150 井戸　秋田裕毅（大橋信弥編）

弥生中期になぜ井戸は突然出現するのか。飲料水など生活用水ではなく、祭祀用の聖なる水を得るためだったのではないか。目的や構造の変遷、宗教との関わりをたどる。四六判260頁 '10

151 楠（くすのき）　矢野憲一／矢野高陽

語源と字源、分布と繁殖、文学や美術における楠から医薬品としての利用、キューピー人形や樟脳の船まで、楠と人間の関わりの歴史を辿りつつ自然保護の問題に及ぶ。四六判334頁 '10

152 温室　平野恵

温室は明治時代に欧米から輸入された印象があるが、じつは江戸時代半ばから「むろ」という名の保温設備があった。絵巻や小説、遺跡などより浮かび上がる歴史。四六判310頁 '10

153 檜 (ひのき)　有岡利幸

建築・木彫・木材工芸に最良の材としてわが国の〈木の文化〉に重要な役割を果たしてきた檜。その生態から保護・育成・生産・流通・加工までの変遷をたどる。　四六判３２０頁 '11

154 落花生　前田和美

南米原産の落花生が大航海時代にアフリカ経由で世界各地に伝播していく歴史をたどるとともに、日本で栽培を始めた先覚者や食文化との関わりを紹介する。　四六判３１２頁 '11

155 イルカ (海豚)　田辺悟

神話・伝説の中のイルカ、イルカをめぐる信仰から、漁撈伝承、食文化の伝統と保護運動の対立までを幅広くとりあげ、ヒトと動物との関係はいかにあるべきかを問う。　四六判３３０頁 '11

156 輿 (こし)　櫻井芳昭

古代から明治初期まで、千二百年以上にわたって用いられてきた輿の種類と変遷を探り、天皇の行幸や斎王群行、姫君たちの輿入れにおける使用の実態を明らかにする。　四六判２５２頁 '11

157 桃　有岡利幸

魔除けや若返りの呪力をもつ果実として神話や昔話に語り継がれ、近年古代遺跡から大量出土して祭祀との関連が注目される桃。日本人との多彩な関わりを考察する。　四六判３２８頁 '12

158 鮪 (まぐろ)　田辺悟

古文献に描かれ記されたマグロを紹介し、漁法・漁具から運搬と流通・消費、漁民たちの暮らしと民俗・信仰までを探りつつ、マグロをめぐる食文化の未来にもおよぶ。　四六判３５０頁 '12

159 香料植物　吉武利文

クロモジ、ハッカ、ユズ、セキショウ、ショウノウなど、日本の風土で育った植物から香料をつくりだす人びとの営みを現地に訪ね、伝統技術の継承・発展を考える。　四六判２９０頁 '12

160 牛車 (ぎっしゃ)　櫻井芳昭

牛車の盛衰を交通史や技術史との関連で探り、絵巻や日記・物語等に描かれた牛車の種類と構造、利用の実態を明らかにして、読者を平安の「雅」の世界へといざなう。　四六判２２４頁 '12

161 白鳥　赤羽正春

世界各地の白鳥処女説話を博捜し、古代以来の人々が抱いた〈鳥への想い〉を明らかにするとともに、その源流を、白鳥をトーテムとする中央シベリアの白鳥族に探る。　四六判３６０頁 '12

162 柳　有岡利幸

日本人との関わりを詩歌や文献をもとに探りつつ、容器や調度品に、治山治水対策に、火薬や薬品の原料に、さらには風景の演出用に活用されてきた歴史をたどる。　四六判３２８頁 '13

163 柱　森郁夫

竪穴住居の時代から建物を支えてきただけでなく、大黒柱や鼻っ柱などさまざまな言葉に使われている柱。遺跡の発掘でわかった事実や、日本文化との関わりを紹介。　四六判２５２頁 '13